产业集群企业的知识联盟研究

唐锦铨 著

经济科学出版社

图书在版编目（CIP）数据

产业集群企业的知识联盟研究／唐锦铨著．—北京：
经济科学出版社，2013.11
ISBN 978 - 7 - 5141 - 4029 - 3

Ⅰ.①产… Ⅱ.①唐… Ⅲ.①知识经济 - 应用 - 联合 -
企业 - 企业管理 - 研究 Ⅳ.①F276.4

中国版本图书馆 CIP 数据核字（2013）第 278863 号

责任编辑：侯晓霞　张　力
责任校对：刘欣欣
责任印制：李　鹏

产业集群企业的知识联盟研究
唐锦铨　著
经济科学出版社出版、发行　新华书店经销
社址：北京市海淀区阜成路甲 28 号　邮编：100142
教材分社电话：010 - 88191345　发行部电话：010 - 88191522
网址：www.esp.com.cn
电子邮件：houxiaoxia@ esp.com.cn
天猫网店：经济科学出版社旗舰店
网址：http://jjkxcbs.tmall.com
北京密兴印刷有限公司印装
710×1000　16 开　16.25 印张　310000 字
2014 年 1 月第 1 版　2014 年 1 月第 1 次印刷
ISBN 978 - 7 - 5141 - 4029 - 3　定价：48.00 元

序

　　知识联盟是知识经济时代企业为了适应外部环境竞争日益激烈而兴起的一种新的战略组织模式，其中心目标是学习和创造知识，它强调组织间的互动学习，同样重视在知识获取、共享和转移的基础上创造出新知识和新能力。产业集群企业的知识联盟，就是在新的竞争压力下，集群企业为了求得整个集群生态的进一步优化和新的成长空间而采取的一种知识创新的联盟形态。

　　本书是作者唐锦铨在其博士论文的基础上修订而成。书名为《产业集群企业的知识联盟研究》，虽有"产业集群"四字，但实质上是知识管理领域的专著。本书的主要内容是把知识管理的理论和方法应用于产业集群企业知识联盟问题的研究，从集群企业的知识获取、知识转移、知识共享、知识创新、知识风险方面探讨了集群企业知识联盟的多维性属性，在此基础上进一步研究了集群企业知识联盟的共享机制、创新体系和成功的集群企业知识联盟所需具备的条件和值得进一步完善的问题。

　　首先，本书围绕国内外有关产业集群与知识联盟的主要文献与研究成果进行了系统性综述和分析，在此基础上分析了产业集群与知识联盟各自的内涵、特点与优势，并对二者的共性进行了总结，进而分析了产业集群中的企业知识联盟的可能性与联盟动因。

　　其次，本书对如何构建基于产业集群企业的知识联盟进行深入研究，对产业集群企业知识联盟体中知识积累框架、产业集群企业知识联盟中知识转移机制、产业集群企业知识联盟中知识共享机制与产业集群企业知识联盟知识创新体系等进行了一系列的探讨研究。

　　再次，本书对如何在产业集群这个大联盟中有效地管理知识联盟提出了自己的一些看法，包括如何选择联盟伙伴、联盟形式，如何建立系统化知识联盟管理体系。同时，呼吁政府要加大对产业集群企业知识联盟的引导和支持。

最后，本书提出了产业集群企业知识联盟知识积累的最终框架，并从联盟企业特性、联盟企业间的关系特性、知识特性以及知识转移的情境特性四个方面全面系统地分析了产业集群企业知识联盟的知识转移效果的影响因素。通过运用ISM分析工具提出了影响知识转移效果的解释结构模型，构建了基于信任机制的产业集群企业知识联盟的知识共享机制和基于知识转化过程的产业集群企业知识联盟的知识创新体系，并在此基础上提出了理论意义上的知识创新平台。

作者的研究丰富了产业集群与知识管理的理论研究，对指导产业集群企业知识联盟的构建与管理有着实践意义。由于作者涉足的产业集群的企业知识联盟研究还在不断发展演进中，其研究还有很多不足之处，如对产业集群的企业知识联盟的绩效评价的研究，还需在今后的工作中进一步完善其评价的实际可操作性。

作者于2006~2009年在华侨大学攻读博士学位，历时三年，修成正果，殊属不易。其困难表现在两方面：一是在职攻读。作者担负某高校教师，师责所在难脱教学，家庭所负难以抽身，在此情况下挤占业余时间，学习思考，谈何容易。二是作者攻读博士学位所学研究方向与其原有专业还有一定的差异性，这期间需要学习补充的知识甚多，学习量巨大。在此情况下，作者的求学之心从未动摇，最终苦尽甘来，顺利完成学业。

作为作者的导师，从课堂教学、讨论、选题到论文的写作，与作者度过了愉快的三年时光。光阴荏苒，转眼间作者已离开学校四年有余，如今其博士论文整理成书，即将付梓之际，我深感欣慰。天道酬勤，静水流深，此书的出版是对作者辛劳的回报，也是其在新征程上再出发的注脚。

郭东强
2013年9月

目　　录

第一章 绪 论

本章是开篇导言，主要阐述本研究的背景、意义、目的，并对如何展开研究的行为安排进行设计，包括研究思路、研究方法以及文章结构安排，统筹指导下面章节研究的展开。

第一节 研究背景

基于知识的产业集群理论将集群视为一个高级知识创造的发生地，集群存在的本质原因是通过提升个体企业的知识创造能力，来创造集群以及个体企业的竞争优势。产业集群目前已成为全球重要的经济发展模式，对地区经济的发展和国家竞争力的提升有重要作用。而知识联盟是战略联盟的高级形式，它致力于企业之间的合作研发，提高企业创新能力。如果将二者结合，在产业集群中建立企业知识联盟，企业将会在知识经济这个大环境下获取更大的竞争优势。

一、知识经济时代知识的跨组织流动

自 20 世纪以来，信息技术、网络技术、电子技术在经济发展中占有举足轻重的地位，甚至可以说电子、信息、网络技术就是经济发展的推动力。美国经济学家奈斯比特在 1982 年的《大趋势》中提出了"高技术经济"，自此拉开了知识经济的序幕[1]。确切的"知识经济"的概念首次是联合国研究机构于 20 世纪 90 年代提出来的。之后，经济合作与发展组织（OECD）正式使用了"知识的经济"的概念，并为其作如下定义：知识经济是指建立在知识和信息的生产、分配和使用之上的经济，是以知识资源为基础的一种经济形态，一种"以知识为主导的经济"。自 20 世纪 90 年代以来，知识经济发展迅猛，多数国家的知识经济已经占其国家经济总值的 50% 以上。从工业经济时代迈入知识经济时代的趋势已成必然。

知识是知识经济的第一要素，是知识经济的关键所在。知识经济直接依

赖于知识或有效信息的积累和利用，而非取决于资源、资本，更不是硬件技术的数量、规模或增量。以知识作为资本来发展经济，依靠知识创造财富是知识经济的最主要特征。知识可以不断被积累和创新，它是国家经济长期发展的核心。因此，在知识经济时代，知识的无限性以及投资收益递增是企业管理的理论基础。相较于知识经济，以自然资源、资本、劳动力为生产要素的传统经济仍然把资源作为其主要资产。在这种趋势之下，传统的以资源稀缺性原理和投资收益递减规律为理论基础的企业管理，由于资源的有限性和稀缺性，势必需要进行改革。自 20 世纪 90 年代起，众多企业及其管理层已经意识到运用传统的管理方式对有形资产等资源进行管理不再那么可行了，对知识资源的高效管理才是企业竞争优势的来源。其中不乏著名的大公司，如惠普、微软、丰田、通用和 IBM 等。

在知识经济时代，现今的大多数公司面临着技术的快速更新换代、产品生命周期的缩短和市场竞争的激化，不得不改变其生存环境。组织想要提升自己的竞争力只有依赖知识的积累和创造。作为企业的重要资源，知识无论是其创造、转移还是利用都有助于企业持续成长，保持市场竞争优势。因此，越来越多的组织希望依靠知识管理来建立其核心竞争力。著名日本经济管理学家野中郁次郎认为，企业要想成功，需要不断地创造新知识，并将新知识传遍整个组织，以便开发出新技术和新产品。在经济全球化的大环境下，国家与国家之间、企业与企业之间的合作交流变得更加迅捷方便，信息流、物流的加速流动促进了不同组织之间知识的创新。一些以进行技术、知识合作交流为目的的组织合作形式如技术合作、战略联盟、网络创新组等也因此应运而行。

二、知识联盟是企业间联盟发展的新趋势

20 世纪 80 年代中期，世界迎来了经济全球化发展的全新时代。经济市场再也不是过去的封闭型市场了，而是交流更加频繁、影响更加深刻、合作共进的开放型市场。原本独立的各个市场在经济全球化的作用下，形成人力、资本、服务、技术等要素的横向流动，不同市场之间相互影响、互通有无，最终合理地优化各自市场的资源配置。从整体上来看，整个世界各个国家的市场可以当作一个跨区域流动的市场。为了适应这种外来竞争对手的压力，各国的企业纷纷针对企业竞争关系作出调整。企业寻求共同抵抗外来竞争力的合作者，使原来同行业内的对立竞争者变成了合作竞争者，形成统一的战略联盟，共同抵御全球化的市场竞争。按以往的观点，战略联盟的主要目的是为了共享资源，降低各自成本，共担市场风险。然而随着信息经济的发展，战略联盟也被赋予了新的概念。在知识经济时代，知识是企业最具竞争力的战略资源，企业通过自

身的生产难以充分地满足发展技术所需要的知识，只有通过合作交流，吸取合作伙伴中自身所没有的技术，降低新技术的开发成本，才能更快地适应市场的发展。随着企业间越来越多的合作关系，以向战略合作伙伴学习知识、增强能力为目的的知识联盟开始兴起，而以转移知识为主要目的的知识联盟也逐渐成为战略联盟的新趋势。

知识联盟是企业转移知识和创造知识的新的组织形式，它具有小风险、低成本并且灵活和高效的特点，是战略联盟的高级形式。组成知识联盟的企业之间可以通过相互转移各自的隐性知识。隐性知识的获得需要通过知识主体间的不断交流、实践模仿、反馈、理解以及反复练习。基于相互信任的知识联盟为联盟内成员企业提供了良好的相互交流的场所，成员企业的员工之间可以尽情地交流学习。同时，企业为了实现知识联盟的共同利益，会表现得更加愿意分享自身的隐性知识，更加愿意帮助联盟伙伴学习和应用学习到的隐性知识。甚至通过企业知识隐性知识的融汇，会产生新的交叉知识，这种交叉知识不会构成对联盟伙伴之间的竞争威胁，反而会促进知识联盟中各成员企业的良性竞争，最终使每个企业在市场上获得更大的发展空间。

近年来，在企业间特别是知识密集型企业之间掀起了建立知识联盟的热潮，越来越多的企业十分乐于加入知识联盟。在经济全球化条件下，企业难以独自面对全球化的激烈竞争，通过企业间的知识联盟抵御市场竞争是企业发展的必然趋势。知识联盟为企业提供市场竞争中所需的核心技术，帮助企业进行知识的融汇创新，并分担企业的市场风险，提供企业立足于市场的核心能力。相互信任、协作的知识联盟将可以通过协同优势，整体发展，最终提升每个企业的市场竞争力。

三、知识联盟对产业集群发展有极大的促进作用

根据世界上一些著名的产业集群如美国的"硅谷"、印度的班加罗尔软件集群、江浙一带的皮装鞋业集群等的发展经验来看，产业集群为产业迅速发展提供了有效的途径。伴随着产业集群的演进，集群中的人与人、企业与其他机构之间因不断交流形成了较为稳定的关系网络，这种关系网络为人与人之间信任、合作和采取集体行动奠定了基石，基于这种关系网络而形成和积累的社会资本对产业集群发展的促进作用也日益凸显。特别是由于社会资本的培育和沉淀，产业集群中的信任氛围越来越浓，这在很大程度上促进了知识流动机制的完善。

截至目前，虽然经济学家、管理学家、地理学家以及社会学家从不同的角度对产业集群进行了研究，但对于集群中的企业知识联盟的研究几乎还是空白。因此，以产业集群为平台研究企业的知识联盟，可以从新的视角为我国的产业集群

理论与知识管理理论注入新鲜血液，对进一步促进产业集群发展和知识管理实践提供更为全面的理论依据，对加快产业集群的知识创新与进一步带动整个产业集群效率的提高具有很重要的理论和实践指导意义。

知识联盟的形式是多种多样的，可以是战术上的知识联盟，即为企业在有限的业务领域内建立新的技能；也可以是战略性的知识联盟，即为支持企业的长远目标，企业同顾客、供应商、劳动力组织、大学和其他组织建立知识联盟，使参与者获得新的知识和创新的能力，以求彼此加强、互相促进。正是这种知识联盟的发展，使传统的企业转化为知识型企业，从而推动知识经济的发展。在建立社会主义市场经济过程中，我国企业在市场竞争中虽然开始采用了集约型发展模式，但它们只注重物质形态的集约，还没有充分认识到知识集约的重要性，即没有自觉地实行知识联盟。因此，企业家应转变观念，超越自我，树立知识资本观念，抓住知识经济的本质特征，大胆积极地创造知识联盟，使企业转化为知识型企业，从而促进整个产业集群的发展。

第二节 研究意义

一、丰富产业集群与知识管理的理论研究

现实中的经济活力和理论上的多学科交叉性，使产业集群成为当前的研究热点，来自经济学、地理学、管理学和社会学等诸多领域的学者们对这种独特的产业空间组织现象进行了深入的研究。研究的成果大都分布在以下领域：对集群内涵和外延的探讨；集群特征的描述、概念的界定和类型的划分；对集群研究脉络的研究；集群的形成机制、集群的效应；集群发展问题如竞争力提升、升级等。然而对于产业集群中的企业知识联盟的研究几乎还是空白。本书以产业集群为平台研究企业的知识联盟，可以从新的视角为我国的产业集群理论与知识管理理论注入新鲜血液，对进一步促进产业集群的发展和知识管理的实践提供更为全面的理论依据，对加快产业集群的知识创新与进一步带动整个产业集群效率的提高具有很重要的理论意义。

知识经济时代，知识是企业最有价值的资源，有效地部署、应用知识可以极大地增强企业的竞争力。作为战略联盟的一种，知识联盟是知识学习的高效组织形式。产业集群目前已成为全球重要的经济发展模式，对地区经济的发展和国家竞争力的提升有着重要作用。而知识联盟是战略联盟的高级形式，它致力于企业之间的合作研发，并提高企业创新能力。如果将二者结合，在产业集群中建立企业知识联盟，企业将会在知识经济这个大环境下获取更大的竞争优势。通过对基

于产业集群的企业的知识联盟的构建与管理的研究，进一步丰富了产业集群与知识管理的理论体系，为产业集群的深入研究提供不同的视角和有益的参考，并进一步拓展了知识管理的研究层面。

二、对指导产业集群的企业的知识联盟构建与管理有实践意义

产业集群目前已成为全球重要的经济发展模式，对地区经济的发展和国家竞争力的提升有着重要作用。知识经济时代，产业集群不仅是同类或相关企业的地理集聚，同时也是知识资源的集聚，知识已成为集群企业最重要的战略资源，是企业竞争力的根本来源。在复杂激烈的市场竞争中，企业无法只依靠自身所创造出的知识来获得持续竞争优势，在企业内部产生的知识难以满足技术不断发展的需要，因此，在产业集群中建立跨组织、跨边界的知识联盟是必然之选。知识联盟是战略联盟的高级形式，它致力于企业之间的知识合作，提高联盟内企业的知识创新。产业集群企业的知识联盟不仅克服了单个企业资源匮乏和能力有限的缺陷，同时极大地降低了企业的创新风险。

本书在前人研究的基础上，对产业集群企业知识联盟的动因、可行性、联盟内知识活动、联盟的风险防范以及联盟的成功条件和完善进行了系统的分析，这为现实中的产业集群知识联盟及其成员进行和改善其相应的知识管理活动提供了一些参考和建议，具有重要的实用价值。再者，本书对产业集群知识联盟中知识转移进行了详细研究，并对其影响因素进行实证研究，从中提取了知识转移效果的影响因素，建立了知识联盟下知识转移效果的解释结构模型，据此提出提升产业集群企业知识联盟中知识转移效果的对策。这为现实中的知识联盟提供了一种评价知识转移效果的方法，从而为现实的知识联盟及时准确的发现知识转移过程中的问题并进行相应的改进措施，改善知识转移的效果等活动提供了有益的借鉴和指导。此外，本书建立了产业集群企业知识联盟的知识共享机制和知识创新体系同时辅以案例分析，并且提出知识联盟风险防范的几点策略，为产业集群企业知识联盟的稳定发展提供了现实可靠的借鉴。

总之，产业集群企业的知识联盟构建与管理之构想为各种产业集群的知识管理体系建设提供有价值的理论指导和行动指南，有助于各类企业基于产业集群的平台进行知识的优势互补与资源共享。

第三节　研究方法

本书采用以下研究方法。

一、分解与综合相结合

在把握产业集群与知识联盟整体原理的基础上，首先逐个分析了产业集群企业知识联盟中知识管理的几个核心环节，首先是分析产业集群企业知识联盟的知识积累；其次是知识联盟中的知识转移活动；再次是联盟中的共享机制和知识创新体系，在此基础上又考虑了联盟风险问题；最后综合起来探讨了整个产业集群企业知识联盟的管理体制问题。

二、文献研读与调研访谈相结合

文献研读是本研究的理论基础，实证研究是在基础上对问题进行现实的验证并补充理论。国内外关于产业集群、知识联盟研究的文献比较丰富，但关于产业集群知识联盟的研究几乎没有。因此，需要在对产业集群以及知识联盟两方面的文献进行研读的基础上，初步提出产业集群知识联盟的概念，并提取相关的问题，然后通过企业实地调研、专家的访谈以及咨询政府相关部门，从而实现理论研究与实践研究的相结合。

三、定性分析与定量分析的相结合

本研究主要采用定性分析和定量分析相结合的方法展开研究的。对于本研究的概念界定部分、变量可操作性定义部分、产业集群下发展知识联盟的可行性分析，以及知识联盟知识转移过程的分析等皆采用定性分析，根据前人的研究结果逻辑推理而来。而对于调研收集而来的数据本研究采用统计分析软件 PASW Statistics 18 和 AMOS 18.0 对相关假设和问题进行定量分析，主要运用因素分析法、结构方程模型等方法。

四、理论分析与案例分析相结合

本书注重将理论分析与案例分析相结合，在充分论证产业集群企业知识联盟的知识共享的基础上，本书通过分析永通集团的共享行为，充分的证明了知识联盟中知识共享的实践意义。永通集团产业集群之所以能打破企业边界，形成方便、宽松的知识共享环境。同样在研究产业集群知识联盟的创新体系时配合以针对性的案例进行分析说明，对书中的观点进行了较好的补充。

通过理论分析与案例分析相结合的方法，使本研究的结论不仅易于理解，并且具有实践可行性。

第二章　相关研究综述

产业集群作为一种世界性的经济现象，目前已成为全球重要的经济发展模式，促进了地区经济的发展和国家竞争力的提升。知识作为知识经济时代一种重要的战略资源，已经超越了传统的土地、劳动力等生产要素，谁能创新知识和善用知识，谁就能取得先机，就能获得惊人的效益。产业集群知识联盟的形成与发展，同样依赖于知识在群内各行为主体间的传播与流动，知识转移、知识共享、知识创新已经成为产业集群知识联盟运行的主要内容。

第一节　产业集群的相关研究

产业集群是由于相关企业的聚集而形成的，从世界范围来看，产业集群内部是既竞争又合作的关系。因此，产业集群是一种具有地域特征的知识创新体系，它代表一种复杂的产业组织形式，在其中，知识网络通过社会网络、生产网络、地方制度网络和集体力量（比如区域规则的建立）发生作用。它不仅仅是一种简单的产业网络，而是具有超网络（hyper-network）性质的自组织。

一、产业集群的定义

"产业集群"的概念由波特首次提出，是对企业集聚现象的具体定义，产业集群既不是科层组织，也不属于纯市场，它是介于两者之间的一种组织形式，比市场稳定，比科层组织灵活。伯格曼等人（E. Bergman，1991）认为，产业集群是在一组经济活动中两种经济活动就业人数之间是否相关，即根据不同经济活动就业之间相关程度来定义的。施米兹（Schmitz，1999）在研究发展中国家的产业集群及其竞争优势和发展规律时，将产业集群定义为企业在地里上的集中，企业之间存在着范围广泛的劳动分工，并拥有参与本地市场外竞争所必须具备的、范围广泛的专业化创新的企业组群。而迈克尔·波特（M. E. Porter，1998）则提出：产业集群是某一特定产业的中小企业和机构大量聚集于一定的地域范围内而形成的稳定的具有持续竞争优势的集合体。

在借鉴西方学者产业群概念的基础上，我国学者也提出了自己的产业集群概念。曾忠禄（1997）认为，产业集群指同一产业以及该产业的相关产业和支持产业的企业在地理位置上的集中。刘有金与黄鲁成（2001）认为，产业集群中的产业概念不是指广义上的产业，而是指狭义上的产业，如个人计算机产业、大型计算机产业、传真机产业、医疗器械产业等。徐康宁（2001）认为，产业集群是指相同的产业高度集中于某个特定地区的一种产业成长现象。符正平（2002）认为，企业集群是经营同一行业的大量企业在地理空间上聚集在一起。王冰、顾远飞（2000）认为，簇群是一种适应知识经济要求的面向未来的组织形态，它所具有的两种机制——知识共享机制和信任机制超越了市场和科层组织。沈玉芳、张超（2002）认为，产业集群是一种区域产业群落，它强调了相关产业中相互依赖、相互合作、相互竞争的企业在地理上的集中，这种集中是在竞争环境中产生的，它不仅仅是一种生产组织形式，更是一种经营组织形式，是市场经济的产物。

本研究对产业集群现象的理解，除了参与上述学者们的观点外，还借鉴了贝尔和阿尔布（Bell & Albu, 1999）最早提出的"知识系统"概念、吴先华（2011）关于"产业集群知识系统"的概念（集群的知识系统是集群知识资源、知识载体及其活动过程的总和，它包括了企业、研究机构、公共机构等行为主体所拥有的知识资源及其载体，以及知识的搜寻、转移、存储、溢出、吸收、整合、共享和创造等活动），将产业集群视为生产系统与知识系统的组合。现代产业集群的概念不仅包含在某一特定领域内互相联系的、在地理位置上集中的公司和机构的集合，还包括由全球化生产所带来的全球经济分工协作而产生的全球化产业集群，以及由网络化和知识经济所形成的虚拟空间产业集群。

二、产业集群的类型及其创新网络的研究

（一）产业集群的类型

关于产业集群分类，1988 年，联合国贸易与发展会议根据集群内企业技术的总体水平、集群变化的广泛性以及集群内企业间相互协作与网络化程度三个标准，将集群分为非正式集群、有组织集群、创新集群、科技集群和孵化器及出口加工区五个类型。迈克尔·波特（1990）按照产业集群内部的产业间联系，把产业集群分为横向联系的产业集群和纵向联系的产业集群。马库森（Markusen, 1996）将产业集群分成四类，一是马歇尔式产业集群，意大利式产业集群为其变体形式；二是轮轴式产业集群，其地域结构围绕一种或几种工业的一个或者多

个主要企业；三是卫星平台式产业集群，主要是由跨国公司的分支工厂组成；四是国家依赖型产业区。彼得·劳伦格和迈尔·斯太麦（Peter Knorringa & Meyer Stamer, 1998）在其分类的基础上，把产业集群分为意大利式产业集群、卫星式产业集群和轮轴式产业集群并分析了不同类型产业集群的特征。菲利浦·迈卡恩、有田智一和伊恩·戈登（Philip Mccann & Tomokazu Arita&Ian R Gordon, 2002）运用交易成本理论将产业集群分为纯集聚体、产业综合体和社会关系网络三类，并将三类进行了比较。

仇保兴（1999）则认为，按照企业集群的结构，可以分为"市场型"中小企业集群、"椎型"（也称中心卫星工厂型）中小企业集群、"混合网络型"中小企业群落。按照中小企业的性质则可以划分为制造业集群、销售业集群和混合企业集群等。魏守华、石碧华（2002）更进一步将集群区分为传统产业群、高科技产业群、资本与技术结合型产业群。

陈雪梅、赵珂（2001）认为，中小企业群形成的方式由区域的地理环境、资源禀赋和历史文化因素影响形成，由大企业改造、分拆形成及由跨国公司对外投资形成三种。李新春（2000）根据对广东企业集群不同发展形态的观察，将企业集群分为三类：历史形成的企业集群、沿全球商品链形成的企业集群以及创新网络企业集群。王缉慈（2001）通过对新产业区的研究将企业集群划分成五种形式：智力密集地区、条件比较优越的开发区、外向型出口加工基地、国有企业网络、乡镇企业网络。

（二）产业集群的创新网络

关于产业集群的创新网络，20 世纪 80 年代，空间经济学关于创新与地区环境间关系的研究为其他学科如组织学和社会科学所影响，交易成本、集群、网络等概念相继被引入，创新与空间经济发展的关系被置于前所未有的地位。理论关注的焦点是地区经济网络的重要性。

慕继丰、冯宗宪、李国平（2001）认为，企业网络是许多相互联系的公司、企业或各种单位为解决共同的问题通过一定时间的持续互动而形成的发展共同体。他们借用波特的簇群概念，认为企业网络是许多相互关联、持续互动的组织，如某类相似或相关的企业、政府有关部门和机构及其他中介机构、高水平研究机构和大学。王如玉（1992）认为，企业之间的社会关系是维护企业间协作网络安全稳定的中坚力量。通过对工业衰退地区的分析，吴晓波等人（2003）在分析企业集群含义的基础上，从宏观、中观、微观三个层次分析了企业集群特有的技术创新环境和集群组织内企业技术创新的主要模式。

三、国内外产业集群的研究进展

当前大多数学者对于产业集群的研究主要还是依据产业区理论，从产业集群的规模经济、外部特性以及专业化分工等经济视角出发，探寻产业集群的形成与发展。马歇尔对产业区进行分析，结合亚当·斯密的"分工理论"提出了外部经济的概念。马歇尔认为，同行业集聚于同一地理位置主要是外部经济使然。这样，同一聚集地的企业可以获得运输便利和信息资源。此外，他又把外部经济具体分为金融外部性和技术外部性。金融外部性主要是劳动力市场共享和中间产品投入；技术外部性即是技术外溢。因为外部性的存在，相似企业集聚一地，使顾客便利、市场劳动力平衡、市场专业化水平提升、企业间加强共享辅助性服务支持，进而促进协同创新，带动区域经济的健康快速发展。在马歇尔的研究中，产业集聚有三大关键要素：技术外溢、中间附属产品创造、劳动市场共享，但是马歇尔未能对区域产业组织的外部连接以及协同创新环境作更具体的说明，也没有对产业集群的非物质成因做进一步研究。

巴尼亚斯科（Bagnasco）分析了意大利新产业区的模式及其发展，提出产业集群应该是拥有相似社会背景的人群和企业在特定的区域里组成的社会地域生产的综合体。贝卡蒂尼（Becattini，1990）在此基础上进行补充，认为新产业区是一个社会和地域性的实体，是自然和历史所限定的区域中人和企业的集合。新产业区的主要标志是产业区内各企业间的正式合作联系，并在它们长期的相互关系中逐渐产生的区域化网络。他进一步提出了新产业区的经济外部性，以及特定区域中的社会化背景促进了新产业区的形成：新产业区一经形成就具有难以复制的高度专业化分工、本地网络化、文化植根性以及行为主体的相对独立性等多种特性。

韦伯在对工业区位进行规范研究的基础上，提出较为系统、完整的产业集群的概念。企业进行产业集群的根本原因在于集聚的经济效应。产业集群应该分成两个阶段：第一阶段是聚集的低级阶段，在这个阶段，企业通过简单的规模扩张，发展自己的供应链，丰富自己的产业链，形成产业的集中；第二阶段是发展的高级阶段，此阶段主要是在第一阶段形成的大企业以健全的组织方式集中，引起同类企业的靠近集中。韦伯提出了形成产业集群的四个主要原因：劳动力组织的发展、技术的发展、经常性开支的成本以及市场化的一些因素。随着技术专业化要求的提高，企业生产的需求已经无法得到满足了，必须通过与其他企业的相互合作才能胜任技术设备的发展。企业间的相互依存便是聚集的开始。同样，如果把劳动力组织看作某种特殊的设备，那么充分发展的劳动力继续促进企业的产业集聚。由于外部经济效应和规模经济效应，当企业集聚形成一个整体，整个产业区的整体经济成本低于各企业的成本总和，甚至因为缺少中间人的环节，最后企业所承担的成本必然形成规模经济。再者，从基础设施建设的角度来看，产业集群能够减少产业集群区的资源和能源的经常性消耗，从而也能够为企业节省经常性开支。

随着社会进入后工业化时代，以及信息经济的冲击，对于产业区的研究也演化成了现代产业集群理论。现代产业集群理论有别于产业区理论，学者们对于产业集群的生产方式、产业集群内的非物质联系以及产业集群内个体的地位等方面的观点有些不同。国内学者王缉慈（1998）在对我国出现的一些开发区的研究时，介绍了新产业区的概念，并结合国内一些区域的发展对这些开发区现象及其发展中的问题进行探讨。克鲁格曼（1991）在研究产业集群的成因时，从经济地理的视角出发，建立了一个两区域模型，以规模经济降低运输成本为主要目标，将制造业企业选取在市场需求大的地区，最终形成所谓的中心——边缘模式。在此基础上，克鲁格曼提出了工业活动具有倾向于同一地理区域的一般性趋势。亨德森和维纳布尔斯（Henderson & Venables，2001）以国际和国内经济体为对象，从经济发展的视角对经济地理特征进行研究，研究中对产业集群的形成原因和企业脱离集群的影响等问题进行探讨。

一些学者则从创新环境、社会网络以及文化等视角来研究产业集群。格兰诺维特（Granoverttor，1985）认为，企业的区域集聚能够形成关系网络，构筑企业间的相互交流和合作，提升企业的市场竞争力。对于根植于网络与制度之中的经济行为，他解释为：首先，基于信任的交流合作网络能够分散风险；其次，交流合作的关系网络使得企业拥有共同的战略共识，行动步调一致。而且，相对稳定的关系网络极大地降低了企业活动的不确定性。这一研究充分说明了企业集群分为一级社会文化因素的重要性。波特（1990）认为，创新是企业获得持续竞争优势和国家保持继续竞争力的根本，产业集群则是企业实现创新的有效途径。GREMI 小组（1995）在对欧洲产业区的研究中，从创新环境理论角度证实了企业间的协同合作是创新环境的来源，在创新环境中企业可以进行规模生产，集体的效率都大大地提高了。国内学者陈介玄（1994）对产业集群中的社会网络进行研究，认为集群中协作网络关系是集群成员间信任关系维系的主要力量。迈特尔卡和法里内利（Mytelka & Farinelli，2000）把产业集群划分为非正式、有组织以及创新集群，并进一步探讨了传统产业建立创新系统以及保持传统产业可持续竞争优势等问题。

还有些学者从成本的角度对产业集群的成因进行研究。威廉姆森（1985）认为，产业集群是众多企业的集合体，是介于市场和组织的一种中间性组织，这种中间组织通过组织内的交流沟通、分工合作能够有效地降低组织内个体间的交易成本，从而形成有效的范围经济。然而这种观点在解释产业集群的成因以及内在发展机制方面还存在不足。

四、产业集群知识转移的相关研究

（一）国内产业集群知识转移研究的基本状况

国内学者一直十分关注产业集群现象，并从不同的视角对产业集群的知识转移进行了研究。

刘红丽等学者从知识转移的网络视角出发，把产业集群知识转移的网络分为核心知识网络、辅助服务知识网络以及外围知识网络三个层次。他们在研究中指出，产业集群内的知识转移网络是呈现典型的小世界特征。在知识转移网络中，成员之间的距离能够显著影响知识转移的效率，成员间的关系数量影响集群的密集程度。张志勇等（2007）在网络特征与企业网络中知识转移的关系研究中，从网络的结构和关系两个维度出发，对比了跨国公司与产业集群中知识网络的不同。张苏荣和王文平（2011）从动态演化的角度研究知识转移的特征发现，网络结构会随着产业集群的时间不断发生变化。

一些学者从知识溢出的角度对其进行研究。李红（2005）认为，产业集群内部的知识溢出效应能够有效地增大产业集群的知识转移强度。毛宽等（2008）进一步对产业集群的知识溢出效应进行研究。他们指出，在产业集群的不同变化阶段，知识溢出所起的作用不尽相同。在产业集群的初期阶段，知识溢出能够促进企业的空间集聚；在产业集群的成长阶段，知识溢出有利于集群内中小企业的快速发展；在产业集群的成熟阶段，知识溢出会使集群形成创新合作网络；在产业集群的衰退阶段，知识溢出则会导致技术锁定效应。

既然知识转移对于产业集群如此重要，那么怎样促进产业集群的知识转移效果呢？影响产业集群知识转移的因素是什么呢？以这样的思路，很多学者对产业集群内部知识的影响因素展开研究。吴晓波等（2004）在对浙江传统产业集群实地调研的基础上，系统、详细地阐述了产业集群内外知识转移的四个基本途径、产业集群内部知识扩散的一般过程以及集群内外知识转移的影响因素，并提出要积极创造区域"高级"领导供应商；构建集群内外知识库和提高其消化吸收能力；创造既具有一定信任度、又具有竞争力的社会文化等。

（二）国外产业集群知识转移研究的基本情况

相比国内学者对于产业集群知识转移的研究，国外学者对于此方面的研究更加深入。本书经过对相关文献的梳理，总结出几种代表性观点。由于产业集群对经济发展的促进作用相当明显，学者们普遍对其予以极大的关注，自20世纪90年代起，学者们对于产业集群内的知识转移也开始进行研究。科格特和桑德尔

（Kogut & Zander, 1992）的研究表明，产业集群中存在明显的知识溢出效应，这种效应能极大地提高企业的竞争优势。1993 年，他们对瑞典的 44 个创新案例进行了研究，提出知识转移效果中有一个较为明显的影响变量——知识的自身特性。也就是知识自身越复杂，转移效果越差；反过来，知识自身越简单，转移的效果越好。阿尔比诺（Albino, 1999）将产业集群内的知识转移进行了过程分类，将其分成集群外部的知识引进、集群内部的知识解释和知识翻译三个环节。

福斯曼和索利坦德尔（Forsman & Solitander, 2003）提出，对于产业集群内知识转移来说，地理距离与集群内部企业的关系网络是对转移效果影响最大的因素。阿尔斯通（Alston, 1989）则从社会关系的角度对产业集群内的知识转移进行研究，认为关系变量、信任在知识转移中起到重要的推动作用。戴安（Dianne, 2001）也赞同此观点，并从反向进行验证。他的研究结果证明，在不信任的情景下，知识转移会收到阻碍甚至失败。很多学者（Roger & Yushan, 2003；Dhanaraj, 2004）也同意他们的观点，肯定了信任变量在知识转移中的重要影响。然而段（Duan, 2010）的研究却证实，信任变量不是在所有的情景下都对知识转移的结果起到非常重要的影响，如在中国的文化环境下，信任变量的作用远远低于预期。

苏兰斯基（Szulanski, 1996）将知识转移进行过程研究，选择知识的传播方作为研究对象，认为传播方的特征，动机等都对知识转移的效果有比较重大的影响。哈默尔（Hamel）则选择了知识的接收方作为研究对象，认为知识接收方的动机，能力等因素对知识转移的效果起到了较大的影响。纳诺达（Nanoda）则从距离的角度对知识转移进行了研究，认为传播方与接收方之间的空间、文化、制度和知识等方面的距离都影响着知识转移的效果。西蒙尼（Simonin, 1999）也赞同纳诺达的观点，并重点研究了文化距离与组织距离的影响作用。

第二节　产业集群企业知识的相关概念

一、知识的相关概念

许多学者认为，组织存在的外部环境不断变化，企业在其中需要不断地更新自身的知识，建立自己的知识库才能创造竞争优势。因此必须对知识的相关概念有所了解，才能准确评估自身的知识基础、知识缺口以及知识需求，才能作出相应的知识管理决策。

（一）知识的内涵

知识是人们在实践过程中对客观事物及其运动规律所产生的认识。根据认知科学的定义，知识是行为人通过自身经验并经过深思对实践信息的解释，它是无意识或有意识建立起来的。从古至今，东西方的哲学家都对知识的概念和意义作出了各式各样的界定。直至现在，关于知识的同一的认识还是悬而未决的事情。

野中和竹内（Nonaka & Takeuchi，1995）将知识看成是个人对真理的信仰的动态过程，认为知识可以被定义为一个合理的信仰，而且它可以提升一个组织有效运作的能力。格兰特等（Grant et al.，1996）则认为，知识来源并应用于认知者的大脑，根植于组织文化和身份、日常事务、政策、系统、文件以及个体员工，并由他们所承载。达文波特等（Davenport et al.，1998）认为，知识是个人积累性的复杂经验，是从有些难以表达到结构化、显性化的经验。伦纳德和森希波尔（Leonard & Sensiper，1998）提出，知识是相关的、可行动化的信息，它至少部分基于经验；知识是信息的一个子集，它是主观的，和有意识的行为有关，拥有经验中的隐性成分。哈加特等（Bhagat et al.，2002）认为，知识是从不相关的或相关的信息中变化、重构、创造而得到的，比信息或数据更广、更深、更丰富。特德等（Ted et al.，2006）认为，知识是一种包含了结构化的经验、价值观、关联信息以及专家的见解等要素的动态组合，它起源于认识者的思想，并对认识者的思想起作用。在组织内，知识不仅存在于文档和数据库中而且嵌入在组织日常工作、实践和规范中。

除了关于知识本身界定问题的分歧外，数据、信息、知识三个概念的界定也容易让人混淆。日常生活中，数据、信息、知识三者都是普遍运用的，要理解知识的内涵，就需要先区分三者之间概念的逻辑关系：数据是原始的、没有明确目的、用途的一些离散或者互不相关的客观事实；信息是经过加工而被赋予目的性、作用性、相关性的数据；知识则是由信息转化而来，存在于对信息的使用中，生产于工作的大脑。三者之间有联系也有区别，而且有层次之分，如表2-1和图2-1（a）、图2-1（b）所示。

数据是一些没有明确目的、用途、离散或者互不相关的客观事实，通常是企业中关于某类事项的结构性记录，其本身没有具体的含义。而信息则不同，它有具体的含义。正如彼得·德鲁克（Peter-Drucker）所说，数据赋予了背景和目的便是信息。它一般以文档或者可视、可听的媒介为载体。知识比信息和数据在概念上更宽、更深、更丰富，一个组织往往数据堆积、信息泛滥，只有当人们使用数据和信息的时候，它才能变成知识。知识是能够改变某些人或某些事物的信息，其既包括使信息成为行动基础的方式，也包括通过对信息的使用使某个体（或机构）有能力进行改变或进行更为有效的行为的方式。

表 2－1   数据、信息和知识比较分析

概念	学者	定义描述
数据	Davenport & Prusak（1998）	有关事件的具体而科学的事实
	Clarke（1998）	收集的事实或数字
	Tuomi（1999）	孤立的现象
	Raisinghani（2000）	原始现象
	Hertog & Huizenga（2000）	观察结果
	Spek & Soijkervet（2002）	观察到的表征
信息	Nonaka & Tekeuchi（1995）	有意义的信息流
	Wigg（1999）	被组织起来的数据
	Clarke（2000）	逻辑存储数据
	Raisinghani（2000）	格式化的数据
	Hertog & Huizenga（2002）	具有更确切含义的数据
	Davenport & Prusak（2003）	消息
知识	Wigg（1999）	信念、观点和观念，判断和期望，方法和诀窍
	Zack（1999）	具有一定价值和可信度的累积信息
	Hertog & Huizenga（2000）	执行特定功能的规划与信息集
	Raisinghani（2000）	格式化的信息
	Clarke（2000）	关于事物运作规律的理解、具有可预测性
	Sveiby（2000）	行动的能力

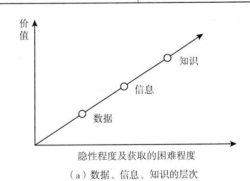

（a）数据、信息、知识的层次

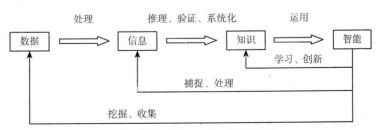

（b）数据、信息、知识、智能的关系

图 2－1   数据、信息、知识的联系与区别

彼得·德鲁克曾经指出，企业所拥有且唯一独特的资源是知识，其他资源如资金、设备等不带任何特殊性，企业能产生独特性的力量是它运用各种知识的能力。能力不是本质，隐藏在能力背后或者说产生能力的根本力量是企业所拥有的知识。

近年来，企业决策者开始认识到知识作为一种资源的重要性，知识在企业中确立了它应有的位置。作为一个组织，企业通过对数据的收集、对信息的分析从而形成企业特有的知识并加以运用，其对于企业的持续发展有重要的意义。日本学者野中郁次郎评论道："在经济生活中唯一可肯定的就是不确定性，唯一确定的持续竞争可利用资源就是知识。"

综上所述，结合知识的内涵以及本研究的需要，本书对"知识"进行如下定义：知识是在各类数据、信息的整合并明确目的之后，应用在社会活动的产物。具体地说在企业的日常运营中，知识就是关于管理、市场、生产、产品的信息、知识、经验、诀窍及方法和创业精神等。

（二）知识的分类

为了有效管理企业的知识，人们对存在于企业的知识也进行了不同的分类。

第一，按照经济合作与发展组织（Organization for Economic Cooperation and Development，OECD）的观点，企业知识可以分为四种类型。

（1）知道是什么的知识（know-what），即关于事实方面的知识。这类知识与通常所称的信息的概念比较接近，它可以计算。

（2）知道为什么的知识（know-why），是指自然原理和规律方面的科学理论。这些知识是许多产业技术进步和产品及工艺发展的基础。

（3）知道怎么做的知识（know-how），是指做某些事情的才能与能力。此类知识往往是单个的企业所拥有的、由它自身发起的并仅限于其自身范围内而不向外传播的知识。

（4）知道是谁的知识（know-who），是指关于谁知道什么和怎么做的知识，它包含了特定关系的形成，即有可能接触到的有关专家并有效利用他们的知识。

第二，米切尔·普拉尼（Michael Palany）将企业的知识划分为默认的知识和明确的知识两大类：

（1）默认的知识。该类知识是存在于个体中的、私人的、有特殊背景的知识。默认知识以企业员工内在携带的"意念模型"为中心。这些意念模型是概念、形象、信仰、观点、价值体系以及帮助人们定义自己世界的指挥原则。默认知识也包含一些技术因素，包括具体的技能和专门技术，以及来源于实践的经验。

（2）明确的知识。此类知识是在个体间以一种系统方法传达的更加正式和规范的知识。这些知识从沟通的角度看，比较容易记录、传达和表述，是企业内部的显性知识。

第三，按知识的共享程度划分，博伊斯特（Boist，1999）根据知识在传播中的共享程度不同，把企业知识划分为四类。个人知识是只有创造知识的人或将知识概念化的人才能掌握的知识；共享知识是扩散至他人，常常通过与创造者的人际接触实现的知识；独占知识是企业内为人所知但却受到保护、以防向外扩散的知识；公共知识是在开放的市场上随手可得的知识。

第四，按企业知识的深刻性角度，企业知识可以分为外显知识和隐性（默会）知识。日本的野中郁次郎和竹内广隆（Takeuchi）、丹麦的谢尔·S·约翰内森（Kjell S. Johannessen）和奥拉森（Olaisen）等管理学家与经济学家对此进行了深入研究。他们指出：知识主要由显性和隐性两个层面构成。所谓显性知识主要是指可以用文字记述，可以用系统化的语言进行传播，表述的知识；而隐性知识是指无法编码化的，难以交流与传播的知识，往往是经验所成的，由于其难以表达与传播，隐性知识不好管理。因此，对于隐性知识的管理成为知识管理的新的领域。

可见，企业知识从不同角度来分析，就形成了不同的分类。所以，企业应该从多个角度充分地认识其丰富的内涵。

通过以上分类，可以得出以下几点启示：一是企业的核心知识尤其是隐性的核心知识，对于企业形成长期竞争优势尤为重要。二是企业应储存核心知识，防止核心知识的流失。三是企业应创建共享环境，有利于个人核心知识转化为企业独占的核心知识。

（三）知识的特性

类似于其他组织资源，知识这种资源也有其特有属性，这些特性会给组织造成影响，因此对知识特性的探讨很有必要。

1. 知识的智力性。前文已经说过，知识是经过人类对各种数据、信息进行整合、定义后，应用于各种社会活动的产物。因此，脑力劳动是企业知识创造的主要途径，企业知识对劳动者的智商有特殊的要求。人脑这种特殊载体赋予企业知识以智力性，这也是企业知识增值性的前提和基础。在企业知识生成管理过程中，要注重人的参与，只有如此，才能促使知识生成顺利进行。

2. 知识的离散性。尽管企业知识总量很大，但是人的有限理性决定了个人知识是有限的。因此，大多数情况下，企业知识都分散在不同的地方。社会或组织中的知识只能由那些处于特定语境中的个人或团队分散地掌握。

3. 知识的可存储性与流动性。企业知识是非物质形态的无形资源，它必须依赖一定的物质形态的介质来存储和交换，存储企业知识的物质介质就是企业知识的载体。随着科学技术的发展，知识的载体越来越多，人类已经能够用多种不同的介质来存储知识，从而保证企业知识能被越来越多地以各种不同的方式转移和传递，体现为其流动性。随着科技的进步和人类受教育水平的提高，企业知识能够在不同载体之间更加快速地流动，准确性也不断提高，企业知识的流动性特点也得到了更明显的体现。显性知识的可编码程度较高，可以通过语言、文件或其他编码方式被快速地交流或传播；默会知识的可编码程度较低，其不可能像显性知识那样进行快速的转移，但它可以通过长期交流、共同实践等社会化活动从一个主体转移到另一个主体。

4. 知识的收益递增性与共享性。知识具有非独占性，即可以在不放弃它的同时传递给别人。虽然专利和知识产权会形成某种程度的独占，但这种独占也是有限期的。知识的这种非独占性成为知识收益递增的基础。知识还存在边际成本递减的规律，即新知识一旦形成之后，就能以一种很低的成本被大规模复制，边际成本会趋近于零。正是企业知识的收益递增性，从而使一项新知识诞生时，其可以被任何人共享，进而提高整个社会的劳动生产率。

5. 知识的创新性。知识具有动态增长性，即知识并非一成不变，它可以不断创新和发展。企业通过各种生产经营活动和技术活动以及在此基础上进行的学习活动而获得的知识，总是以动态的方式不断积累着，而且以往积累的知识也会对以后的各类活动的选择产生影响，因此，企业可以在现有知识基础上进行创新。企业还可以与周围环境进行广泛接触，环境接受企业所创造的知识（即技术、产品或者服务、价值标准等）。企业也从外部源泉如客户、供应商、竞争者那里获得知识，并利用这种知识进入企业知识创新的又一轮循环。

二、产业集群企业知识

本研究根据对前人研究的梳理，结合对产业集群的实地调研及了解，知识具有共性，无论是否在产业集群中，但是产业集群中的知识具有其自身的特点，具体的特点如下。

（一）专门性

在产业集群中会有专门知识，这种专门知识是集群内的频繁交流和整合而成的语言和编码，只在集群内部交流使用。集群外部企业对专门知识的解码成本很高，很难有效地掌握专门知识。

（二）公共品属性

集群中的知识在集群范围内具有一定的公共产品属性，为整个集群所特有，能为群内企业所共享。

（三）空间依附性

产业集群最大的特征就是企业的地理区域性，这样有利于企业之间容易形成密切的合作关系、良好的隐性知识传播环境，这就决定了产业集群内的企业更容易达到知识转移的效果。

第三节　知识联盟的相关研究成果

有关知识联盟研究的文献主要集中在近十年，英克彭（Inkpen，1998）是最早研究企业知识联盟的主要代表人物之一。他认为：知识联盟是企业战略联盟的一种高级形式，是从知识的角度来分析战略联盟的动机与内容。更广泛地说，它是指企业之间或企业与其他机构通过结成联盟的方式，共同创造新的知识并进行新知识转移。我国学者陈菲琼（2003）则从经济学的角度分析知识联盟，认为"与企业知识联盟有关的知识特征反映在知识分工与积累原理、知识市场的路径依赖原理以及知识能力的过剩原理之中"。知识联盟是知识经济时代企业联盟的新形式，是企业外部知识网络的一种形式，其中心目标是学习和创造知识。它强调组织间的互动学习，同样重视在知识学习、共享和转移的基础上创造出新知识和新能力。

一、知识联盟的概述

（一）知识联盟的兴起

自 20 世纪 80 年代以来，企业战略联盟成为企业实现自身战略目的的重要方式。"战略联盟"这一概念最初是由美国 DEC 公司总裁简·霍普兰德（J. Hopland）和管理学家罗杰·奈杰尔（R. Nigel）提出的。他们认为，战略联盟是由两个及以上具有共同战略利益的企业，为了达到共同占有市场、共同使用资源，最终实现增强竞争优势的战略目标，通过各种协议、契约而组成的风险共担、优势互补、生产要素水平双向或多向流动的一种松散型网络组织。随着经济全球化和科学技术的迅猛发展，战略联盟已成为当代企业重要的战略行为，被誉为"20 世纪 20 年代以来最重要的组织创新"。

企业战略联盟可以分为产品联盟和知识联盟。随着知识经济时代的来临，知识和信息已经成为各企业获取竞争优势的最重要资源。以向战略合作伙伴学习知识、增强企业竞争能力为目的的企业知识联盟的兴起，顺应了知识经济的潮流，企业竞争的主导形式正在由产品联盟向知识联盟过渡。作为新兴的企业战略联盟形态，知识联盟具有传统的企业产品联盟不可比拟的优势。

产品联盟是围绕产品的研发、生产、营销等环节进行合作的联盟，目的在于分担研发费用和风险、合作生产、合作营销等。巴达拉科（Badaracco，1991）指出，传统的战略联盟以产品联盟为主，20世纪80年代后期以来，知识联盟大量出现，成为战略联盟的高级形态，代表了未来的发展方向（见表2-2）。

表2-2 产品联盟和知识联盟的比较

比较内容 \ 联盟类型	产品联盟	知识联盟
中心目标	赢得产品优势	学习和创造知识
联系的密切程度	松散	紧密
参与者范围	狭窄	广泛
战略潜能	短期性	战略性与长远性

（二）知识联盟的内涵

知识联盟是战略联盟的高级形式，它在获取和创造知识方面具有风险小、学习成本低、学习灵活、学习效率高的优势，是企业之间进行知识转移和合作创造新知识的一种最佳制度安排。通过联盟合作所开发出来的新的交叉知识不易使双方形成直接的竞争，联盟企业在扩展自身能力的同时也不会对原有的市场构成威胁，因而促使企业发展该类知识联盟，在更大的空间上发展自己的核心能力。

第一，知识联盟是知识所有者之间的关系。所有者的自身特性也决定了知识联盟的属性。以盈利为目标的知识所有者所结成的联盟，必然是营利性联盟。

第二，知识联盟内各联盟方的目标相同。知识联盟内各方都对知识有所追求，学习对方的好的知识，与对方共同创造知识。

（三）知识联盟的特点

首先，知识联盟最主要的目标是对知识的学习和创造。知识联盟的存在就是为了更好地学习彼此的知识，并共同创造新的知识。

其次，知识联盟要求各方要有好的合作，才有利于创造和分析彼此间的知识。联盟各方的知识水平要具有互补性与协调性，并向着统一的目标努力，才能更好地合作。

最后，知识联盟中最需要解决的问题就是知识转移。无论是显性的还是隐性的知识,如何保证转移效果,才是知识联盟将知识转化成价值的重点。

二、知识联盟形成动因研究

陈菲琼(2002)认为,企业知识联盟的动机在于:复杂的学习动机、分散研发(R&D)资金及分散创新风险、进入国际市场,以提高企业的核心能力(如图2-2所示)。李焕荣和林健(2003)认为,知识联盟的目的是为了提高企业核心能力。林莉、周鹏飞(2004)进一步明确了知识联盟的核心就是学习并创造新知识。

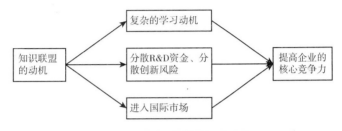

图2-2　知识联盟的组建动机

当今是一个知识发展迅速的时代,知识的发展和更新推动联盟发生了巨大变化。主要可从两方面来讲,一是企业环境的变化;二是企业内部的动机。

三、知识联盟的知识转移研究

知识转移研究是当前学术研究的热点。知识转移主要可以分为个人、组织内部、组织间(知识联盟)三个层次。

达文波特(Davenort,1998)认为,知识转移是由知识发送和知识接收两个过程所共同组成的统一体。只有当转移的知识保留下来,才是有效的知识转移。目前,学术界对于知识转移的研究主要集中在个人层面和组织层面,知识联盟层面研究较少。基尔伯特和科蒂—海耶斯(Gilbert & Cordey-Hayes,1996)将知识转移过程分为取得、沟通、应用、接受和同化五个阶段,整个过程是一个动态学习的过程。南希·狄克逊(Nancy Dixon,2002)重点分析了团队中的知识转移,并根据预期的接受者、任务性质、被转移知识类型,将知识转移划分为连续转移、近转移、远转移、战略转移和专家转移五种类型。

关于组织间知识转移的影响因素分析,西蒙尼(Simonin,2004)剖析了导致知识模糊的因素,包括缄默度、资产专用性、先前经验、复杂性、合作伙伴的保护倾向、文化距离、组织距离等,并从实证研究中验证了知识模糊性与知识转移效果的负相关关系。卡明斯和滕（Cummings & Teng，2003）则以知识、关系、接受和活动作为研究背景，分别讨论了影响研发知识转移的 9 个因素，即知识的嵌入性、可描述性，转移主体之间的组织距离、物理距离、知识距离和规范距离，接收方的学习文化和优先性，以及转移活动的数量等。

张亮（2005）在研究中指出，知识型战略联盟中知识的可获取性、联盟伙伴的互动关系、联盟企业的学习能力、联盟伙伴间的差异等因素是影响联盟中知识转移的影响因素。林莉（2004）等对知识联盟内部知识转移的障碍因素及我国企业与国外跨国公司的知识联盟的知识转移层次作出了分析，进而提出了克服障碍的几点建议。

四、知识联盟的知识共享研究

知识共享属于知识管理中的一个分支。由于标准、角度的不同，各位学者对知识共享的界定也有所不同。

加尔布雷思（C. S. Galbraith，1990）指出，知识转移与共享可以通过一系列途径实现，包括培训、交流、观察、技术转移、与供应商及客户的交互作用等。

谭和玛格丽特（Tan & Margaret，1994）将这种相互间的理解应用到信息系统设计是系统分析师与使用者之间的互动上。他们认为，这种理解强调了双方共享知识的必要，同时在某种程度上它也是一种交换。

恩赛因（Ensign，1997）认为，知识共享是指不同知识所有者之间的交易过程。他将知识视为普通经济资源，知识的有用性和稀缺性使其具有了交易价值。

博金（Jim Botkin）认为，知识共享是网络管理模式的核心所在，共享知识简而言之就是沟通；但为了达到沟通的目的，两者间必须有联系。因此，知识共享就是人与人之间的联系与沟通。他同时指出，这种联系与沟通有不同的程度和规模，如个体、工作小组、企业等。

埃里克森和狄克森（Eriksson & Dickson，2000）在研究知识共享时，也认为组织应该创造一种知识共享的环境。知识共享过程涉及认知与行为两个层面，并且不同的过程有不同的工作表现。在人们共享现存知识的同时也创造新的知识。

卡瑟和雷蒙德（Kaser A. W. & Raymond E.，2005）认为，企业知识共享是一个复杂的系统工程，是多种影响因素集成的结果。

钟耕深、赵前（2005）认为，在组织中，知识从一个成员传递到其他成员的过程，经过多种意见和想法的沟通、协同和协调，从而达到知识共享的目标。杨溢提出，在企业中知识共享主要表现形式为知识传播，多个知识传播的过程是错综复杂的、同时进行的，从而形成一个复杂的多向循环回路，知识共享就是在这种复杂的多向循环回路中得以实现的。

五、知识联盟的知识创新体系研究

随着学者们知识管理研究的逐步深入，自 20 世纪 90 年代以来，关于知识创新的内涵不同学者从知识创新的过程、主体、目标等视角对其进行界定。著名战略管理专家阿米登（Amidon，1993）第一次引入了"知识创新"的概念。他认为，通过知识的交流、应用和创新，并使之表现为产品和服务的增值，最终将有利于整个社会和国家的经济发展。克罗（Von Krogh，1998）在阿米登的基础上进一步提出，创新的实质是，企业为了获得市场竞争优势而不断地把创造的知识转化为产品以及服务等形式。日本学者野中从知识特性的角度来研究知识创新，他认为知识创新就是隐性知识与显性知识在个体、群体、企业内部以及企业外部之间的不断螺旋上升的过程。

至于知识创新怎样提升企业的市场竞争优势，巴顿（Leonard Barton，1995）提出了包括物理系统、管理系统、员工知识和技能、价值和标准四个维度的知识创新与框架，框架中包括引入知识、解决知识、实现和集成以及实验四个创新活动（见图 2 - 3）。

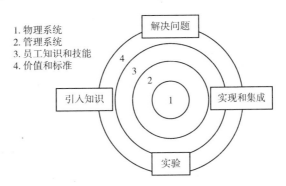

图 2 - 3 知识创新与核心能力框架

维格（K. Wiig，1997）也提出了包括四个过程的知识创新模型。在模型中，知识是经过创造、显现、转移、应用的一个完整过程。同时他认为，探索知识、评估知识价值以及相关活动、控制知识的创造活动等都是与知识创新相关的支柱。

加伯利·苏兰斯基（Gabriel Szulanski，1996）提出了知识创新过程中知识转移框架模型，认为影响公司内部知识转移的障碍在于组织内部的黏滞性，并对这个模型进行了实证研究。李勃维兹（Liebowitz，2001）从技术与知识创新的关系角度出发，将人工智能技术运用到知识创新领域，认为人工智能技术如专家系统、自动化技术、数据挖掘、神经网络模型的应用可以有效地促进知识的创新。

野中（2002）在对日本企业广泛研究的基础上，认为知识创新就是隐性知识与显性知识在个体、群体、企业内部以及企业外部之间的不断螺旋上升的过程。他将这个过程命名为"SECI过程"（如图2-4所示）。SECI过程中，显性知识与隐性知识在个体、团队、组织、组织间中相互交替。

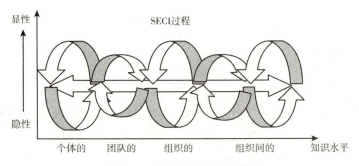

图 2-4　知识能转化过程模型

六、知识联盟的管理研究

（一）知识联盟管理体系研究

科格特和赞德（Kogut & Zander，1993）指出，知识联盟要求管理者非常注重创造性和学习性，以不同于管理单个企业的方式来管理企业知识联盟。管理者有着学习、寻求挑战、真实地反映成功与失败的职责。成功的知识联盟管理体系是学习型组织。

我国学者李元旭、唐林芳（1999）提出，知识联盟是企业发展核心能力的有效途径，知识联盟管理的重点在于对联盟的人力资源管理和组织学习的管理，通过知识联盟和组织学习达到高级的技术能力转移等。

（二）知识联盟的学习机制研究

贝克、基本斯和墨菲（Baker，Gibbons & Murhy，2002）通过集中研究联盟学习的过程，指出相关资本使一个企业向其知识联盟伙伴学习。事实上，知识联盟成员的学习能力是各不相同的。

克汉和莱雯颂（Cohen & Levinthal，1990）认为：在企业水平上的"学习如何学习"是一种具有复杂形式的个体现象。这取决于企业与外部的知识来源的交流方式与效果，取决于企业内部开发利用个体知识的机制，取决于企业内部知识或专门技术的分布。

林莉、刘元芳（2003）认为，知识联盟的成功需要建立和完善学习机制，一方面通过营造良好的共同学习氛围，为最大限度地取得联盟方的知识技术创造软环境；另一方面，通过提高个人和组织的知识水平和认知水平，为技术知识存量的激活创造条件。

（三）知识联盟治理结构研究

帕克（Parkhe，1993）对知识联盟的管理进行了研究。他认为，知识联盟管理的主要内容就是对各方面可能出现的机会主义行为的抑制。任何联盟形式的合作都会存在道德风险和机会主义，知识联盟中的各方也容易出现机会主义心理，如何抑制这种可能出现的威胁，是知识联盟管理的重点。

符正平（1999）认为，知识联盟的治理结构是处在市场与科层组织两极之间的一种治理模式。这种治理结构有别于股权式合资企业及以合约为基础的联盟（非股权联盟）。为了使联盟健康地发展，联盟治理结构的核心是设计一个良好的联盟治理结构，以抑制各方面的机会主义行为。目前主要有两种方法：拟订一个详细的包含有保障条款的合约或者靠信誉机制和发展相互信赖关系。

总的来说，国内外学者研究知识联盟的角度各有侧重，但尚属于起步阶段，缺乏统一的企业知识联盟理论研究框架以及具有可操作性的通过知识联盟提高企业竞争力的对策和措施，而关于面向产业集群的企业知识联盟的研究目前还未出现。

第三章　产业集群企业的知识联盟行为

产业集群目前已成为全球重要的经济发展模式，对地区经济的发展和国家竞争力的提升有着重要作用。而知识联盟是战略联盟的高级形式，它致力于企业之间的合作研发，提高企业创新能力。如果将二者结合，在产业集群中建立企业知识联盟，企业将会在知识经济这个大环境下获取更大的竞争优势。

第一节　基于知识角度的产业集群企业分析

由第二章内容可知，现代产业集群的概念不仅包含在某一特定领域内互相联系的、在地理位置上集中的公司和机构的集合，还包括由全球化生产所带来的全球经济分工协作而产生的全球化产业集群，以及由网络化和知识经济所形成的虚拟空间产业集群。其本质是按照专业化分工机制，基于某一产业领域产业链上的企业与相关服务支持体系，在一定区域内或网络内集中，形成从原材料、中间产品、最终产品甚至到营销、售后服务的上、中、下游结构完整的、外围支持服务体系健全的产业组织。

一、现代产业集群的特征

（一）空间集聚性和网络化

空间集聚性的含义是构成集群的企业和机构在地理上彼此邻近，在这种邻近状态下，实体间关系的表现形式便构成"集聚效应"的基础。现代产业集群作为企业与政府、科研单位以及行业协会等机构聚集的区域，具有显著的空间集聚性。产业集群中企业间的地理接近，有利于知识获取和社会资本的形成。产业集群是较多企业及其相关服务机构在空间上的聚集，具有在一定地理区位空间的集中性。产业集群的地理集中的优势主要表现在以下方面：一是基础设施共享。特定地理位置上的集中为集群内的各个企业共享基础设施、减少单个企业建设基础设施的成本、发挥基础设施共享的外部经济效应提供了便利。二是专业技术和专业人才资源的共享。地理位置上的集中使集群内的各个企业共享专业技术、专业性人才、劳动力资源等，促进了专业技术的创新与高技术的专业人才的集中，降低了企业搜寻高端人才的成本，同时也降低了一般性劳动力市场成本，促进了劳动力资源的优化配置。三是共同知识的共享。地理上的集中为集群企业知识共享特别是隐性知识的交流提供可能，并能形成良好的知识共享与扩散的产业氛围。生产相同或者相近产品与相同或者相近产业领域的企业集中，实际上也表现出相似或者相同类型知识的集中，这些共同性生产知识的集中与共享促进了知识的交流与隐性知识转化，进而促进了集群知识创新与合作。

产业集群中企业各种经济活动之间存在着错综复杂的技术、经济联系，一组内在联系紧密、相互依赖性大的经济活动往往趋向于集中在某一适于其发展的实体区域或虚拟空间内。产业集群内部各个经济体之间由于专业化分工而产生密切的交互作用，从而形成一种网络化的组织结构。

产业集群的网络化特征也会构成"集聚效应"。产业集群的网络有正式的网络与非正式的网络两种。正式的网络在产业集群中是非常广泛的，集中体现在生产过程中的原材料、半成品和成品之间的供应链关系，以及拓展市场、提升品牌价值和竞争力等方面。非正式的网络主要是建立在人与人之间相互信任的基础上，这种信任是在彼此的非正式的交流与接触、交易或合作基础上建立的一种相对稳定的人际关系。因此，非正式的网络形式可以促进隐性知识的有效传递和扩散。

（二）柔性专业化

柔性专业化也叫灵活专业化，是指企业间形成的密切而灵活的专业化分工协作关系。这是产业集群的另一显著特征。产业集群是伴随着一定空间范围内大量企业间的分工与专业化的发展而演化形成的，集群内部企业既相互独立又相互联系，形成了一种柔性的专业化分工和协作的关系。对于产业集群内的企业而言，专业化分工能有效提高其生产率，从而能给企业带来一定的竞争优势。对于产业集群而言，企业效率的提高会演化形成产业集群整体效率的提高，从而会增强集群灵活适应市场竞争的能力。

产业集群在结构上是以某一两个产业为主，其他相关产业则为核心产业服务，具有专业化的性质。其内部主要包括生产企业以及相关的服务支持体系，包括技术研发机构、金融机构、中介机构以及政府公共部门等。通过生产过程的垂直化分离，生产企业分别从事产业链某个环节的生产活动，实现分工与专业化生产，体现出较强的专业化分工性质，具有较高的生产效率。同时，企业间密切配合，使集体效率开始形成。产业集群的这种专业化特征使产业集群内的企业之间、企业与辅助机构之间产生紧密的联系，降低了集群企业之间交易的不确定性与交易费用，在区域内实现了规模生产。

（三）根植性

根植性也称为社会文化特征，其内涵是指经济行为交融于社会关系之中，属于社会学的范畴。产业集群中的企业在经济、社会文化以及政治等方面都具有很强的本地联系，从而使它们具有相同或相近的社会文化背景和制度环境。人们在经常的联系、互动过程中所采取的各种经济行为便深深根植于大家所熟悉的圈内语言、背景知识和交易规则中，因而具有可靠性和可预见性，避免了彼此陌生的人进行交易时所可能产生的问题。

在产业集群内，根植性的存在有利于孕育区域资本，增强区域的凝聚力和归属感。企业之间很容易形成一种相互依存的产业关联和共同的产业文化，并进而形成能对交易者的行为进行约束的制度。产业集群内的企业以及合作团体等，通过各种形式的合作与交流，建立起相互间的高度信任关系，通过企业间的协同，取得规模效应。相互信任和满意成为区内最有价值的资源，这种资源是一种"胶"，使众多企业黏结在一起，既营造了区域创新环境，又使企业深深扎根于当地，保证区域经济的持续发展。

（四）竞争与合作并存性

产业集群是大量企业在一定空间内的聚集体，所以企业之间既存在激烈的竞争，又存在多种形式的合作。处于同一产业集群中的企业，特别是处于相同的价值链环节上的企业竞争更加激烈。企业间的竞争带来了竞争效应，即一部分集群企业由于知识增加促进自身竞争优势增加后，会带动相关企业获取相应的知识，以应付由此带来的竞争压力。无论是产业链上下游企业之间的竞争，还是横向企业间的竞争，都会促进整个企业集群知识数量的扩张和知识质量的提升，这种促进作用是通过成员企业之间的相互拉动和挤压来实现的。为了获得竞争优势，一些企业会主动获取信息或知识，进行一系列创新，当这种行为表现为竞争优势明显增加后，就会带动其他企业来获取相应的知识，模仿或复制其创新行为，以减少其面对的竞争压力。

集群内企业之间除了激烈的竞争之外，还存在合作关系。这种合作既可能存在于价值链的上下游企业之间，也有可能发生在价值链的同一环节企业之间。集群内企业之间合作的一个直接后果就是参与合作的企业的组织知识得到增加。集群内企业间合作不仅能促进参与合作企业的知识积累，而且能增加集群的知识存量。产业集群内企业间通过竞争与合作的关系形成一种互动机制，各行为主体不断进行正式与非正式的交流，使技术、观念、制度和知识信息快速地流动、有效地传播，加快了知识创新的效率，从而使产业集群的竞争力跟随集群知识螺旋式创新的过程呈现出螺旋式上升的态势。

二、产业集群企业的市场优势

由于产业集群具有以上特性，集群企业可通过前向或后向的垂直联系，形成类似于大企业垂直一体化的生产过程；还可通过水平联系的合作与竞争，提高企业整体效率和竞争力，在成本、价格、营销上产生巨大的优势。此外，企业的集聚也会带来产品差异化和功能多样化方面的优势。

然而对于企业来说，产业集群的企业集聚效应和企业间的互补效应是最大的竞争优势，企业间也有一个良好的学习平台，使集群内的企业可以更好地学习和创造知识。

（一）产业集群知识溢出效应

"知识溢出"概念的提出始于 20 世纪 60 年代。随着知识经济的蓬勃发展，知识资源已经成为企业或集群战略的最重要资源，知识溢出优势论也逐渐受到重视。所谓"知识溢出"就是知识扩散过程中的外部性，是指知识接收者将获得的知识与自有知识相融合创造出新的知识，但由于没有给予知识转移方以补偿，导致转移方没有享受全部收益，或者给予转移方的补偿小于接收方进行知识创造的成本，接收者自觉或不自觉地没有承担全部成本的现象。通过这种途径获得的知识也就是哈耶克所说的"免费的礼物"，这种现象被称为知识溢出。

产业集群是一种介于市场和科层组织之间的特殊型网络组织形式，集群各个企业之间经过长期联系而形成本地化网络，网络中的各参与主体之间以正式或非正式的关系进行信息、商品、劳动力、服务等贸易性或非贸易性的交易和交流，形成一个良好的相互学习和资源共享的合作环境。在这些交易与交流过程中所产生的信息、技术、管理方法和企业组织形式等方面的创新和成果会被迅速地共享和扩散，这就是产业集群当中的知识溢出。企业集群中，知识溢出的情况非常普遍，知识溢出的途径也很多，主要有以下两个方面。

第一，人才流动。人才流动造成的知识溢出是显而易见的。人才在企业间的流动促进了知识在联盟企业间的扩散，外部人才的流入更使外部知识的溢出成为可能。

第二，竞争与合作。集群内存在着竞争与合作，然而无论是集群内企业之间的竞争，还是企业内部的竞争，都会对产业集群中知识的整体水平有所提升。产业集群中先进的理念、创新的产品、丰富的管理经验、科学的工艺流程等会被众多企业所推崇，都可能引领跟随企业进行模仿。跟随企业迫于竞争压力必然会加强学习和模仿进而迎头赶上，缩小差距，而先进企业则会在对手的压力下进行新阶段的创新。

（二）产业集群集体学习的自觉性

产业集群给企业提供了一个良好的知识转移，共享的平台，帮助集群内的企业，企业内的员工更好地学习知识、创造知识，给了企业持续学习的动力和压力。企业必须不断利用非正式的交流进行学习，这样使技术、信息在集群内快速流动，提高了集群快速应对外部变化的能力。

（三）产业集群知识转移与共享便利性

由于产业集群的空间集聚性，集群内各个企业之间各种正式和非正式的交流相当频繁，各类信息和知识得到了直接的交流与反馈，为知识的转移创造了一个良好的环境，为知识交流与转化带来了效率。基于相互之间的信任与合作关系，集群企业建立了一种紧密和稳定的联系，为知识在集群中的转移创造了很多便利，促进了知识的转移。

（四）产业集群的知识创新能力

产业集群的学习特征使产业集群的知识创新成为顺理成章的事情，从而使产业集群获得持续的发展和竞争优势。而产业集群所带来的集聚效应，使知识在集群内可以充分转移和传播，这种转移反过来又进一步促进了创新知识的发展。并且，产业集群知识溢出效应，促成了集群内的知识积累机制。知识积累是创新的重要基础，创新主体的知识积累水平直接影响其知识创新能力。因此，知识溢出提高了集群的知识积累水平，进而提升了集群的知识创新能力。

三、产业集群企业知识结构分析

产业集群是在同一个或相关领域内相互联系的众多企业和机构在某一相对狭小的地理范围内集聚而形成的一种经济群落。这种经济群落通过企业彼此之间，以及企业与大学、科研机构、政府和中介机构之间的互动，构成了集群内部以企业为中心的纵横交错的网络。集群内成员之间的知识转移、共享及创新等活动，促进了产业集群内部知识网络的形成。

（一）知识网络概述

知识网络的研究始于 20 世纪 90 年代中期，最初的概念是由瑞典工业界的贝克曼（Bechmann）提出的。他认为，知识网络就是进行科学知识生产和传播的机构和活动。后来的学者由于研究视角不同，对知识网络的理解与认识也不尽相同。

联结 ERIS 研究小组（2000）分类中也阐述了知识网络的概念，并将网络分为信息网络、知识网络和创新网络。美国自然科学基金会（National Science Foundation，NSF，1999）网络的目标是：促进跨学科、跨语言和跨文化的交流；提高不同知识源、不同领域和非媒体类型的知识的处理和集成；提高团队、组织或社区有效率地跨地区或跨时间的工作；理解这种新联结的伦理、法律和社会隐含意义。

舒弗特（Seufert，1999）对知识网络进行了比较全面的论述。他从要素和功能的角度将知识网络定义为：为了创造价值，网络中的人、资源和关系被重新加以组合以便能够借助知识创造和转移过程达到积累和使用知识的目的。

（二）产业集群知识网络结构

产业集群企业间的知识网络是一种复杂的知识网络形式。产业集群诸多特性与集群中企业对知识的学习、积累、转移、共享与创新的各种优势，为产业集群知识网络的存在与发展奠定了坚实的基础。

按照哈肯森（Hakansson，1992）的观点，网络至少包括三个最基本的组成要素：行为主体、活动和资源（如图 3-1 所示）。

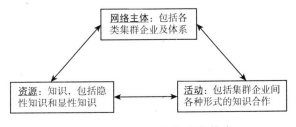

图 3-1　产业集群知识网络构成

在这个意义上，产业集群知识网络可界定为：在一定区域内或网络内集中的，基于某一产业领域产业链上的企业与相关服务支持体系，通过进行正式或非正式的相互学习、积累、转移、共享、创新等活动，形成正式或非正式的网络关系。

1. 产业集群知识网络主体。产业集群知识网络主体界定为集群中的企业，是包括供应商、制造商、经销商以及客户等服务于同一价值链或相关价值链的各类企业。由于产业集群中企业间存在着垂直或水平的分工形式，许多中小企业通过外包的方式把所要生产的各个部件分解到其他企业中去，导致知识分散存在于企业之间，由于不同的企业拥有着不同的知识基础和知识结构，为了完成同一个生产任务或解决生产中的问题，需要企业间实现互补性的知识合作。

2. 产业集群知识网络资源。产业集群知识网络资源即产业集群中的各类知识。从内容上来看，产业集群中的知识是企业价值链上的各个环节所涉及的相关知识，包括与生产相关的知识，如特定生产技术、管理经验等；销售相关的营销知识包括市场需求信息、客户关系信息、消费需求新变化、新的营销方式等；另外也包括企业经营管理方面的知识如生产流程、管理流程、组织制度、员工激励等。

3. 产业集群知识网络活动。由于产业集群通过企业间的分工及地理位置的接近能够实现具有柔性的专业化分工，产业集群成员在知识的供给与需求方面具有一定的互惠与互补性。具体来说，产业集群知识网络活动包括知识生产、知识学习、知识扩散、知识创新等活动。

（1）知识生产。玛拉卡斯（Marakas，2002）认为，知识生产是指企业发展新颖的或实用的概念和解决方案的过程，是企业在既有知识和信息的基础上，将不同来源、不同载体、不同内容、不同形态和形式的知识通过处理加工，形成新的知识的过程，这些新知识包括各种思想、观点、理念、制度、方法和技巧等。它是持续不断演化的实现由未知到已知的转变过程。简而言之，知识生产是生产知识产品的活动和过程。在产业集群知识网络中，知识生产是产业集群知识网络活动的基础。

（2）知识学习。在产业集群的知识网络中，知识学习是最有效的知识活动。集群企业通过自觉或不自觉地加入集体互动式学习，可以实现获取、创新和传播知识，共享产业集群的集聚效应，促进企业自身知识在产业中的应用，实现创新优势。一般地，产业集群知识网络中的知识活动强调知识中各单元间的相互学习和相互促进，与其他形式的学习相比，具有三方面的特点：组织性、集体性及地方性。

（3）知识扩散。知识扩散是指知识通过市场及非市场渠道的传播，使知识从发源地向外进行空间传播、转移，或被其他地域通过合法手段从知识生产者传递到使用者的过程。在产业集群知识网络中，知识扩散是最重要的知识活动。

（4）知识创新。知识创新是知识的产生、创造和应用的整个过程。它通过追求新发现、探索新规律、积累新知识，达到创造知识附加值，谋取企业竞争优势的目的。它包括多个侧面：技术创新是企业产生新的或改进的产品和工艺的过程，它又分为产品创新和工艺创新；组织创新是设计一个新的运转高效的组织机构，组织机构是企业管理活动的支撑体系；制度创新是指采用新的管理方式、方法来提高效率。组织创新和制度创新又可统称管理创新。

技术创新能力的提高需要一个较长时间的努力过程。当前正处于改革的进程中，组织创新和制度创新是企业创新的一个更为重要的方面，它能迅速地提高企业的运行效率。在产业集群知识网络中，知识创新是企业获取核心竞争力的有效手段。

（三）产业集群知识网络关系

产业集群知识网络关系可以是基于协议基础之上的正式合作关系，也可以是非正式的网络关系。集群企业间正式的知识网络关系是指集群企业以协议为基础，在生产经营活动中，选择性地与其他集群企业所建立的长期的、稳定的知识合作关系。它一般通过客观存在的、有形的形式表现出来。非正式的知识网络关系是在具有相似的社会文化背景和相互信任的基础上形成的知识交流与合作关系，这些关系一般都是在非正式的交流与接触中、在各种业务交易或合作过程中基于彼此信任建立的，相对较为稳定，可以更有效地促进隐性知识的传播与扩散。

第二节　集群企业知识联盟的可行性分析

知识联盟是知识经济时代企业联盟的新形式，是企业外部知识网络的一种形式，其中心目标是学习和创造知识。它强调组织间的互动学习，同样重视在知识学习、共享和转移的基础上创造出新知识和新能力。

一、知识联盟的特点

知识联盟是知识经济时代企业联盟的新形式，是企业外部知识网络的一种形式，其中心目标是学习和创造知识。它强调组织间的互动学习，同样重视在知识学习、共享和转移的基础上创造出新知识和新能力。

知识联盟的特点如下。

（一）学习和创造知识是知识联盟的核心目标

知识联盟注重知识的学习和创新，是为了达到一定的学习目的而转移知识和创造新知识的联盟。知识联盟密切了合作双方的关系，有利于组织间相互学习彼此的知识和能力，有利于组织间的知识相结合创造新的交叉知识，也能使一个组织帮助另一个组织创造新的知识和能力，这种知识和能力将会有益于各自企业的发展。

（二）知识联盟比产品联盟更紧密

由于知识联盟以学习和创造知识为核心目标，合作企业间的员工必须通过紧密的分工协作，进行面对面的沟通与交流，加强相互学习，促进隐性知识的转移和吸收。

（三）知识联盟的参与者广泛

由于知识联盟的基础是参与者拥有的知识和能力，追求学习交流、共同提高、共同创造新知识。因此，它可以和拥有专业知识或技能、能对联盟有所贡献的任何一个组织合作。

（四）知识联盟比产品联盟具有更大的战略潜能

产品联盟有助于公司提高市场占有率、降低成本、分散风险。产品联盟强调的是简单的互补，关注点是创造直接、短期的市场效益，其目的是赢得产品优势，不具备长远性和战略性。知识联盟则着眼于未来先进技术的研发、推广以及未来竞争的知识创新，它可以帮助一个公司从战略上提高和改善它的竞争能力，保持持续的竞争优势。

二、知识联盟对现代企业的促进作用

知识联盟在竞争中有很大的优势，不仅使企业形成集中效应，还能促进企业内知识转移与共享，帮助企业员工学习知识，创造知识。

（一）推动企业创新

现代科学技术发展日新月异，迅猛发展，任何企业都不可能在与其产品或服务相关的领域里轻易地、全面地取得领先，甚至很难长久地保持其技术上的先进性。在单个企业内进行技术创新越来越难，而知识联盟集合了规模更大的、更加多样化的专家群，有助于推动企业创新。知识联盟可以使联盟成员共同分担研究与开发费用，降低技术创新风险。并且，知识联盟可以集中人、财、物等资源优势，进行创新研发，避免重复研究，加快产品研发速度，缩短产品开发周期，实现共赢，从而提高创新的效率。

（二）增强企业竞争力

帮助企业在竞争中获取优势的资源一般具有稀缺性，而维持这种优势的资源应具有不易模仿和不易转移的特性。知识资本本身的专属性，使其具有难以模仿和转移的特性，一旦企业拥有了知识资本，就可以维持这种优势资源，成为其竞争优势。

（三）知识联盟的构建有利于企业核心能力的培养

对于企业来说，竞争的核心能力主要来自创新。知识联盟就是帮助企业创造出新知识，形成属于自己的、难以被模仿的知识，形成企业的竞争优势。

三、产业集群企业知识联盟的可能性

产业集群与知识联盟作为不同的组织，在组织形成动因、组织运作方式等诸多方面存在一定差异。但现代产业集群可以利用基于产品链的产业集群网络关系，尤其是集群内具有产学研合作强势的企业的辐射作用，通过加强物质投入——产出联系带来企业间频繁的相互交流与沟通，使知识在企业间得以传播和扩散。因此，在对知识创新的促进方面，产业集群与致力于合作研发、提升企业创新能力的知识联盟有着本质上的共性。

（一）两者都有相互学习和创造知识的要求

知识联盟的核心目标是学习及创造知识，联盟动机主要是学习对方的知识和能力，使企业能从战略上更新核心能力或创建新的核心能力。而产业集群中，单个企业的不完善性和企业之间的互补性、各企业间的竞争与合作的关联性、地理集中性造成的竞争行为凸显性和竞争程度激烈性及集群中企业的产业同属性，都给企业提供了一种向外部学习知识的动力。

（二）两者内部都存在着较为完善的知识传递与创新机制

在知识联盟内，各企业的员工紧密协作，共同进行知识的学习和创新，参与者可以从其他成员那里获得更多更新的知识，并且要求相互学习交叉知识而不是简单地传递、转移知识，激发企业间合作创造新的潜藏性知识。

第三节　集群企业知识联盟的动因分析

产业集群的竞争力使得这个集群的企业区别于市场上其他的企业，有属于集群的优势，而且产业集群的竞争优势并不来自于集群内企业竞争力的简单加和，而是企业聚集在一起以后形成的独特优势，大于简单的加和。

而知识联盟是显著提高产业集群竞争力的有效途径，是为产业集群内企业合作的一个新的合作方式。下面分析产业集群内企业知识联盟的动因。

一、知识联盟可以提高产业集群学习能力和知识积累

同企业核心能力一样，产业集群竞争力也是一种复杂的知识体系，它由学习能力、知识积累能力和创新能力组成。学习能力可以提高产业集群竞争力的知识增量，知识积累有助于形成产业集群竞争力的知识存量，创新能力则体现出产业集群竞争力的知识质量。产业集群竞争力是长期累积性学习的结果，经过长期累积性学习，产业集群的竞争力得到阶段性整合和螺旋式的提升。

知识决定产业集群竞争力，是集群竞争优势的根源。产业集群的竞争力主要是依赖知识积累起来的。知识积累决定集群的发展方向。集群的持续竞争优势来自于集群积累的知识特性，产业集群现有的知识所形成的知识结构决定了集群发现未来机会、配置资源的方法，集群内各种资源效能发挥的差异都是由集群内部现有的知识所决定的。集群的知识积累差异性决定了集群的知识优势，也决定了集群竞争力的差异性。

二、知识联盟可以提高产业集群内企业的核心能力

"企业核心能力"的概念是由普拉哈拉德（Prahalad, C. K）和哈默（Gary Hamel）在《哈佛商业评论》上首先提出的，并迅速成为管理学界和企业界关注的热点和主流。普拉哈拉德和哈默将核心能力定义为"组织中的积累性学识，特别是关于如何协调不同的生产技能和有机结合多种技术流派"。他们认为，企业的经营能力是一个组织中的累积性知识水平的体现，特别是关于协调不同生产技能、进行有机结合的知识水平。他们希望通过"知识"的整合来使企业具备独特的、不可仿制的经营能力，从而获得长期的经营优势。他们认为核心能力有三个判别标准：①能为将来进入某个市场提供潜在途径；②有助于企业理解最终产品用户需要的是什么；③其他企业难以模仿。本质上，企业的核心能力蕴含于企业所涉及的各层次的、企业所独具的、能使企业获得持续竞争优势的、动态发展的、积累性的知识系统。

知识，特别是隐性知识，是企业核心竞争能力的源泉和基础。企业核心能力的培养取决于企业现有知识存量形成的知识结构和与企业知识密切相关的认知能力。因此，企业如何根据现有的知识结构和认知能力来有效学习、吸收及应用及创新知识，特别是隐性知识，就成为企业核心能力培养的关键所在。全球经济一体化的今天，网络化、信息化的快速发展，企业的竞争不只是来源于邻近的企业，威胁可能来自于区域外的大集团企业，乃至大型跨国企业。所以，产业集群的企业只有联合起来，形成一个大型的经济体，建立一个具有特色的、具有竞争

优势的集群品牌，才能和大型集团企业进行竞争。企业只有打破原来的单兵作战思路，整个产业集群内企业采取合作，形成一个"命运共同体"，才能使自己更好地生存下去。在市场竞争中才能取得胜利。

三、知识联盟可以提高产业集群内企业的创新能力

合作为共赢，竞争为生存，创新为发展。产业集群的竞争优势很大一部分来源于创新，因此创新能力对产业集群来说尤为重要。创新能力越强，产业集群的创新效率就越高，新知识的创造力也越高，产业集群的竞争力就越强。

知识联盟的形成，帮助产业集群形成良好的学习平台，促进集群内部企业之间知识的共享与转移，帮助产业集群的知识资产累积，从而创造更好的创新环境，有利于产业集群创新能力的提升，提高产业集群的市场竞争力。

四、知识联盟有利于产业集群内资源共享和优势互补

对于任何企业来说，资源都是稀缺的，对于产业集群来说也一样，整体资源具有稀缺性。产业集群为了充分的利用资源，会以合作的方式对资源进行共同开发，并进行分工，为不同的企业分配不同的资源，以达到资源的最大化利用。对企业之间的分工及资源分配，会促进集群整体效应最大化，产业集群的整体竞争力得到提升。

综上所述，以学习和创造知识为中心目标的知识联盟，主要任务是转移知识和创造新知识。知识联盟有助于集群内一个企业学习另一个企业的知识和能力，有助于联盟企业共同创造新的交叉知识，也能使几个企业相结合，建立新的知识和能力。知识联盟特别强调隐性知识的学习，隐性知识的获取需要通过与知识的所有者进行相互沟通与交流，密切观察和学习，不断模仿、实践、领悟和练习。知识联盟允许合作伙伴之间的各层次人员进行面对面的互动学习和交流，实现隐性知识的交流和扩散，实现所需知识的有效转移。

因此，通过知识联盟，产业集群可有效提升集群内企业的核心能力，提高集群学习能力、知识积累能力和创新能力，从而提高集群的知识存量、知识增量及知识质量，提高整个产业集群的竞争力。

第四节　集群企业知识联盟的合作博弈分析

企业知识联盟的脆弱及非持续性一直是企业建设知识联盟实践时常遇到的问

题。产业集群企业间是否合作以形成知识联盟，从本质上看，是企业间的博弈问题。就产业集群知识联盟博弈对象而言，主体指的是参与知识联盟的各组织成员。各成员间是竞争者还是合作者具有不确定性，是动态变化的；就产业集群知识联盟博弈基础而言，联盟参与方博弈的是各自在知识学习和创造动态过程中采取的策略，涉及知识转移、知识整合和知识创造三要素；就产业集群知识联盟博弈的方法而言，它涉及时空、规则和增值三要素。时空指的是联盟的时空范围界限，规则指的是知识联盟对策各参与方对联盟竞争行为设定的界限和法则，增值指的是知识联盟参与者对整个联盟知识学习与创造所起的作用。

我们假设有两个知识联盟的成员企业 A 和 B。两个企业若展开合作，以结成知识联盟将带来正和的总收益 P_0，而如果相互之间没有形成知识联盟，就没有联盟收益。进一步假设，两个企业合作构建知识联盟，在投入及在总收益的分配中，都按照一个约定比例进行分配，A 的权重为 λ_1、B 的权重为 λ_2；设形成知识联盟的总投入为 I_0，总产出为 P_0。另外一种情况是，两个企业中，一个企业投入成本构建知识联盟，而另一个企业采取搭便车的方式，那么，两个企业只是构成了一个初步的知识联盟，双方的合作不充分，但可以获得部分的合作收益，设为 Q_0；且假设，$Q_0 < P_0$。基于上面的假设，对 A、B 两个企业进行博弈分析。

假设企业的收益与相互之间的收益差距无关，作出两个企业静态博弈模型的得益矩阵：

企业成员 B

		不合作	合作
企业成员 A	不合作	0, 0	$Q_0\lambda_1, (Q_0 - I_0)\lambda_2$
	合作	$(Q_0 - I_0)\lambda_1, Q_0\lambda_2$	$(P_0 - I_0)\lambda_1, (P_0 - I_0)\lambda_2$

其中，I_0 是合作中的总投入；P_0 是知识联盟的企业成员 A 和 B 因合作结成知识联盟而产生的总收入；Q_0 为一方投入，另一方"搭便车"形成初步合作而产生的总收益；λ_1、λ_2 分别是企业成员 A 和 B 在合作中的约定投入及分配占总投入及总收入的比例，λ_1 与 λ_2 之和为 1，且假设 $\lambda_1 \geq \lambda_2$。

在此博弈中，纳什均衡取决于 I_0、Q_0、P_0。在此基础之上，按照 λ_1 大于 λ_2 的幅度分为以下四种情况：①如果 $P_0 - I_0 > Q_0$，那么，双方都会选择合作，因为合作的收益大于"搭便车"的收益，所以该博弈只有一个纳什均衡，即（合作，合作）；②如果 $P_0 - I_0 < Q_0$，而 $Q_0 < I_0$，则形成了一个囚徒困境博弈，双方都没有动力构建知识联盟；③如果 $P_0 - I_0 < Q_0$，$Q_0 > I_0$，那么就形成了一个"斗鸡"博弈，即一方投入，另一方"搭便车"，纯策略纳什均衡为（合作，不合作）或者（不合作，合作），该情况下的另一个纳什均衡是混合策略博弈，即双方以一定概率选择合作或不合作；④如果 $P_0 - I_0 > Q_0$，但 λ_1 远大于 λ_2，如 $\lambda_1 = 0.99$，$\lambda_2 = 0.01$，则可能会形成一个"智猪"博弈。下面分别讨论这 4 种情况，其中博弈矩阵中的具体数值为作者假设。

（1）将第一种情况简化为下面的博弈矩阵：

企业成员 A		企业成员 B	
		不合作	合作
	不合作	0, 0	20, 10
	合作	10, 20	50, 50

在这种情况下，由于双方合作的收益很大，所以，双方都愿意合作，合作既是纳什均衡，又是帕累托最优。

（2）将第二种情况简化为下面的矩阵：

企业成员 A		企业成员 B	
		38	
		不合作	合作
	不合作	0, 0	10, -10
	合作	-10, 10	5, 5

这种情况在于双方形成知识联盟的投入比较高，而利润不是很高，又由于"搭便车"机会主义的存在，形成了"囚徒困境"博弈。在这种情况下，双方由于都想"搭便车"，所以，无法形成知识联盟。

（3）第三种情况可以简化为下面的矩阵：

企业成员 A		企业成员 B	
		不合作	合作
	不合作	0, 0	30, 10
	合作	10, 30	20, 20

这种情况相当于公物提供模型，也就是说，知识联盟只要一方投入，就能够使双方都享受到联盟的收益，如果对方不投入，那么自己投入好，而一旦对方投入，自己则不投入，这种情况下双方能够形成知识联盟，但如何形成，要考虑混合纳什均衡。

（4）第四种情况是双方的权重相差太大，如 λ_1 远大于 λ_2，这样就可能形成

"智猪"博弈。简化博弈矩阵如下:

<table>
<tr><td></td><td colspan="3" align="center">企业成员 B</td></tr>
<tr><td></td><td></td><td align="center">不合作</td><td align="center">合作</td></tr>
<tr><td rowspan="2">企业成员 A</td><td>不合作</td><td align="center">0, 0</td><td align="center">90, −10</td></tr>
<tr><td>合作</td><td align="center">70,10</td><td align="center">125, −5</td></tr>
</table>

在这种情况下,有一个优势企业,另一个企业则为跟随企业。跟随企业不会投入构建知识联盟,但优势企业一定会投入构建知识联盟,因为不管跟随企业是否投入,优势企业都要投入,才可以获得联盟所带来的收益。

所以,两个企业是否构建知识联盟,取决于知识联盟给双方带来的收益,从博弈的角度来看,由于形成知识联盟的投入、收益、双方在构建知识联盟中所占的份额,双方的博弈可以形成"囚徒困境"博弈、"斗鸡"博弈、"智猪"博弈等多种形式。

第四章　产业集群企业知识联盟的知识积累

是否具备有效的竞争力已经成为现代企业竞争的决定性因素，而竞争力的形成与发展源于知识积累能力的大小。对产业集群来说，集群的知识积累是产业集群竞争力的基础，知识积累的差异性决定了集群竞争力的差异性。因此，知识积累对产业集群企业知识联盟至关重要，联盟知识积累能力的强弱决定了整个联盟的竞争力。

第一节　知识积累概述

一、知识积累的内涵

知识积累的概念最早出现于皮内罗斯（Penerose，1959）的著作《企业成长理论》一书中。在书中，皮内罗斯明确提出了知识积累和概念。他从企业管理资源的视角入手研究知识积累，并指出企业内部知识的增长决定企业的成长速度。不过对于企业如何进行知识积累，他并没有给出确切的论述。之后阿罗（Arrow，1962）提出的"干中学"的思想阐述了个人应该如何学习进行知识积累，他认为，个体不断地从其周围环境中学习知识，最终才能实现技术进步创新。与此不同，罗森伯格（Rosenberg，1982）则提出"用中学"。他认为，企业知识的发展其实质上是知识的逐渐、持续地不断积累过程，所有的新创造都将会在实践中不断地被检验和改进。

在此之后，众多学者纷纷从知识转化的角度来研究企业知识积累的过程。皮内罗斯（1959）提出知识积累是知识从显性到隐性的过程：个体把原来正式的显性知识进行学习、吸收、内化，最后变成自身非正式的隐性知识，从而实现知识的积累。类似地，企业也通过内化把企业外的显性知识转化为企业自身的隐性知识，在这个转化过程中，企业实现了稀缺的管理资源的大大节省，使得企业能够迅速成长。然而，马歇尔（Marshall，1920）则认为，当知识从非正式转化为正式、从隐性转化为显性时，企业便产生了新的知识。同时企业中代替劳动力的机器无法产生，只能运行那些把隐性知识转化为显性知识的表转化程序。野中（1995）也认为，企业能否具有核心能力，关键要看个体的知识是否成功变成对组织有价值的知识。他并提出了知识转化的过程模型（见图4－1）。

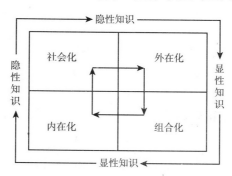

图 4 – 1　SECI 模型

SECI 模型主要描述了知识的自我增值的过程，将知识增值过程划分为社会活动、组合化、外在化和内在化四个环节，从隐性转变为显性和从显性转变为隐性两个过程不断循环。新的知识不断产生，企业的知识资本不断累积，达到了新的层次；此时又需要更多的外部知识，再一次学习新的知识。此过程不断循环往复。

二、知识积累的重要性

企业作为一个生产性组织，也可看作知识的集合体。对企业知识与竞争力进行有机整合的能力，决定了企业的长期竞争优势和持续发展的态势。竞争力的形成与发展源于知识积累能力的强弱，导致企业竞争力的成长过程就是将积累的知识转化为竞争力的过程，因此，现代企业首先要重视知识积累过程，通过提高企业核心能力，进而确保企业在市场竞争中的竞争力。

（一）知识积累基础是企业成功的关键因素

企业可以通过知识积累以提高企业自身内部资源优势。企业积累的是知识、经验、技能，而企业的具体活动，如生产、营销和研发等都是以这种积累的知识为基础的。这些企业内部积累的特殊性知识或资源形成企业的知识积累差异性。而企业知识积累的差异性决定了企业之间具有不同特性的知识优势，这种知识优势代表了企业内部所具有的优质资源和企业较好的学习能力。实际上，企业的发展、竞争优势与长期绩效，主要来自这些企业的内部因素。任何一个企业通过知识积累过程而获得的不同知识或资源特征，决定了其独一无二性。

（二）知识积累可以帮助企业应对危机与拓展市场

企业产品和市场一般来说在企业生命周期中是相对短暂的现象，故而其对企业竞争有利的特点转瞬即逝，但企业中深层次的基础知识产品与市场却可以持久地存在下去，因此企业的发展与长期绩效的产生不可避免地与企业的知识生产方式紧密联系。从这个角度看，企业持续竞争优势更多地来源于内部资源的利用效率，这种资源很大一部分是由其内部具有差异性的知识积累所形成的。在市场状况突然恶化时，由于企业具有良好的知识积累及利用学习机制，其完全可以利用企业自身内部优势来化解危机，企业也可以通过良好的知识积累以产生逐渐拓展其生产领域的机制。

第二节　集群企业的知识积累机制

企业知识积累机制是企业知识积累效果好坏的决定性因素，包括获取知识、整合知识与知识运营三个环节。由于产业集群独有的特性，集群企业在知识积累方面具有一般企业不可比拟的优势。

一、集群企业在知识积累方面的优势

（一）集群专业化分工的本质为知识积累提供了天然土壤

产业集群实质上是某一产业链上的相似企业或者互补企业，基于专业化分工，通过地理位置集聚从而实现完整的从产品到销售以及服务一条龙的完整体系的组织。产业集群既不是科层组织，也不属于纯市场，它是介于两者之间的一种组织形式，比市场稳定，比科层组织灵活。产业集群的标准是在一组经济活动中两种经济活动就业人数之间是否相关，即根据不同经济活动就业之间相关程度来定义的。施米兹在研究发展中国家的产业集群及其竞争优势和发展规律时，将产业集群定义为企业在地理上的集中，企业之间存在着范围广泛的劳动分工，并拥有参与本地市场外竞争所必须具备的、范围广泛的专业化创新的企业组群。而迈克尔·波特则提出：产业集群是某一特定产业的中小企业和机构大量聚集于一定的地域范围内而形成的稳定的具有持续竞争优势的集合体。可以说产业集群是同一产业链上企业之间的分工合作的集合体。

关于分工理论，最早提出于亚当·斯密（Adam Smith）的《国富论》。他提出了劳动分工能够提升劳动生产的理论。对于劳动分工如何影响生产率的，他是这样分析的：第一，通过劳动分工可以极大地简化重复性工作，提升劳动生产率；第二，分解复杂的工作，使之简化成多个简单的工作，分工给员工，这样可以极大地降低员工因为复杂工作而增加的成本；第三，对简单工作的分工，使员工操作上更加简便高效，也有利于员工高效的操作机器。因此，通过劳动的分工能够提升企业的生产效率，极大地节省生产成本，促进企业快速成长，最终表现为企业经济上的增长。因而，劳动分工是企业成长和提高效率的根源，经济增长本质上表现为劳动分工不断深化的过程。

查理斯·巴贝吉（Charles Babbage）在总结亚当·斯密观点的基础上，提出了规模经济实质上是对生产过程的专业分工而实现的。在企业生产中，管理者把生产过程分解为几个不同的作业工序，并运用不同的技能进行每个工序的生产，这样有针对性的分工极大地提高了生产劳动率。

马克思（Marx，1875）深刻地阐述了劳动分工的原理。他认为，虽然劳动分工能够影响生产效率，但除了考虑劳动分工以外，协作对于组织效率的提供也有极大的帮助。他认为在分工合作中，如果只是简单地把劳动力机械地累加，并不能完全发挥出分工的优势。企业的分工合作还表现在多人的协作，如果员工能够分工协作那么劳动生产率将会有质的飞跃，这便是单个劳动力的累加与社会力量的本质区别。

马歇尔（Marshall，1920）借鉴前人的研究成果，强调把分工和协作统一起来研究。他认为，企业中的分工应该既是专业化的分解也是各个分解环节的相互协作。企业中复杂的生产工序分解成几个相对较简单的次级工序，同时这些次级工序又产生几个较简单的新的工序，从而把每个专业复杂的工序简化。但由于连续地分解，每个次级工序想要衔接起来就必须有良好的协调，因此分工就必须包含协作。这样才能保证分工可以发挥其原有的作用，而不至于因为分工导致整个工序断裂开来。

美国经济学家阿罗（Arrow）提出了知识积累的"干中学"过程。他认为，个体不断地从其周围环境中学习知识才能最终实现技术进步创新。而专业化分工则能够极大地提升"干中学"的效率。企业的专业化分工使"干中学"效率大大增加，企业中每个人都能够迅速地进入各自的角色之中，通过边干边学一起积累知识，汇总成知识流，形成企业知识的迅速积累。专业化分工的产生确实真正使知识积累达到了一个更高的水平，同时也反过来促进专业化分工更加成熟。可以说，专业化分工的成熟度某种程度上代表着企业知识积累的水平。产业集群中的产业分工为企业的知识积累提供了天然的土壤，产业集群内将更加有利于知识积累的跨越式发展。

（二） 集群的特点为集群企业知识积累提供了良好氛围

产业集群具有空间集聚性和网络化、专业化、根植性、竞争与合作并存性等特点，因而可以形成一个知识获取和创新的学习系统，拥有比单个企业更强的学习能力，从而为整个集群企业提供了良好的对知识的学习、积累、转移、共享与创新的氛围。产业集群地理的聚集，对于隐性知识的交流和转移更加有利，从而促进了集群知识的积累。

二、集群企业知识积累的过程

产业集群知识积累就是集群内企业得到知识、整合知识、运营知识的过程。

（一） 集群企业知识的获取及学习

知识的获取是指企业可以通过企业内外部，正式或非正式地获得企业所需要的知识元素。

产业集群企业的知识获取主要是通过集体学习。"集体学习"概念首先是由欧洲区域创新环境研究小组（GREMI）成员在研究欧洲高新产业区的过程中提出来的，其本意是产业区（集群）内的成员企业如何为了应付技术不确定性的挑战而协调行动。集体学习是产业集群成功发展的关键。

在对集体学习的研究中，劳森和罗伦茨（Lawson & Lorenz，1996）的研究比较具有代表性。他们从对企业内部的学习过程中，提出集体学习的定义。集体学习包括集群内部的学习和集群外部的学习两个部分。

1. 集群内部的学习。对于生产相同、相似产品的企业组成的产业集群来说，集群内的企业主要是学习彼此的产品技术、设备技术、管理制度等。而生产互补性产品的企业组成的产业集群，集群内部的企业之间对于技术方面并没有过多可以学习的。

2. 集群外部的学习。通常认为，集群是一个开放的，与外界物质、信息和资金进行持续交流的系统。集群只有不断学习汲取外部的知识，才能更新自身的知识，防止知识老化，使集群保持竞争力。另外，集群与外部知识源的交流是双向的，集群内的知识同样会外溢。

（二） 集群企业知识的整合

知识整合就是运用科学的方法对不同来源、不同层次、不同结构、不同内容的知识进行综合和集成，实施再建构，使单知识、零散知识、新旧知识经过整合提升形成新的知识体系。

产业集群中的企业在解决共同存在的问题时，会结合自身企业的特点，整合自身所特有的优势和资源来对知识进行创新。集群面对的问题和产业集群企业成员的互补性对知识的转移创新起到很重要的作用。在这一过程中，互动的集群成员能够学习到新的知识，已有的知识跟集群遇到的问题之间的差距越大，企业学习的潜力就越大。

（三）集群企业知识的运营

知识运营是企业对获取的知识进行整合后，运用各种手段，把它们运用到各种活动中去，充分开发知识这一资源。产业集群知识运营能力取决于企业内成员的自身能力，主要是其对于知识的吸收、掌握能力。在这一过程中，集群成员自身的学习能力和吸收能力就非常重要。学习能力较强的企业能够将产业集群知识库中的知识转化为企业自己的能力。

第三节　集群企业知识联盟的知识积累框架

知识经济的形成与发展使竞争形态发生了很大的改变，全球各个产业集群要想在竞争中成为领先者，就必须成功地组织获取知识、整合知识及知识运营整个过程，构建适合的知识积累框架。

一、产业集群的竞争力

企业核心能力是企业由于长期发展而累积的属于自己的独特的优势，知识尤其是企业核心能力的基础。核心能力是一种积累性学识，是组织长期对知识的积累性结果，非短时间内能形成的，其实质上是企业知识水平的综合反映。由于企业的认知能力和知识结构的差异，从而导致了知识积累结果的不同。企业积累的独具特色的创新知识，可以为企业带来竞争上的优势。

产业集群能力是指产业集群在其成长过程中，依靠集群内企业和集群两个层面的知识及经验积累形成的，与产业集群所处的社会文化环境、产业市场环境有关的，表现出衍生性、路径依赖性和学习积累性等特点的整合性知识体系。由于产业集群各企业专业分工协作的集合体，而不是各企业机械的加和，因此，产业集群能力也不是各个企业能力的机械累加。产业集群中企业的能力可以分为同质性和异质性。产业集群中具有异质性的企业能力之间容易产生共存，它能够促使企业产生协同效应，增进各企业之间的合作交流，形成整个产业集群知识的累积；反之，产业集群中企业能力具有同质性，说明企业具有相同的能力和知识，这样企业之间会产生相互竞争关系，难以给产业集群带来知识的积累。可以说，产业集群内企业能力的异质性是产业集群能力发展的关键。

产业集群生存的逻辑就是产业集群竞争力的不断发展。产业集群的竞争力以知识积累的形式表现出来，通过集群内外部的学习获取新的知识，在产业集群中产生沉淀形成知识的积累。当知识积累到一定程度以后这些知识又会转化成产业集群的竞争力，通过竞争力为产业集群带来市场竞争优势，如此周而复始。更进一步来说，给产业集群带来市场竞争优势的其实是知识，产业集群竞争力其实就是产业集群中的知识。为了实现知识的积累，知识获取的能力又是至关重要的。可见，知识获取能力是产业集群竞争力产生的源泉，也是集群获取竞争优势的源泉。

二、建立产业集群企业知识联盟的知识积累框架

知识联盟的主要目的就是为了给产业集群提供学习知识、创造新知识的平台，促进产业集群的知识累积。对于产业集群内部的企业来说，本身的核心能力是由于形成了难以被模仿的知识资产，在产业集群的知识联盟中，更有利于企业形成自己的核心能力。为了帮助知识联盟累积知识资本，本书对产业集群知识联盟的知识积累过程给出了框架，如图4-2所示。

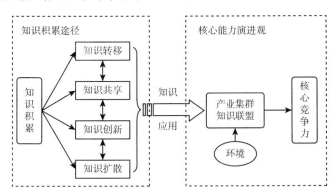

图4-2 产业集群知识联盟基于核心竞争力的知识积累框架

从图4-2可以看到，知识累积的过程主要可以分成两个部分，途径和形成核心能力。且知识累积的途径主要有四个：知识转移、共享、创新以及扩散，四个途径并不是互不相关的，互相之间会有影响，有相互作用。

第五章 产业集群企业知识联盟的
知识转移

产业集群企业知识联盟作为学习和创造知识的平台，为成员提供了学习新知识、创造新知识的良好机会。在产业集群企业知识联盟中，联盟伙伴之间通过知识转移增加各自的知识存量，并把获得的知识与企业自有的资源进行整合、创新、应用，从而不断提升企业的技术创新能力。可见，产业集群企业知识联盟内部的合作创新成功与否，关键在于知识转移的有效性。

第一节 集群企业知识联盟知识转移的内涵

一、联盟中知识转移的概念

知识转移是知识管理的核心内容，如何有效地转移和利用知识是知识联盟的成功关键。因此，研究知识联盟的知识行为活动，就必须关注知识联盟的知识转移。在产业集群下，知识联盟的知识转移赋予了集群特色。产业集群企业知识联盟中的知识转移是指：集群企业通过建立知识联盟，在联盟中相互学习联盟成员的知识和特长（例如联盟成员的某些专业知识技术、先进的管理制度），并使其与自身的知识储备进行整合，从而丰富企业的知识库，提高知识创新能力。

对于产业集群企业知识联盟中所转移的知识可以按知识存在的方式进行区分，主要可以划分为转化维度和层次维度。转化维度是根据知识的明晰性把知识分成显性和隐性。在这个维度中知识的显性与隐性会相互转化，显性知识通过吸收领会变成隐性知识，而隐性知识通过转移传授又变成了显性知识。层次维度则是依据知识存在层次把知识分成个体、企业内部以及联盟的知识。同样在层次维度，不同层次的知识也会相互转化。个体知识会变成企业的知识，又变成了联盟的知识，同时联盟的知识也会转化为企业知识继而变成个人知识。由于两个维度都是独立的过程，把两个维度同时考虑起来看，以转化维度为纵坐标，层次维度为横坐标，如图 5-1 所示：两个维度同时进行，从个体的隐性知识出发，个体把自身隐性知识通过一定的方式转移给企业他人，变成了企业内部的显性知识，企业内部对于这些显性知识予以融会贯通变成企业的隐性知识。然后在联盟中企业与企业之间的交流过程中，企业隐性知识又通过一定的渠道和方式把隐性知识显性化并转移给联盟伙伴，形成了联盟伙伴的显性知识，联盟伙伴经过一段时间的掌握最终变成自身的隐性知识，经此反复，最终形成联盟知识。

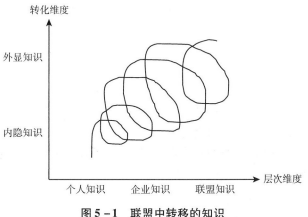

图 5 - 1　联盟中转移的知识

　　从知识是否明晰的角度，联盟的知识可以有隐性知识（或称内隐知识）和显性知识（或称外显知识）两种存在形式。内隐知识为个人主观的经验性、模拟性、具有情境特殊性的知识，通常无法直接辨认，所以难以通过文字、程序或图形等形式向外完整地传递，此类知识传递较为费时；外显知识为客观的理性知识、顺序性知识与数字知识，可以清楚地辨认，保存于产品、程序、手册等具体物质形态中，可以通过各种形式及系统性语言传递的知识。知识联盟的内隐知识与外显知识并不是完全孤立的，它们相互补充，处在一个共同体内，在人们的创造性活动中相互作用、相互转化。这种转化不仅仅限于某个人自身，也可以在人与人之间进行，是一种社会化的过程。知识联盟的技术知识创新也就是内隐知识和外显知识之间一种转化的、连续的、动态的过程，需要内隐知识与外显知识交互作用。从知识所存在的层次来分，可以分为个人知识、企业内部知识与联盟知识。个人知识是个人通过有意识、有目标的学习，对知识进行创新应用而获得的。成员企业内部知识是由其成员企业的员工个人产生的，离开了个人，企业无法产生知识。员工拥有的大多是专业知识，而企业在生产和项目研发中需要综合各种知识，形成企业知识。通过对企业的知识进行管理可以提高企业知识智商、减少重复劳动，避免因某个人的离职造成组织的知识失忆。

二、联盟中知识转移的原理

从本质上讲，知识转移能够进行，是因为产业集群知识联盟内部各企业之间存在着知识差距，供方和需方的需求—资源关系相耦合，提供了转移的外部条件。当某一企业出现知识缺口时，它就会向知识联盟寻求知识求助，于是就出现了知识转移的可能。

（一）社会交换理论

社会交换理论是美国社会学家霍曼斯（Homans，1958）等采用经济学概念来解释社会行为有赖于相互强化而得以持续时所提出的一种理论。该理论从心理学角度看待社会交换，认为社会交换是一种社会心理、社会行为方面的交换。在商品交换中，只要有利润产生，商品交换就会继续下去，如果无法产生利润，就会停止。同理，在社会交换中，如果一个人的行为会带来好处，并使受益方也同样做出有利的行为，他们之间的关系就会继续下去，如果无法获利，就会慢慢减少至停止。社会交换理论的本质是基于互惠的关系，知识转移本身就是一种互惠行为，所以社会交换理论为知识转移行为提供了理论基础。

（二）知识势差理论

知识转移是知识势能高的主体向知识势能低的主体转移知识的过程，这个过程伴随着知识使用价值的相对应的回报。本书将企业因拥有知识存量而具有的优势定义为知识势，表示为企业的某类知识在某一时刻的存量，具体表现为知识的先进性、有效性、流动能力和时间等的函数。由于知识联盟成员间的知识存量是不同的，如一些知识存量较多，处于优势地位；而另一些联盟成员则知识存量较少，处于劣势地位，即不同的企业在某一时间点、同一类知识上，所拥有的知识是不一样的，由此而产生了知识势差。假设 A 企业的知识势能为 k_1，B 企业的知识势能为 k_2，在不考虑其他相关因素的影响下，$k_1 > k_2$ 时，知识就有可能从 A 企业向 B 企业转移；$k_2 > k_1$ 时，知识可能从 B 企业向 A 企业转移；若 $k_1 = k_2$，企业之间就不会发生知识转移。

知识势差的存在对知识联盟整体知识水平及联盟体内成员间知识转移产生较大的影响。对于这种影响可以分别从静态和动态两个方面来理解：从静态方面来看，由于某一个成员企业的知识不足而造成整个联盟的创新效益显著降低，引发"木桶效应"。从动态方面来看，这种势差是联盟内成员间知识转移的动力，也是联盟整体内知识存量增加过程中的一种状态。因此可见，正是由于联盟中知识势差的存在，使联盟成员间的知识转移持续进行，使联盟中的知识势差在时间维度上不断演变。如果是积极的演变，不仅能够不断提高各联盟成员的知识，而且对联盟整体知识存量的增加是有利的。因此，由于知识势差的存在，知识联盟成员间的知识转移过程通常表现为高位势企业从联盟外部引进知识，引起联盟内知识的流动，低位势企业跟进学习，从而形成一种动态循环过程，进而促进知识流动的持续进行。

（三） 联盟成员间的知识流动

联盟成员间知识的流动是由两个部分组成的。一个部分的知识流动发生在企业内部，是企业内部员工跨组织的知识流动。如工艺设计部门的知识流向研发部门，生产制造部门的知识流向供应部门，企业内部各个部门知识的相互转移和共享等。还有一部分知识流动是企业与联盟其他成员之间的知识流动：在联盟内部企业与其他成员相互交流，本企业的员工与其他企业的员工进行知识的转移和共享，这是宏观上的知识流动。从知识流动的表现形式来看，在联盟中知识流动又可以分为横向流动和纵向流动。横向流动是联盟中的势高企业向联盟中低位势的企业进行的知识流动；纵向流动则是市场需求拉动和企业间竞争优势共同引发的知识流动。于是，将会出现高位势企业展翅于前，而低位势企业跟进于后的雁行发展行动，形成了一种"拉动（高位势企业对低位势企业）—挤压（低位势企业对高位势企业）"效应而导致"产生势差—弥合势差—产生更高势上的势差—弥合更高势上的势差"的动态良性循环。这样，整个知识联盟的知识流动就将以一个健康的方式持续快速地进行下去，如图5-2所示。

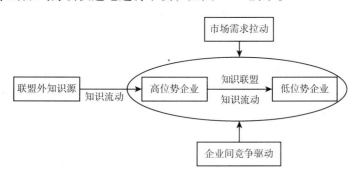

图5-2 知识联盟成员间知识流动

在这样一个过程中，起到关键性作用的是知识势能高的企业。这些高势能企业是知识流动的发起者，它们通过转移自身的知识使其流向需要的联盟成员中，如此不断地使联盟的知识存量增加。与此同时，也提高自身的创新能力进一步丰富整个联盟的新知识存量。

三、联盟中知识转移的类型

国内外学者对于各种知识转移方式的描述中，以迪克逊（Dixon，2000）所提出的最为典型。他根据谁是预期的知识接受者、任务的性质（经常性和常规性）、被转移的知识类型（显性还是隐性），将组织的知识转移模式分为五种：连续转移（serial transfer）、近转移（near transfer）、远转移（far transfer）、战略转移（strategy transfer）和专家转移（expert transfer）（见表5－1）。

表5－1　　　　　　　　　　迪克逊的知识转移方式

类　　别	定义	任务和背景的相似程度	任务特点	知识类型
连续转移（serial transfer）	一个团队从长期从事的重复性工作中获得显性知识，被其他从事类似工作的团队再次利用	接收方和输出方的任务相似以及工作背景相似	经常性常规性	显性隐性
近转移（near transfer）	团队在重复工作中获得的显性知识被其他类似工作的团队再次使用	任务性质相同背景不相似	经常性非常规性	显性
远转移（far transfer）	团队在非常规工作中获得的隐性知识，被其他类似工作的团队获得	接收方和输出方的任务和工作环境相似	经常发生非常规性	隐性
战略转移（strategy transfer）	不经常发生，但对整个组织非常重要的战略任务所需的集体知识	接收方和输出方的任务和工作环境相似	不经常非常规	显性隐性
专家转移（expert transfer）	一个遇到超出其知识范围的技术问题的团队，在组织中寻找其他人的经验	接收方和输出方执行的是不同的任务，但背景相似	常规但很少发生	显性

但是迪克逊的分类主要讨论的是同一组织内不同项目团队之间的知识转移，对企业间的知识转移，他并没有详细讨论。我国学者左美云（2004）根据波特的"五力"模型与委托代理理论，将企业信息化主体间知识转移分为六种类型：合同型转移、指导型转移、参照型转移、约束型转移、竞争型转移、适应型转移。然而左美云讨论的知识转移与本书有所不同，本书参考以前的研究成果，并结合产业集群的实际情况，将产业集群中知识联盟的知识转移进行分类，即差别性转移、相似性转移、专家转移和战略转移，具体分析见表5－2。

表 5 – 2　　　　　　　　　　本书提出的知识转移方式

类别	定　义	流动方向	联盟类型	知识类型
差别性转移	接收方获得的是输出方的互补知识，双方共同进行技术创新和知识创造	汲取和灌输双向流动	联合研发知识型外包	显性隐性
相似性转移	知识接收方获得的是知识输出方的先进知识，双方处于同行业、产业类似，双方知识的使用场合类似	汲取型单向流动	技术许可	显性较多
专家转移	以专业的方式将自身的知识转移向接收方，帮助其解决特定的问题	灌输型单向流动	咨询顾问	显性隐性
战略转移	双方互相结成战略共同体，输出方将全套的生产管理、质量管理和研发管理等全过程的知识转移给接收方	汲取和灌输双向流动	战略供应链	显性隐性

第二节　集群企业知识联盟的知识转移过程

　　知识的价值不仅体现在知识本身，而且也体现在对知识的有效应用上，知识只有与其流动结合起来才能创造出更大的价值。因此，知识转移过程被看作知识能否有效传递、应用与创造的关键。知识转移的一般过程通常包括从知识源发送到知识汇的整个过程，这个过程是由知识发送方和知识接收方各自独立完成，并通过中介载体连接起来的。因为知识深嵌于知识的载体中，所以它的转移必须通过载体之间的相互交换和沟通，进而实现知识在各载体之间的转移（如图 5 – 3所示）。同时知识转移具有方向性，一般是从高区位往低区位转移。

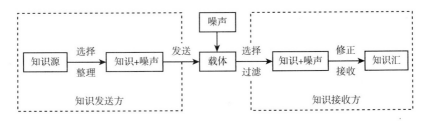

图 5 – 3　知识转移的一般过程

　　发送方和接收方的个人特质以及环境都会对知识转移的效果产生影响。发送方会影响发送知识的质量。转移过程中的环境也会影响知识转移的效果，可能会产生干扰影响知识转移。接收方也必须具备排除干扰的能力，依据自己的需求接受并整理来自于知识源的知识。在知识转移过程完成之后，反馈也是非常重要的环节。从这一过程可知，接收方的需求并非总能清晰地传递给发送方，而发送方发送出来的知识也并非能够全部地、完全一致地传递给接收方，双方的知识、经验、感受及所处的情景（内部与外部情景）等将影响知识转移的效率和效果。

根据知识转移的一般过程，在前人的研究成果基础之上，本书提出了产业集群知识联盟中知识转移影响因素的分析模型。这个框架模型主要包括：联盟企业特性（知识发送方特性及知识接收方特性）、联盟企业间的关系特性、知识特性、知识转移情境特性，其中每个方面又各自包含一些具体的影响因素（如图 5 - 4 所示）。

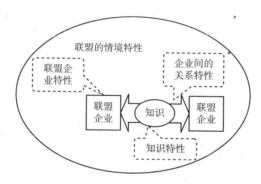

图 5 - 4 产业集群知识联盟中影响知识转移因素的模型

第三节 集群企业知识联盟中知识转移过程的博弈分析

产业集群企业知识联盟涉及两个或两个以上的成员企业。在知识联盟中，合作成员之间围绕知识转移会产生多种矛盾，如某一企业的知识转移行为或多或少地会影响到其他企业的行为；而反过来其行为又往往或多或少地受到其他成员企业的制约。因此，产业集群企业知识联盟中的知识转移是彼此相关联的企业之间相互博弈的过程。而知识联盟是由核心企业和合作伙伴组成，核心企业与合作伙伴之间存在着领导与合作的关系。鉴于这一关系，选择单主多从的 Stackelberg 主从博弈模型分析方法来对知识联盟的知识转移进行针对性分析。知识联盟知识转移的决策过程可以理解为非合作博弈的过程。Stackelberg 主从博弈模型能够帮助理解非合作博弈中的决策制定过程，这个均衡值可以指导组织的决策行为。

一、博弈模型的假设

为了研究知识联盟知识转移过程中的参与者共享决策过程，进行如下几点假设：

（1）知识联盟的知识转移包括一个核心领导企业和 n 个合作伙伴共同参与。核心企业在知识合作创新中拥有更多的决策能力。知识联盟知识转移导致的知识创新绩效与双方的共享努力水平有关。假设知识转移的产出为线性产出，则绩效函数为 $Y = a_0 t_0 + \sum a_i t_i$；$t_0$ 为核心企业知识转移的努力水平；t_i 为合作伙伴的知识转移努力水平；a_0 为核心企业知识转移的努力水平贡献度；a_i 为合作伙伴的知识转移努力水平贡献度。

（2）企业在知识转移的过程中由于转移的投入将会付出相应的知识转移成本。设核心企业的知识转移成本 $C(t_0) = 0.5 r_0 t_0^2$，其中 r_0 为核心企业知识转移努力成本系数；合作伙伴的知识转移成本 $C(t_i) = 0.5 r_i t_i^2$，其中 r_i 为合作伙伴知识转移努力成本系数。

（3）核心企业知识转移的绩效报酬为 $b_0 Y$，$0 < b_0 < 1$，b_1 为核心企业的报酬系数；合作伙伴知识转移的绩效报酬为 $b_i Y$，$0 < b_i < 1$，b_i 为合作伙伴的报酬系数；$b_0 + \sum b_i = 1$。

（4）知识联盟知识转移的收益等于赢得减去投入，各联盟企业的目标是收益最大化。

（5）知识联盟的成员组织都从自身利益最大化的角度考虑问题。

二、博弈模型的构建

由上述假设可以得到知识联盟的核心企业的期望收益值 R_0 可表示为：

$$R_0 = b_0(a_0 t_0 + \sum a_i t_i) - 0.5 r_0 t_0^2 \tag{5.1}$$

合作伙伴的期望收益值 y_i 可表示为：

$$R_i = b_i(a_0 t_0 + \sum a_i t_i) - 0.5 r_i t_i^2 \tag{5.2}$$

总收益 R 可表示为：

$$R = b_0(a_0 t_0 + \sum a_i t_i) - 0.5 r_0 t_0^2 + \sum [b_i(a_0 t_0 + \sum a_i t_i) - 0.5 r_i t_i^2] \tag{5.3}$$

以上三式满足：$0 \leqslant t_0, t_i \leqslant 1; 0 < b_0, b_i < 1; b_{0+} \sum b_i = 1; i = 1, 2, \cdots, n$。

在给定核心企业知识转移努力水平 t_0 下，所有的合作伙伴将进行库诺特博弈决定自身的努力水平 t_i 以及期望的报酬收益。基于此建立各合作伙伴的目标函数及相应的优化问题为：

$$\max R_i = b_i(a_0 t_0 + \sum a_i t_i) - 0.5 r_i t_i^2 \tag{5.4}$$

其最优化一阶条件：

$$R_i'(t_i) = b_i a_i - r_i t_i = 0, i = 1, 2, \cdots, n \tag{5.5}$$

求解式（5.5）得到满足合作伙伴效益最优的最优值：$t_i^* = (b_i a_i)/r_i, R_i^* = b_i(a_0 t_0 + \sum a_i^2 b_i/r_i) - 0.5(b_i a_i)^2/r_i$。

当合作伙伴的最优期望效益大于零时，合作伙伴才真正选择参与知识转移：$R_i^* > 0$，即 $a_0 t_0 + 0.5 b_i a_i^2/r_i > 0$，根据前面的假设条件，此不等式恒成立。

基于所有从属组织的反应，领导者优化 t_0 以最优化自身收益。因此求解领导组织的期望收益最大化问题：

$$\max R_0 = b_0(a_0 t_0 + \sum a_i t_i) - 0.5 r_0 t_0^2, i = 1, 2, \cdots, n, b_{0+} \sum b_i = 1 \tag{5.6}$$

其最优化一阶条件：

$$R_0'(t_0) = (1 - \sum b_i) a_0 - r_0 t_0 = 0, i = 1, 2, \cdots, n \tag{5.7}$$

求解式（5.7）得到满足核心企业效益最优的最优值：

$$t_0^* = (1 - \sum b_i) a_0/r_0, R_0^* = 0.5(1 - \sum b_i)^2 a_0^2/t_0$$
$$+ (1 - \sum b_i) \sum a_i^2 t_i/r_i$$

同理，当核心企业的最优期望效益值大于零时，核心企业才按照此转移努力水平参与知识转移：$R_0^* > 0$，即 $\sum a_i t_i + 0.5 b_0 a_0^2/r_0 > 0$，根据前面的假设条件，此不等式恒成立。

将 t_i^*、t_0^* 代入式（5.3）得到整体的期望效益值：

$$R^* = 0.5(1 - \sum b_i)^2 a_0^2/t_0 + (1 - \sum b_i) \sum a_i^2 t_i/r_i + \sum [a_0^2(1 - \sum b_i)$$
$$b_i/r_0 + \sum a_i^2 b_i/r_i] - 0.5(b_i a_i)^2/r_i$$

得到 Stackelberg 博弈的均衡结果如下：

$$t_i^* = (b_i a_i)/r_i \tag{5.8}$$

$$t_0^* = (1 - \sum b_i) a_0 / r_0 \tag{5.9}$$

$$R^* = 0.5(1 - \sum b_i)^2 a_0^2 / t_0 + (1 - \sum b_i) \sum a_i^2 t_i / r_i + \sum [a_0^2 (1 - \sum b_i)$$
$$b_i / r_0 + \sum a_i^2 b_i / r_i] - 0.5 (b_i a_i)^2 / r_i$$
$$\tag{5.10}$$

三、博弈结果分析

对博弈的均衡结果式（5.8）、式（5.9）和式（5.10）进行分析，可以得到以下几点结论：

第一，知识联盟进行知识转移的前提条件是获得的期望收益值大于零，及知识转移报酬大于其知识转移成本。也就是说，当知识转移带来的协同价值大于转移知识的负效应时，企业对合作采取观望态度，如果对方合作，则合作；如果对方不合作，则也不合作。所以，双方都不会主动转移知识，双方合作的信任基础需要双方共同来建立。

第二，核心企业和合作伙伴的最优期望值都是恒大于零的，所以核心企业和合作伙伴企业都会选择按照最优的共享努力水平参与知识联盟的知识转移活动。

第三，核心企业和从属合作伙伴的知识转移努力水平都与知识转移努力成本系数成反比，与整体的知识转移绩效报酬系数和知识转移努力贡献系数成正比。

第四，整体的收益由核心企业以及合作伙伴的共同知识转移努力组成，随着知识转移成本系数的增加而减少，共享努力贡献度的增加而增加。

第五，报酬系数由核心企业决定，核心企业在知识转移的过程中起着领导带头的作用，并在制定报酬系数时要考虑到从属企业的共享反映。

第六，核心企业的知识转移努力水平将会影响到其他合作伙伴的知识转移积极性。

第四节　集群企业知识联盟中知识转移的效率分析

对于知识转移效率的分析是对知识转移结果的评价，对于知识联盟来说是工作的重点。知识转移效率可以从两个层面来了解，即获得知识的主体数效率，和获得知识的丰富程度效率。因此可利用主体数效率模型和知识丰富度效率模型来对产业集群企业知识联盟中的知识转移效率进行分析。

假设在时间 $t=0$ 时，原始知识源开始向其他知识接收者传播知识，在时间

$t = T$ 时，联盟中某一阶段的知识转移完成，且此时获得这一知识的主体数为 N^*，这个阶段知识转移的持续时间为 T。

一、主体数效率的模型分析

在产业集群企业知识联盟中知识转移过程中，t 时刻单位时间获得联盟知识的企业数 n_t 为如下微分方程：

$$n_t = \frac{\mathrm{d}T_t}{\mathrm{d}t} = Q_t \phi T_t \left(1 - \frac{T_t}{N} \right) \tag{5.11}$$

式（5.11）中，n_t 为 t 时刻单位时间获得知识的企业数；T_t 为时间 t 时获得知识企业数；N 表示最终可能获得该知识的企业数；Q_t 表示所获取知识的特性；φ 为一线性函数，是关于所获知识的期望利润及方差和所需追加投资的函数。

由于整个知识转移过程的持续时间为 T，如果用 N^* 表示由于产业集群企业知识联盟中的知识转移而最终使企业获得知识的产业集群企业数，则在 T 时间段内平均每单位时间获得该知识的产业集群中企业数 $\bar{n}$（平均效率）为：

$$\bar{n} = \frac{N^*}{T} \tag{5.12}$$

二、知识丰富度效率的模型分析

（一）知识的长度效率

单位时间某一知识主体获得的知识长度可表示为：

$$d_{it} = \eta_d I_{idt}^{ad} \left[\theta_d \sum_{j \in \phi \setminus i} (O_{tjdt} W_j D_{jt}) \right]^{\gamma d} \quad (i = 1,2,\cdots,N^*) \tag{5.13}$$

式（5.13）中，d_{it} 为主体 i 在 t 时单位时间获得的知识长度；I_{idt} 为单位时间主体 i 在 t 时为更好地获得其他主体的知识长度对提高自身的知识和能力所作的投入；O_{tjdt} 为单位时间主体 i 在时间 t 因从主体 j 获得产业集群企业知识联盟的长度而付出的努力程度；w_j 为主体 j 转移知识的愿意程度，D_{jt} 为截至时间 t 主体 j 积累的所获得的产业集群知识的长度；a_d、γ_d、η_d 和 θ_d 为常数；ϕ 为参与产业集群知识联盟所有主体的集合，$j \in \phi \setminus i$ 表示 j 为除 i 外的其他主体。最终产业集群知识联盟各主体获得的这类知识长度可表示为：

$$D = D_i = \int_0^T d_{it} d_t \quad (i = 1,2,\cdots,N^*) \tag{5.14}$$

（二） 知识的宽度效率

单位时间某一知识主体获得的知识宽长度可表示为：

$$b_{it} = \eta_d I_{idt}^{ad} \Big[\theta_d \sum_{j \in \varphi \setminus i} (O_{tjdt} W_j B_{jt}) \Big]^{\gamma d} \quad (i = 1,2,\cdots,N^*) \qquad (5.15)$$

式（5.15）中，b_{it} 为主体 t 时单位时间获得的知识宽度。同理，最终各产业集群知识联盟主体获得的知识宽度可以表示为：

$$B = B_i \int_0^T b_{it} b_t \quad (i = 1,2,\cdots,N^*) \qquad (5.16)$$

由上面的分析，可得产业集群知识联盟各主体最终获得的联盟知识丰富度为：

$$B_{} = B_i = \int_0^T r_{it} dt = \int_0^T d_{it} b_{it} dt \quad (i = 1,2,\cdots,N^*) \qquad (5.17)$$

由以上提出的知识转移效率的度量公式可知，产业集群中的企业知识转移的效率与知识的属性、企业传播和接受知识的意愿、对提高企业知识传播和吸收能力所作的投资、企业转移知识的努力程度等因素密切相关。对于产业集群中的企业来说，必须加强公司的信息化建设，提高知识管理系统的水平，拉小产业集群内企业之间的文化差异，才能提高知识转移效率。

第六章　联盟中知识转移的影响因素研究

产业集群目前已成为全球重要的经济发展模式，对地区经济的发展和国家竞争力的提升有着重要作用。产业集群是同行业、企业或者相关行业、企业的地理聚集，而在知识经济时代的背景下，产业集群还是知识资源的集聚。在知识经济时代，知识就是集群企业取得市场竞争优势的根本来源，是产业集群最重要的战略资源。在复杂激烈的市场竞争中，企业无法只依靠自身所创造出的知识来获得持续竞争优势，在企业内部产生的知识难以满足技术不断发展的需要。因此，知识联盟的建立是产业集群的必然之选。知识联盟是战略联盟的高级形式，它致力于企业之间的知识合作，提高联盟内企业的知识创新。产业集群企业的知识联盟不仅克服了单个企业资源匮乏和能力有限的缺陷，同时极大地降低了企业的创新风险。

在产业集群企业知识联盟中，联盟伙伴之间通过知识转移增加各自的知识存量，并把获得的知识与企业自有的资源进行整合、创新、应用，从而不断提升企业的技术创新能力。可见，产业集群企业知识联盟内部的合作创新成功与否，关键在于知识转移的有效性。然而，在企业内外部都存在着很多影响知识高效的因素。为此，对产业集群企业知识联盟中知识转移影响因素进行探索是非常有必要的。本章在前面章节的基础上，特别是在第二章文献综述和第五章产业集群企业知识联盟的知识转移的基础上，再结合专家访谈，总结出集群企业知识联盟中知识转移影响因素并据此提出假设，本研究使用调查问卷，运用统计软件SPSS18.0进行正态性检验、样本信效度检验和单因素方差分析；最后，运用结构方程（SEM）进行验证性分析，验证本研究的假设。本书把本章逻辑结构表示如图6-1所示。

第一节　假设提出与模型构建

前几章对知识、产业集群、知识联盟、知识转移等问题作了论述，为本章的实证研究奠定了理论基础。本节对前几章理论进行梳理，提出了产业集群企业知

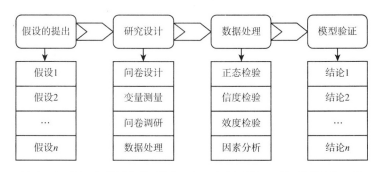

图 6-1　产业集群企业知识联盟中知识转移影响因素研究逻辑结构

识联盟中知识转移影响因素的理论框架，以知识转移效果为因变量，各影响因素为自变量，确定各变量之间的假设关系，最终提出产业集群知识联盟中知识转移影响因素的概念模型。

一、模型的理论框架

产业集群知识联盟面向的对象是产业集群内的企业，从科层组织层面来看，把联盟内的企业当作一个行为主体，产业集群知识联盟中的知识转移是组织间的知识转移；如果把产业集群的知识联盟当作一个整体组织，那么产业集群知识联盟中的知识转移就是组织内知识转移，因此产业集群内的企业具有双重属性。为了确保研究的科学严谨，本章在对前几章理论梳理的基础上，采用实地访谈与问卷调查相结合的方式，确定各个影响因素。

关于知识转移影响因素的研究中，以达文波特和普鲁萨克（Dvaneport & Purska，1998）和迪克逊（Dixon，2000）的研究比较系统和全面。达文波特和普鲁萨克认为，在知识转移过程中有很多影响阻碍其顺利进行，甚至导致知识的转移出现损失和失真，最终导致知识转移的失败。对于知识转移的阻力以及如何解决这些阻力，他们在《运营知识》一书中进行了详细的归纳与总结，具体如表 6-1 所示。

莫厄里（Mowery）认为，在知识转移过程中知识接收方的知识获取能力、知识吸收能力以及知识应用能力对知识转移的影响最为显著。对此，他进一步以联盟内的知识转移为例研究影响联盟知识吸收的因素，发现：①企业对 R&D 的投资密度越大，知识吸收的效果越好；②联盟之前企业的技术交流程度越高，联盟后知识吸收效果越好；③企业规模越大，知识吸收效果越好；④企业学习能力越强，知识吸收效果越好；⑤联盟内成员间的关系质量越高，知识吸收效果越好。除此之外，企业自身的能动性对知识吸收效果的影响也不可忽视。

表 6 – 1   知识转移阻力及其相应解决策略

阻　　力	解决策略
接受者缺乏吸收能力	提供学习的时间，雇用能够快速接受新知识的人员
缺乏时间与会面的场所；对工作生产力的定义狭隘	提供知识转移的时间与场所：诸如展览会、谈话室、会议报告、定期或不定期的讨论交流等
缺乏信任	通过面对面的交流，建立关系和信任
不同的文化、用语、参考架构	以教育、讨论、刊物、团队、轮调等方式建立共识
地位与奖励都归给知识员工	评估员工的表现，并提供知识分享诱因
无法容忍错误或需要协助的事实	接受并鼓励有创意的错误与合作模式：即使不是无所不知，也不会丧失地位
相信知识是某些特定团体的特权，有"非此处发明"症状	鼓励采用超越阶级性的知识策略，点子的品质比其来源的地位高低还要重要

苏兰斯基（Szulanski，1996，2000）也指出，知识转移是一个包含多个动态环节的二元交换过程，在二元交换过程中有很多阻碍因素，包括知识本身、知识的发送方、知识的接收方等。

此外，国外很多学者也提出了众多知识转移的障碍因素，例如，希佩尔（Von Hippel，1994）认为知识的模糊性会阻碍知识转移的顺利进行；埃普勒（Epple et al.，1991）及古普塔和戈文达拉扬（Gupta & Govindarajan，2000）认为，知识转移主体间的相邻程度以及知识转移的方式会对知识转移产生影响；知识转移主体的知识转移能力和吸收能力对于知识转移的影响也得到了众多学者的认同。

古普塔和戈文达拉扬进一步提出影响知识转移的五个要素：①了解知识的价值；②知识共享的意愿；③知识转移的渠道汲取丰富性；④知识吸收的意愿；⑤知识接收方的吸收能力。

康明斯和滕（Cummings & Teng，2003）也提出了一个知识转移的四要素模型，它包括知识发送方、知识接收方、知识本身以及知识转移情境。他们认为，知识的可描述性、知识的嵌入性、组织距离、知识距离、文化距离、知识转移数量等因素影响知识转移效果。

上述研究表明，影响知识转移的因素很多，而且知识转移发生的情境不同，因素也各异，有共性的内在规律，也有个性的特质。本研究中，知识转移的主体背景是面向产业集群的知识联盟，其知识转移影响因素应该具备集群企业知识转移影响因素的共性和知识联盟知识转移影响因素的共性。借鉴国内外学者的研究成果，并结合所调研集群的实际情境和研究设计的需要，本书分别从联盟企业特性（知识发送方特性及知识接收方特性）、联盟企业间的关系特性、知识特性、知识转移情境特性四大方面来研究集群企业知识转移的影响因素，并构建模型、提出假设。每个方面因素又各自包含一些具体的影响因素。其中，知识发送方特性有：转移意愿、转移能力、激励机制；知识接收方特性有：吸收意愿、吸收能力、知识挖掘能力；知识联盟企业间的关系特性有：联盟形式、信任程度、沟通程度、组织差异、文化差异、知识差异、知识管理模式差异；知识特性有：内隐性、模糊性、嵌入性；集群情境特性有：知识转移环境、知识转移通道、联盟经历、产业集群发展阶段。根据知识转移过程的构成要素以及研究构思（如图6-2所示），可以提出如下基本的研究假设：联盟企业特性（知识发送方特性及知识接收方特性）、联盟企业间的关系特性、知识特性、知识转移情境特性与集群企业知识联盟的知识转移效果存在相关关系。

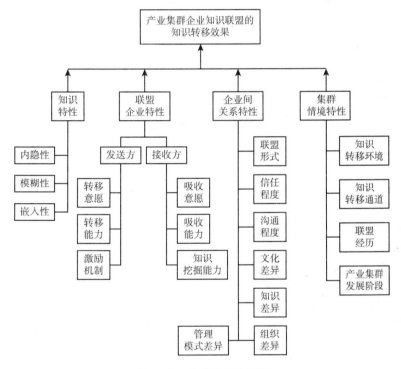

图6-2 模型的理论框架

二、假设的提出

（一）知识转移效果

关于知识转移效果的界定，目前学术界尚未有统一的观点。评价知识转移成功与否不仅仅是关注知识是否成功地从知识源转移到知识受体，还应该看知识受体能否将吸收的知识应用于实践并产生成效。成功的知识转移是知识受体对知识的吸收、应用和创新，能否准确地衡量知识转移效果对于知识转移的研究至关重要。目前知识转移效果的测度主要是以指标方法为主。苏兰斯基把知识转移划分为四个阶段：初始、执行、蔓延和整合。对于知识转移效果的界定则根据每个阶段的按预算完成情况以及接收方的满意程度来判断。汉森（Hansen）在研究项目中知识转移时，以项目完成的时间和知识接收方的知识获取量来衡量知识转移效果。阿戈特和英格拉姆（Argote & Ingram）则根据知识接收方的知识变化情况和知识转移产生的绩效来衡量，其侧重于接收方知识的应用情况。

里根和麦克埃维利（Reagans & Mcevily）以网络结构为视角研究知识转移的影响因素，认为知识转移效果应该根据知识发送方的转移容易程度来衡量。对于知识转移方来说，知识转移活动本身具有很强的自主性，以往的研究会对不同情况下知识源的分享意愿作出解释。因此，如果用知识发送方的转移容易程度来评价，那么就能够考察发送方向目标转移知识意愿的问题。再者，知识接收方自身也很难清楚地意识到知识的来源以及时间，对于这个问题如果以转移容易程度来衡量就可以避免了。此外，用发送方的转移容易程度来衡量知识转移效果还能够探讨发送方因为转移成本和转移本身的困难不愿意转移的情况。

康明斯和滕对以往关于知识转移效果的界定进行系统的总结。提出了需要从三个方面来度量知识转移效果：①度量一定时间的知识转移总量；②定性评价知识转移的按预算完成情况以及接收方的满意情况；③定性评价知识转移的应用情况。

国内学者蔚海燕、梁战平等（2010）采用企业对知识的内化程度以及对知识获取的满意度来衡量知识转移效果。知识内化程度包括对转移知识的吸收和应用，满意程度包括对转移成本、转移速度、转移的数量、转移的质量的满意程度。

综上所述，本书从四个方面来度量知识转移效果：知识接收方接受知识的容易程度、接收方对转移来的知识的满意情况、接收方对知识应用再创造的情况和知识存量的变化情况。而对于知识转移发生前后企业的绩效的变化情况以及知识接收方的接受知识量这两个指标，本书在研究中未使用，主要是因为如果把这两者也纳入考虑则很难排除市场环境和营销策略等多个方面的影响。同时关于接收方知识存量的变化已经可以准备的描述转移的知识量，因此不需要这两个指标来衡量了。

（二）知识特性对集群企业知识联盟的知识转移效果的影响

知识特性是影响知识转移效果的重要因素。一些经济学者认为知识是公共物品，知识在知识主体间的传递是不需要成本的，因此知识特性对于知识转移效果不会存在任何影响，知识的拥有者只需要保证知识的隐秘性，避免知识的外溢。而博兰尼（Polanyi）、阿罗等学者则不赞同这种观点。他们认为，关于知识公共性的假设不成立，对于知识特性的研究还需要视不同类型的知识而定。有一些关于个人技巧、经验等类型的知识虽然具有公共属性，但是却不易传递和转移。故而对于知识转移的影响因素分析还应该分不同形态和类型的知识。

不同形态、不同类型的知识进行转移的方式各不相同，知识本身的特性会决定知识转移的难度和效率。在国内外知识转移的实证文章中，很多学者都对知识转移中知识特性进行了定义，徐青（2006）对此作了梳理，如表6－2所示。本研究根据需要在知识的众多特性中选取内隐性、模糊性和嵌入性三个属性来阐述知识属性与知识转移间的关系。

表6－2 　　　　　　　　　　所转移知识的特征

学者	研究概述	数据说明	所转移知识特征	来源
Szulansk (1999)	企业内部最佳实践转移	8家公司的122个最佳实践转移，共217份问卷	因果模糊 缺乏有效性证明	Strategic Management
Cummings (2003)	发生在组织内外研发团队（unit）之间的知识转移	美国15个行业的69名研发经理、总经理和总裁	清晰表达性 内含性	Journal of Engineering & Technology Management
Simonin (1999)	跨国公司跨行业战略联盟企业间的知识转移	147家美国大中型企业	因果模糊性	Strategic Management Journal
Berta & Baker (2004)	医院的组织间知识转移	加拿大和美国医院	因果模糊性 内隐性 可观察性	Health Care Management Review
Galbraith (1990)	跨国高科技企业内部核心制造技术的转移	32家技术密集型高科技企业	复杂性	California Management Review
Yong Suhk & Young-ryeol (2004)	跨国公司（MNEs）到韩国本地公司（local partner）的知识转移（新产品开发知识和制造知识）	对符合研究筛选条件的195家跨国公司发放问卷，回收99份，有效问卷91份	内隐性 知识的必要性	Management International review

学者	研究概述	数据说明	所转移知识特征	来源
Reagans & McEvily (2003)	非正式网络特征对知识转移过程的影响	美国一合作研发咨询公司的员工非正式网络	容易表达程度 编码化程度	Administrative Science Quarterly
Dong-Gil (2002)	ERP 知识从顾问到客户的转移	96 个 ERP 项目的顾问一客户配对样本数据	可观察性	University of Pittsburgh
Timbrell, et al. (2001)	企业信息系统的最佳实践转移	昆斯兰州政府 SAPR/3 系统使用人员，479 份	因果模糊性 缺乏有效性证明	Proceedings of the 7th ACIS

1. 知识内隐性与知识转移效果的关系及假设。关于知识的内隐性，众多学者从不同的视角进行界定。柯格特和桑德尔（Kogut & Zander）认为，知识的内隐性即是隐性知识，它会受个人和情境的影响，难以书面化、形体化，不利于有效的转移和保留。博兰尼也指出，知识的内隐性往往会造成我们知道的知识远比我们能够表达的知识多的情况，实际当中能够依靠媒介来传达知识的部分很少，更多地还需要通过个体感知和体会才能够掌握知识的内涵。西蒙尼（Simonin）也指出知识的内隐性会形成知识的模糊不清，在其关于战略联盟内知识转移的研究中，知识的内隐性成为阻碍战略联盟稳定性的重要因素，知识的内隐性会导致联盟成员之间相互学习极其困难。迈耶和胡斯（Meyer & Goes, 1988）指出知识越易于观察即知识内隐性越低，那么知识就越容易转移。知识的明晰性与接收方知识的接受效率和程度成正比。

此外，还有很多学者提出显性知识与隐性知识并非是对立的，而应该是连续分布。人们难以识别知识是隐性还是显性。学者关涛（2005）根据英克彭（Inkpen, 1996）的研究，对知识的连续性分布特征进行了整理（如图 6 - 3 所示）。

虽然关于知识内隐性的界定，国内外学者的见解各不相同，但是对于知识内隐性会影响知识转移效果这一点是毋庸置疑的。由于知识的内隐性使得知识不易于表达和编码，造成知识转移双方传递知识的困难，从而影响知识的有效转移。根据上面的论述，本研究对知识内隐性与知识转移效果间的关系做出如下假设：

假设 1（H1）：知识内隐性与集群企业知识联盟的知识转移效果呈负相关关系，即知识的内隐性越深，知识转移难度越大，知识转移效果越差；反之则越好。

2. 知识模糊性与知识效果的关系及假设。知识模糊性同样是造成知识难以转移的一种知识特性。它表现的是知识不容易有效地被识别，因为知识模糊不清，所以常常会出现转移困难。然而模糊的知识也使知识不易于被复制和学习。知识模糊性会对知识的拥有者形成黏附性，保证核心竞争力不被模仿。知识模糊性这种不易于知识拥有者进行转移同时也防止知识拥有者被模仿的特性对于组织

↑低内隐性

层次 类型	个人	群体	组织	网络
信息	事实	谁知道什么	利润、会计数据、正式或非正式的组织结构等	投入品和产出的价格和产量、与哪家公司联络、各公司的专有资产和特长
可表达知识	数理化知识、管理学据此知识等	工作小组产品质量周期变化	组织结构	供应商的专利或有文字记录的经营措施
诀窍	沟通技巧解决难题的技巧	群体协作与组织的方法，如泰勒的科学管理或工艺品生产的分工等	如何协调群体或转移知识的高阶组织原则（相对于群体诀窍）	如何在公司间协作如何有效益的买卖
默会知识	跨文化谈判技巧	复杂人际网络中的团队协作	公司文化	顾客对产品的态度和期望

↓高内隐性

图6-3　知识的连续分布

来说就是其悖论。对于模糊性的内涵界定，众多学者也各自从不同角度进行研究。

里德和德费里皮（Reed & DeFillipi，1990）在对流程组合知识的研究中提出了"知识的因果模糊性"并认为这种因果模糊性会阻碍企业有效获取和模仿高价值知识。Szulanski认为知识"不可复归性"是一种因果模糊性，它会导致知识难以被转移。泰伊和希佩尔（Tye & von Hippel）认为存在于高度内隐性的人类技巧中的知识的不确定性是导致知识的模糊性的主要原因。另一方面莫萨柯夫斯基（Mosakowski，1997）、威尔科克斯-金和泽萨姆（Wilcox-King & Zeithaml，2001）也指出，总体来说，众多学者纷纷肯定了知识模糊性对知识转移效果的影响性以及对企业竞争优势的保持性的观点。知识的模糊性虽然会给企业知识转移造成困难，同时也会降低企业的优势被其他组织模仿的可能性。

另外，知识越是模糊，要实现有效转移越须要依赖特定的情境，如企业的核心技术要想转移，必须同时转移掌握这些知识所嵌入的研究、技术人员，正是这种情境依赖和嵌入性导致知识转移难度加大。根据上面的论述，本研究对模糊性与知识转移效果间的关系作出如下假设：

假设2（H2）：知识模糊性与集群企业知识联盟的知识转移效果呈负相关关系，即知识的模糊性越大，知识转移效果越差；反之则越好。

3. 知识嵌入性与知识转移效果的关系及假设。相较于知识的内隐性和模糊性，学术界对于知识特性中的嵌入性的研究较迟一些。学者们对于知识嵌入性的研究主要知识嵌入于个人和情境等方面来展开的。祖波夫（Zuboff，1988）和柯林斯（Collins，1993）认为部分知识是嵌入在个人的感知能力中的，还有部分知识需要依靠物理情境，通过信息感知以及面谈等形式表现的。布莱克勒（Blackler，1995）则认为知识是嵌入在特定的情境当中，需要通过实践的积累才能够获取。这些知识根植于特定的情境，只有通过实践才可获取。文森等（Venzin et al.，1998）提出，有些知识是嵌入在系统当中的，如某种产品的生产流程当中。直到2000年，阿戈特和莫格拉姆才对知识嵌入性与知识转移效果的关系进行详细的研究。他们提出了知识的嵌入方式并分成三种不同方式和嵌入组织的三个基本要素。这三个要素分别是人员、任务/惯例、工具/技术。关涛根据康明斯的文献对知识嵌入要素和关系进行了整理，如图6-4所示。

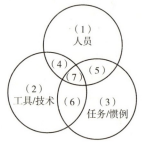

转移知识的类型

（1）嵌入人员的知识
（2）嵌入工具/技术的知识
（3）嵌入任务/惯例的知识
（4）嵌入"人员—工具/技术"网络的知识
　　——谁擅长使用何种技术
（5）嵌入"人员—任务"网络的知识
　　——谁擅长完成何种任务
（6）嵌入"技术—任务"网络的知识
　　——哪种认为应由何种技术完成
（7）嵌入"人员—技术—任务"网络的知识

企业知识嵌入的载体和网络

图6-4　知识嵌入要素和网络示意

此外，还有一些知识是同时嵌入在这三者以及它们之间相互作用的关系网络中。有些知识还可以同时嵌入到人员、工具/技术和任务/惯例及其相互作用的关系网络中，不过往往这样的嵌入性知识比单一嵌入的知识更加复杂，转移更加困难。柯格特和桑德尔认为关系嵌入也是一种知识嵌入，存在于组织成员之间以及组织结构之间的关系嵌入是组织能力的来源。蒂斯（Teece，2000）也认为如果希望成功转移嵌入在过程、系统的知识，那么不仅仅要依靠人员和技术同时还需要适当的对各要素的关系网络模式进行转移。根据上面的论述，本研究对知识嵌入性与知识转移间的关系作出如下假设：

假设3（H3）：知识嵌入性与集群企业知识联盟的知识转移效果呈负相关关系，即知识的嵌入性越深，知识转移难度越大，知识转移效果就越差；反之则越好。

（三） 联盟企业特性对集群企业知识联盟的知识转移效果的影响

1. 知识发送方因素与知识转移效果的关系及假设。格兰特（1996）认为，知识是个体独享的资源，只有个体愿意分享知识并具有分享能力的时候才能够有效的传递知识，促进知识流动。杨和蓝（Young & Lan）对361家跨国公司的技术转移进行实证研究得出转移意愿和转移能力对知识转移的重要作用。西蒙尼在企业战略联盟知识转移的研究中把发送方的因素归为知识发送方对知识的保护程度。徐青、朱亚丽等国内学者总结国内外众多学者的研究成果，对知识发送方特性进行详细的归纳并整理其相关维度（见表6-3）。

表6-3 知识发送方的特征

学者	研究概述	数据说明	知识发送方特征	来源
Young & Lan (1997)	跨国公司 FDI 相关的国际技术转移	大连 361 家 FDI 的跨国公司，对其中的 36 家进行了访谈	转移意愿	Reginal studies
Simonin (1999)	跨国公司跨行业战略联盟企业间的知识转移	147 家美国大中型企业	知识保护程度	Strategic Management Journal
Szulansk (1999)	企业内部最佳实践转移	8 家公司的 122 个最佳实践转移，共 217 份问卷	缺乏动机 没有得到信任	Strategic Management
Gupta & Govindarajan (2000)	跨国公司内部从母公司到子公司的知识转移	问卷邮寄给总部在美国的 987 家跨国子公司负责人，回收 374 份	转移知识的动机 知识库的价值	Strategic Management Journal
Dong-Gil (2002)	ERP 实施过程中从顾问到业务人员的知识转移	96 个 ERP 项目的顾问—客户配对样本数据	沟通编码能力 信任度 动机	MIS Quarterly
Berta & Baker (2004)	对比美国和加拿大医院患者安全最佳实践的转移	加拿大和美国医院	组织特征	Health Care Management Review
Joshi (2004)	IS 开发团队内部的知识转移	美国公立大学信息系统项目管理课 16 个学习团队	能力 可信度	The 37th Hawaii international Conference on system sciences
Lin & Geng (2005)	利用"发送者—接受者"框架来研究不对称或者不完全信息下的知识转移	无	知识能力（知识领域和经验水平）	MIS Quarterly

　　本书认为，知识发送方的转移意愿可以由知识发送方对知识的保护程度来度量，而知识发送方的转移能力则可以通过知识转移渠道是否丰富来度量。此外，一个企业的激励机制可以对联盟企业的发送意愿、学习动机及知识转移效果产生重要影响。如果一个企业积极地去激励员工从企业外部获取有效知识并进行学习，使员工有学习的动机，知识转移和学习将会顺利进行。

　　因此，本书将对知识发送方因素的度量划分为知识源企业的转移意愿、转移能力和激励机制三个维度。

　　（1）转移意愿与知识转移效果的关系及假设。知识发送方的转移意愿简单地说就是知识发送方转移自身知识的意愿，它关乎知识转移过程中知识转移的强弱。学者们认为，转移意愿在很大程度上决定着所转移知识的效果。转移意愿越强，所转移的知识数量越多，质量也越高，并且越容易进行；而转移意愿不强即发送方不愿意转移自身知识，便导致过多知识沉淀、知识转移不足的情况。

　　知识，特别是隐性知识，是一个企业保持持续竞争优势的重要来源，失去它便会降低企业的市场竞争力，给企业带来利益的流失。因此，任何企业都不可能轻易地共享其独有知识。决定知识能否有效转移的关键因素便是知识发送方的转移意愿。只有当知识源企业拥有强烈的转移意愿时，发生在企业间的知识转移才能有效地转移。而对于那些不涉及企业核心竞争力的知识则相对较容易进行转移。苏兰斯基认为，很多企业会害怕因为过多转移自身的独有知识而失去企业的竞争优势，或者是觉得转移知识没有能够得到一定的报酬，因而不愿意转移知识。可以说知识接收方的转移意愿的强弱表现在接收方对其独有知识的保护和开放程度。企业对其独有知识的开放程度极大地影响其将知识转移给其他企业。

　　在产业集群知识联盟中，企业之间相互邻近，业务形态相近，面临着直接的竞争。而基于相互信任，协作共进的知识联盟又促使企业间有友好的相互合作关系，因此在产业集群知识联盟中，企业间存在着"竞合"关系，这种特殊关系使企业的知识转移意愿具有矛盾性。联盟中的企业既希望能够从联盟伙伴中获得互补性的资源，又希望能够对知识独享保持竞争优势。不过大多数学者对于转移意愿对知识转移效果的影响作用都能够达成共识。综上所述，就知识发送方意愿与知识转移效果的关系提出如下假设：

　　假设 4（H4）：发送方的转移意愿与集群企业知识联盟的知识转移效果呈正相关关系，即发送方的转移意愿越强，知识转移效果越好；反之越差。

　　（2）转移能力与知识转移效果的关系及假设。转移能力简单地讲就是知识发送方能够以合适的方式成功地将知识转移给知识受体的能力。转移能力的强弱直接导致知识转移过程中成本的高低以及转移的效果。李顺才（2003）认为，知识发送方根据不同类型、不同内容的知识，采取适当的方式转移知识，其转移的成本和效率会有极大的差别。邹珊刚也认为，知识转移能力会直接影响转移成本和效率。因此，组织或者个人在具备知识转移意愿之后还是不能有效地转移知识，只有同时具备转移知识的能力，能够以合适的方式有效地把知识转移给知识接收者，才能保证良好的知识转移效果。

有些嵌入个人或组织很深的经验性知识，受限于个体自身知识水平和传递能力，转移时难以清晰地阐述知识的原理及其形成缘由。对于知识发送方来说，在其进行知识转移时，发送方不仅充当一个知识提供者，同时还必须是一个优秀的传播者，能够根据知识的类型、内容以及接收者的自身接受能力以适当的方法传递知识。王毅和吴贵生（2003）指出，知识发送方的转移能力越强，知识转移效果就越好。根据此，本书提出知识传播方的个人能力对知识转移的效果存在之间影响。综上所述，就知识发送方转移能力与知识转移绩效的关系提出如下假设：

假设 5（H5）：发送方的转移能力与集群企业知识联盟的知识转移效果呈正相关关系，即发送方的转移能力越强，知识转移效果越好；反之越差。

（3）激励机制与知识转移效果的关系及假设。个体隐性知识是其长时间积累下来的经验，其转移成本很高，一旦转移之后便会失去对其的专有性，就会丧失相对竞争优势，继而威胁到他们的地位和利益。所以，转型过程中，知识源往往会对知识转移抱着漠然的态度，更有甚者会变成反抗力量。要实现成功转移，需要激发出非凡的力量去战胜转移道路上的各种障碍，这就是组织激励。因而如果没有有效的激励机制用来平衡知识发送方转移知识的收益和风险，那么知识转移将难以进行。

很多实证研究也纷纷论证了激励机制在知识转移过程中的至关重要的作用。端木和费（Duanmu & Fai）在研究中指出在进行知识转移时，没有给予知识源进行适当的激励，那么知识转移难以实现。关、张（Kwan & Cheung）及唐炎华（2007）等研究认为对知识转移本身的兴趣等内在激励是促使转移知识的主要原因。不过对于产业集群知识联盟中的企业来说，内在激励还不够，在企业之间还必须进行鼓励表扬等外在激励。适当地在知识联盟中应用内在和外在激励，不仅能够确保产业集群知识联盟内企业自身知识存量的不断积累，同时还能与其他企业分享自身拥有的隐性知识，通过这样的企业间交流使各自的知识存量进一步增加，并且实现知识的创新。因此，应通过组织激励来平衡知识源转移行为的风险和收益，化解其对知识转移的阻力，鼓励其积极主动的转移隐性知识。

产业集群知识联盟的激励机制还可以对知识联盟内企业的转移意愿、吸收意愿、学习能力产生极大的影响。如果知识联盟内积极地激励企业员工向外部转移知识，并且从外部获取知识，使员工具有分享知识和学习知识的动机，那么知识联盟内的知识转移活动将更加有效顺利。可见，知识发送方的激励机制对知识转移效果存在显著作用，并且能够通过知识转移意愿对知识转移效果还有间接影响。综上所述，就知识发送方激励机制与知识转移效果的关系提出如下假设：

假设6（H6）：激励机制与集群企业知识联盟的知识转移效果呈正相关关系，即激励机制越完善，知识转移的效果越好；反之越差。

假设7（H7）：激励机制与发送方的转移意愿呈正相关关系，即激励机制越完善，发送方的转移意愿越强；反之越弱。

2. 接收方因素与知识转移的关系及假设。国内外学者根据不同的研究对象和不同的研究情境总结出许多关于知识接收方的因素。例如接收方的接受意愿、知识解码能力、组织学习能力、知识挖掘能力、吸收能力、接收方经验、知识保持能力、接收知识动机等。学者徐青和朱亚丽根据文献回归对国内外有关接收方因素的研究进行总结，如表6-4所示。

表6-4　　　　　　　　　　知识接收方的特征

学者	研究概述	数据说明	知识接收方特征	来源
Galbaith（1990）	美国跨国公司核心制造技术的内部转移	32家技术密集型高技术企业	技术经验管理层参与度	California Management Review
Young & Lan（1997）	跨国公司FDI相关的国际技术转移	大连361家FDI的跨国公司，对其中的36家进行了访谈	接收意愿吸收能力	Reginal studies
Simonin（1999）	跨国公司跨行业战略联盟企业间的知识转移	147家美国大中型企业	学习能力	Strategic Management Journal
Szulansk（1999）	企业内部最佳实践转移	8家公司的122个最佳实践转移，共217份问卷	动机吸收能力保持能力	Strategic Management
Gupta & Govindarajan（2000）	跨国公司内部从母公司到子公司的知识转移	问卷邮寄给总部在美国的987家跨国公司子公司负责人，回收374份	接受知识的动机吸收能力	Strategic Management Journal
Dong-Gil（2002）	ERP实施过程中从顾问到业务人员的知识转移	96个ERP项目的顾问—客户配对样本数据	吸收能力沟通解码能力动机	MIS Quarterly

续表

学者	研究概述	数据说明	知识接收方特征	来源
Minbaeva et al. (2003)	跨国公司的人力资源管理、吸收能力和知识转移的关系	对美国、俄罗斯、芬兰169家跨国公司的子公司进行调查	人力资源管理吸收能力	Journal of International Business Studies
Berta & Baker (2004)	对比美国和加拿大医院患者安全最佳实践的转移	加拿大和美国医院	吸收能力保持能力	Health Care Management Review
Young & Youn Ryeol (2004)	从跨国公司到本地公司的知识转移	对符合研究条件的195家跨国公司发放问卷	吸收能力	Management international review

　　奚雷、彭灿在对知识接收方因素的研究中，把接收方因素分成四个方面：吸收意愿、吸收动机、吸收能力和知识挖掘能力。结合前人的成果，借鉴奚雷、彭灿的研究，学者们对知识接收方因素的研究大体可以归纳为以下三个方面：①关于知识接收方的吸收动机研究；②关于知识接收方的吸收意愿的研究；③关于知识接收方吸收能力、知识挖掘能力以及知识保持能力的研究。

　　联盟内集群企业间的知识转移是经济利益交换的结果，只有当接收方感知知识存量的价值以后知识转移才会发生，并且由于接收方接受知识需要成本，因此接收方在进行知识转移必然有较强的目的性。可以说，联盟企业发现接收的知识价值越高，其接受知识的意愿和动机就越强；反之，如果联盟中的知识对其价值不高，那么企业接受知识的意愿和动机就会相对较弱。本研究选取吸收意愿、吸收能力和知识挖掘能力三个方面来研究其对集群企业知识转移效果的影响。

　　（1）接收方吸收意愿与知识转移效果的关系及假设。一些学者对接收方的知识吸收意愿从内在意愿、动机意愿和外在意愿等方面进行区分，他们指出，接收方的外在吸收意愿和动机对于知识转移的作用不是很大，相对于其他影响因素，外在吸收意愿和动机的影响较不显著。苏兰斯基也指出了外在吸收意愿对知识转移有微弱的作用，不过在一般的组织实践中，将外在吸收意愿对知识转移存在的影响忽略不计。恰好相反，内在意愿和动机对知识转移却有明显的影响作用。接收方的内在吸收意愿表现的是接收方主观的吸收态度，蕴含着目的性。在知识转移过程中，接收方愿意配合，有强烈的接收意愿，积极主动地接收外来知识，才能够真正保证知识的吸收和应用。康明斯在研究中也指出，拥有较强的吸收意愿，能够使接收方积极主动地克服转移过程中的难题；反之，缺乏吸收意愿的接收者往往没有克服困难的耐力。

　　集群情境中的企业嵌入在本地社会关系网络中，对本地企业间的信任大于外来企业，可能会对集群外部的新知识有一种心理抵制或不信任之感，即所谓的"非本地发明综合症"。这种现象不仅影响接收方意愿，而且会造成集群企业间知识的高度同质化，集群整体进入内部知识锁定、能力刚性的阶段。此外，接收方的吸收意愿不强也会降低发送方转移知识的积极性。苏兰斯基认为，一般当接收方表现出吸收意愿不强烈时，发送方也常常会失去传授知识的积极性。只有当向集群内联盟伙伴学习成为企业员工的一项自觉行为时，知识转移效果才会明显，才能有效地获取对方的隐性知识。

根据上面的论述，知识接收方的吸收意愿对知识转移效果有着直接影响，本研究就知识接收方的吸收意愿与知识转移效果的关系提出如下假设：

假设 8（H8）：接收方的吸收意愿与集群企业知识联盟的知识转移效果呈正相关关系，即吸收意愿越强，知识转移效果越好；反之越差。

假设 9（H9）：激励机制与接收方的吸收意愿呈正相关关系，激励机制越完善、高效，接收方的吸收意愿越强；反之越弱。

（2）接收方吸收能力与知识转移效果的关系及假设。

吸收能力代表一个企业对外部知识的价值评估能力以及消化吸收和加以应用的能力。企业自身吸收知识的能力决定了企业能否有效地从集群联盟中获取知识。企业自身长期的经验累积是企业吸收能力高低的基础，这一性质决定了企业吸收能力有很强的路径依赖性。可以认为，企业现阶段的知识吸收能力来自于企业前阶段的员工技能培训和研究开发积累。

企业以前的研发投入和强度也是影响企业知识获取能力的重要因素之一，科恩和列文托（Cohen & Levinthal）认为，企业的研发活动具有两种功能：创造新知识和开发吸收能力。通过研发活动的投入，企业将可获得更多有关产品与技术相关的知识，这类由制造经验积累的知识内涵将有助于企业进入比较深层次的技术学习。盖尔西克和哈克曼（Gersick & Hackman，1990）也认为，企业现有知识储量会影响其以后的知识获取和应用，企业知识储量越大，其学习新知识的效率越高，反之如果缺少必要的知识储量，知识的吸收效率便会大打折扣。萨拉和乔治（Zahra & George，2002）认为，吸收能力是组织日常的习惯以及行为能力的集合体，拥有吸收能力可以帮助企业获取、吸收和应用知识。陈艳艳（2010）对科恩和列文托及萨拉和乔治的观点进行了分解与对比，如图 6-5 所示。

疏礼兵（2006）、王飞绒等对国外关于吸收能力界定的研究进行文献回顾，如表 6-5 所示。

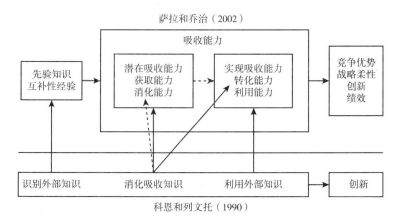

图 6 - 5　吸收能力分解的对比

表 6 - 5	吸收能力的界定
学者	定　义
Cohen & Levinthal (1990)	吸收能力是指认识、消化和应用新知识的能力
Lyles & Salk (1996)	吸收能力是决定能否获得知识的重要因素，等同于组织柔性
Lan & Lubatkin (1998)	在科恩和列文托定义的基础上提出吸收能力不是单一企业层面的问题，而是 "老师与学生"的双层面问题
Kim (1998)	吸收能力需要具有学习能力及解决问题的能力，学习能力是指消化知识（为了模仿）和解决问题及创造新知识（为了创新）的能力
Zahra & George (2002)	吸收能力是能够产生动态组织能力的一系列获取、消化、转移和开发知识的组织路径与过程

　　一些学者认为对于吸收能力的研究不能单单考虑接收方还需要顾及到发送方方面的影响。学者莱恩和卢巴金（Lane & Lubatkin，1998）提出，发送方对于吸收能力也有显著的影响，当发送方与接收方的知识距离较小，知识处理模式相似，并且具有相一致的吸收动机，则知识的吸收将更加容易。虽然不同学者研究的层面、视角以及看法各不相同，但是对于吸收能力与知识转移效果正相关的观点却得到了一致的认可。

　　上面所述的研究对象均是组织个体，除此之外有些学者以行为主体作为研究对象，把所有行为主体当作一个统一主体来研究吸收能力，知识联盟就是典型的情境之一。关于此方面的研究也颇多，吴晓波等（2005）、吴先华（2011）借鉴等国内学者在归纳总结国内外各研究的基础上整理出影响知识联盟吸收能力的因素，如表 6 - 6 所示。

表 6 - 6　　　　　　　　　**影响产业集群知识吸收能力的主要因素**

影响因素		代表学者
企业 R&D 活动	持续创新活动	Oltra & Flor（2003）； Becker & Peters（2000）
	R&D 支出	Cohen & Levinthal（1990）；Stock et al.（2001）； Rocha（1990）；Cantner & Pyka（1998）；Leahy & Near（2004）；Grunfeld（2003）；Tilton（1971）； Allen（1977）；Mowery（1983）
	专利数	George et al.（2001）
	是否设有 R&D 实验室	Becker & Peters（2000）； Veugelers（1997）
	经理扩展现有知识的能力	Jones & Graven（2001）
	劳动生产率水平	Jones & Graven（2001）
先验知识	员工知识的多样性	Jan& Theo（2003）；Chen，Russell & Monica （2002）
	现有的技术水平	Cann（2001）
	员工工作经验	Frans & Henk（2003）；Chen，Russell & Monica （2002）；Tobias（2005）
	过去积累的知识水平	Cohen & Levinthal（1990）；Kim（1998）
	员工知识的重叠性	Cohen & Levinthal（1990）
	员工的教育背景或高学历员工比例	Cohen & Levinthal（1990）；Anker（2003）；To- bias（2005）
	员工基本技能	Frans & Henk（2003）；Tobias（2005）
	行业先进技术知识	Cohen & Levinthal（1990）
	企业守门人	Cohen & Levinthal（1990）；Tobias（2005）
组织管理因素	知识交流与共享机制	Frans，Rnymond & Henk（2003）；Nicolai & Tor- ben（2005）
	企业内部知识转移与共享的激励措施	Tobias（2005）；Nicolai & Torben（2005）
	人力资本管理	Anker（2003）
	企业的内部网络联系	Jan & Theo（2003）；Anker（2003）；Gradwell （2003）
	组织文化	Daghfous（2004）
	部门协调	Welsch et al.（2001）；Van Den Bosch et al. （1999，2003）；Lane & Lubatkin（1998）；Justin （2005）

影响因素		代表学者
组织管理因素	员工交流	Welsch et al. （2001）；Van Den Bosch et al. （1999，2003）；Lane & Lubatkin （1998）
	员工轮岗	Justin （2005）
	参与决策程度	Justin （2005）
	企业分权程度	Jensen & Meckling （1992）
企业的外部网络关系	外部网络关系	Jan & Theo （2003）
	企业的客户关系	Chen，Russell & Monica （2002）
	企业与其他企业或机构的正式合作	Hansen （2002）；Kwanghui （2004）

可见，知识接收方的吸收能力对知识转移的效果有显著的影响。组织的知识吸收能力越强，就能越好地理解、吸收并应用传输进来的知识，则知识越易在组织间转移。综上所述，本研究就知识接收方的吸收能力与知识转移效果的关系提出如下假设：

假设 10（H10）：接收方的吸收能力与集群企业知识联盟的知识转移效果呈正相关关系，即接收方的吸收能力越强，知识转移效果越好；反之越差。

（3）知识挖掘能力与知识转移效果的关系及假设。知识挖掘能力指知识接收方有效挖掘知识源的能力。这种能力可以提高知识提供源转移知识的意愿，并且可以使知识以更加合理的形式和结构进行转移。知识转移的难易程度取决于企业知识挖掘能力的大小。知识挖掘能力强的企业可以很好地将挖掘来的知识进行内化吸收，从而促进知识创新的实现，使得知识供应方更有转移知识的意愿。挖掘能力是受体参与知识转移的主动性和从知识源那里深度获取知识的能力。伯曼和赫尔维格（Berman & Heilweg，1989）进行的一项实证研究表明，知识受体挖掘知识的能力与转移双方的关系发展以及知识转移都相关。塔内（Tannen）也指出受体的挖掘能力对转移双方的工作关系有积极的影响。

此外，吸收能力与企业的知识挖掘能力之间有紧密的关系。苏兰斯基指出，拥有较强的吸收能力说明企业对于知识价值的识别能力较强，也就是说，企业更加善于从外部挖掘信息和知识。一些学者认为，知识本身并不具有显性或隐性之分，知识的隐性只要是对知识的挖掘程度不够，同一知识对于不同个体可能就会产生显性和隐性的区别。知识挖掘能力越强的主体，知识相对于其来说隐性程度就越低。因此，如果企业的知识能力较强，相应地，企业的知识挖掘能力也会较强，那么企业就可以在很大程度上降低知识的隐性程度，促进知识的高效转移。同时吸收能力还能够增进企业与外部知识交流组织的合作关系质量，从而保证了知识挖掘的质量。总之，企业知识挖掘能力与吸收能力相互促进，两者之间的关系如图 6-6 所示。

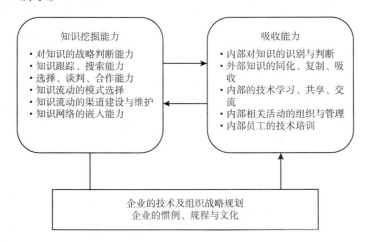

图 6-6 企业知识挖掘与吸收能力的关系

佛思弗里和特鲁博（Fosfuri & Trubo）分析了企业从知识挖掘到知识运用、创新过程中吸收能力发挥的作用和机制，如图 6-7 所示。

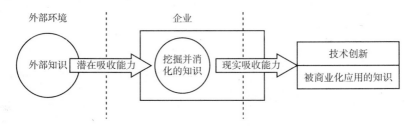

图 6-7 吸收能力在知识获取与创新中的作用

组织中的激励对于知识转移的成功至关重要，它不仅可以促进发送方知识转移的意愿，也可以促进接收方吸收知识的意愿。同时组织的激励还能够接收方的挖掘力度，增强接收方的知识挖掘能力。达文波特和普鲁萨克（Davenport & Prusak）研究证实，企业对学习、知识共享的鼓励有利于员工更加深度的挖掘新知识。

根据上述的分析，本研究就知识接收方的知识挖掘能力与知识转移效果的关系提出如下假设：

假设 11（H11）： 接收方的知识挖掘能力与集群企业知识联盟的知识转移效果呈正相关关系，即知识挖掘能力越强，知识转移效果越好；反之越差。

假设 12（H12）： 激励机制与接收方的知识挖掘能力呈正相关关系，即激励机制越完善、高效，知识挖掘能力越强；反之越弱。

（四）企业间关系特性对集群企业知识联盟的知识转移效果的影响

知识转移是一个复杂的过程，虽然组织和个人都能够认识到其重要之处，但是往往能够成功实现知识转移却少之又少。成功的知识转移不仅与组织和个人有关还受到组织与组织之间、个人与个人之间的关系特征所影响。众多学者也纷纷正式了在知识转移过程中企业间关系特性的影响作用。研读国内外学者不同情境下的研究，主要集中在企业联盟、跨国公司、项目团队等上，并且情境不同其影响因素也不同。本书对比进行归纳汇总，如表6-7所示。

表6-7 　　　　　　　　　　　　　企业间关系特征

学者	研究概述	数据说明	知识转移情境特征	来源
Szulansk (1999)	企业内部最佳实践转移	8家公司的122个最佳实践转移，共217份问卷	贫瘠的组织环境双方紧张关系	Strategic Management
Dong-Gil (2002)	ERP实施过程中从顾问到业务人员的知识转移	96个ERP项目的顾问—客户配对样本数据	共同认识紧张关系	MIS Quarterly
Berta & Baker (2004)	对比美国和加拿大医院患者安全最佳实践的转移	加拿大和美国医院	环境不确定性转移过程	Health Care Management Review
Lin & Geng (2005)	利用"发送者—接受者"框架来研究不对称或者不完全信息下的知识转移	—	转移双方的关系（接触的频率和相互信任度）	MIS Quarterly
Karlsen & Gottschalk (2004)	IT项目中知识转移的影响因素	对挪威计算机社会1072家公司发放问卷，回收71份问卷	信息技术组织文化	Engineering management Journal
Yong & Young-ryeol (2004)	从跨国公司到本地公司的知识转移	对符合研究条件的195家跨国公司发放问卷，回收99份，有效问卷91份	关系特性（资产所有权、冲突程度、跨国公司的合资经验）	Management International review

续表

学者	研究概述	数据说明	知识转移情境特征	来源
Galbraith (1990)	美国跨国公司核心制造技术的转移	32家技术密集型高科技企业	沟通因素 资源因素（转移前培训、技术文档质量）	California Management Review
Joshi (2004)	IS开发团队内部的知识转移	美国公立大学信息系统项目管理课16个学习团队	沟通	The 37th Hawaii international Conference on system sciences

综上所述，本研究根据被调研的知识联盟所在的产业集群企业间的关系特性，从集群企业的联盟合作方式、企业间的信任程度、沟通程度、文化差异、知识差异、组织差异、管理模式差异7个维度来表征知识联盟间的关系特性，并分析此7个维度在知识联盟的知识转移过程中的影响。

1. 联盟形式与知识转移效果的关系及假设。魏江（2003）认为，产业集群内企业间的合作方式会影响整个产业集群的学习模式、竞争互动关系以及知识溢出路径。在产业集群知识联盟中，企业间的合作方式即是产业集群企业的联盟形式。具体的形式有基于契约的联盟形式和基于股权的联盟形式。选择不同的联盟形式将对联盟的发展起到重要作用。不同形式的联盟合作方式，企业的知识选择何种形式的知识转移能力和接受能力是有很大差异的。可以说，联盟合作形式决定了知识联盟内成员之间的交流互动，进一步影响整个联盟中企业的知识挖掘和转移能力。

契约型联盟对专利、产品、制造等相关的外显知识的转移有非常明显的效果。而股权型联盟则是促进联盟成员建立更好的合作关系，让联盟伙伴的彼此依赖程度逐渐加强，彼此相互依存，从而促进内隐知识的高效传递和转移。对于基于股权的联盟，企业间有很强的所有权及资金纽带，它有着比基于契约的联盟更为积极而紧密的关系，这能够促进与合作伙伴的积极交往，十分有利于隐性知识的转移。很多学者认为，基于股权的联盟比基于契约的联盟更能有效地发现和学习新知识。按照这个逻辑，基于股权的联盟比基于契约的联盟更易于进行知识的转移。综上所述，本研究就联盟形式与知识转移效果的关系提出如下假设：

假设13（H13）：基于股权的联盟比基于契约的联盟更易于进行知识的转移，股权型联盟的知识转移效果比契约型联盟知识转移效果好。

2. 信任程度与知识转移效果的关系及假设。在集群企业的知识联盟中，企业之间是一种"竞合"关系：知识联盟中的企业不仅有利益的合作，同时也有市场的竞争。在这种局面下，企业面临两个因素，影响其有效知识转移的阻碍。一个是对联盟其他企业的预期违约风险。企业对信任联盟的其他的信任会承受被违约、受到损失的风险，这种预期风险往往影响企业进行知识的效果。如果企业对其他企业的信任程度增强，就能够降低这种预期风险，从而促进知识转移有效实施。另一个是企业在市场中必然会有市场风险，这将使企业面临极大的经营困境。这时候合作伙伴对于企业来讲极其重要，拥有相互信任的合作伙伴能够与企业共担知识转移风险，提高企业抵御风险的能力。同时，秉持互惠互利的合作关系能够有效地降低合作双方进行知识转移的成本。当集群企业知识联盟内各成员企业都是相互信任、互利互惠的，那么企业都会愿意抛开自身得利而全身心地投入整个联盟的集体利益之中，成员企业之间彼此是良性竞争，大家都更加愿意分享彼此深层次的技术和知识，以求得共同发展。综上所述，本研究就信任程度与知识转移效果的关系提出如下假设：

假设 14（H14）：信任程度与集群企业知识联盟的知识转移效果呈正相关关系，即信任程度越高，知识转移效果越好；反之越差。

假设 15（H15）：信任程度与发送方的转移意愿呈正相关关系，即信任程度越高，知识转移意愿越强；反之越弱。

3. 沟通程度与知识转移效果的关系及假设。沟通是产业集群企业知识联盟中知识转移活动顺利进行的基础。良好和充分的沟通是联盟中知识转移成功的保证。知识的内隐性、专有性等本身特性决定了知识只有在有效沟通的情况下，才能够提高其转移速度。同时，由于联盟双方的知识基础、文化理念上的一些差异，必要的双向交流可以降低理解障碍。

集群企业在知识、制度、管理、机制、文化等方面的不同，使双方在行为习惯、处事方式、对问题的理解等方面存在明显的差异，知识转移活动难以顺利进行，合作双方只有在充分信任的基础上不断地沟通才能使这些差异变小，知识转移才能顺利进行。联盟伙伴间的沟通是完成组织间知识转移的主要手段，将提高知识转移的效果。综上所述，本研究就沟通程度与知识转移效果的关系提出如下假设：

假设 16（H16）：沟通程度与集群企业知识联盟的知识转移效果呈正相关关系，即沟通程度越高，知识转移效果越好；反之越差。

假设 17（H17）：信任程度与沟通程度呈正相关关系，即信任程度越高，沟通程度越高；反之越低。

4. 文化差异与知识转移效果的关系及假设。本书的研究对象是我国产业集群企业的知识联盟。由于集群规模和资源等因素的限制，知识联盟中的集群企业大多是本土企业，本土与外国企业的联盟情况较少，因此跨国文化差异不是本研究谈论的问题。不过与跨国企业合作一样，本土企业之间也会存在各自独有的企业文化，因为每个企业本身的发展、资源、规模等情况的不同，造成了每个企业都会有不同的价值观和组织文化。

文化差异是指知识供方与知识受体双方在文化上（价值体系、惯例及认知模式等）的差异程度。每一组织都有其组织文化，联盟伙伴间的文化差异是影响知识转移难易程度的重要因素，可能对知识转移产生破坏性的后果。一般说来，组织的文化差异程度决定了知识转移的效果，文化差异越大，知识转移越难进行，反之则更容易进行。博纳切和布鲁斯特（Bonache & Brewster）、多林格（Doeringer）、洛伦茨和特克拉（Lorenz & Terkla）、刘帮成、肖久灵等都通过实证研究证明了文化差异对知识转移的影响作用。综上所述，本研究就文化差异与知识转移效果的关系提出如下假设：

假设 18（H18）：文化差异与集群企业知识联盟的知识转移效果呈负相关关系，即文化差异越大，知识转移难度越大，知识转移效果越差；反之越好。

5. 知识差异与知识转移效果的关系及假设。知识差异是指知识转移的双方在知识技能上的差距或者说双方在掌握的知识上的不相似度。

哈默尔（Hamel）提出了知识双方的知识差距当达到某个特定值时，知识转移效果越好；而超过或者小于这个值时知识转移效果较差。也就是说转移主体间的知识差距需要适度。莱恩和卢巴金也认为，知识转移主体之间的距离太大，发送方传递的知识远远大于接收方的可接受范围，接收方就无法吸收理解所转移的知识，双方会有沟通障碍，极大地影响知识的有效转移。即使能够勉强地转移，吸收也需要耗费巨大的成本。这往往还会导致双方对于知识转移失去耐心和信心，进而影响转移的效率，甚至影响以后的知识转移活动。当然，一定程度的知识差距，能够使知识转移主体增加转移知识和吸收知识的动力，更加主动地去挖掘知识，吸收知识。然而，知识转移主体间的知识差距又不能太小，如果双方几乎没有知识差距，那么知识转移主体便会失去转移知识的热情，接收方会认为知识能够带来的收获不大，从而导致无效的知识转移。综上所述，本研究就知识差异与知识转移效果的关系提出如下假设：

假设 19（H19）：知识差异与集群企业知识联盟的知识转移效果呈倒 U 形曲线关系，即知识差异中等时知识转移效果最好，知识差异过大或过小，知识转移效果率都会处于较差状态。

6. 组织差异与知识转移效果的关系及假设。西蒙尼在研究中将合作企业在商业惯例、制度和组织文化等方面存在的差异程度描述为组织差异。亦有学者将组织单元在结构模式、过程和价值观方面的差异定义为组织差异，如组织在决策方法方面的差异。企业在组织结构、规模、业务流程、规章制度、决策等方面的差异都属于组织差异。因为组织差异的存在，可能导致企业联盟内各公司的相互误解，并随着联盟的深入发展而日益增多，以至于产生一些不必要的争端，这种情况势必对知识转移效果造成负面影响。综上所述，本研究就组织差异与知识转移效果的关系提出如下假设：

假设 20（H20）：组织差异与集群企业知识联盟的知识转移效果呈负相关关系，即组织差异越大，知识转移难度越大，知识转移效果越差；反之越好。

7. 管理模式差异与知识转移效果的关系及假设。管理模式差异主要是不同企业在经营管理方式上的不同。由于不同企业的资源、企业性质、发展规模以及战略目标不一样，各自在战略规划上以及企业经营管理上必然会有不同。在企业内部，对于组织资源的配置、员工冲突协调、人力资源分配、组织结构调整等管理的不同都将影响企业进行知识转移。如果知识转移主体企业之间在对资源配置、员工管理等方面的管理模式相近，那么企业之间就会容易相互沟通交流，不会因为彼此的管理理念相异而阻碍知识转移。一般说来，不同企业的知识管理模式是不同的，知识管理模式之间的差异越大，越不利于知识在组织间的有效转移。知识管理模式相似的企业对知识所持有的态度和使用方式均越相似越有利于知识在组织之间转移。反之，则不利于知识的转移。奚雷、彭灿在战略联盟中组织间的知识转移研究中也论述了管理模式差异对知识转移效果的影响。综上所述，本研究就管理模式差异与知识转移效果的关系提出如下假设：

假设 21（H21）：管理模式差异与集群企业知识联盟的知识转移效果呈负相关关系，即管理模式差异越大，知识转移难度越大，知识转移效果越差；反之越好。

（五）集群情境特性对集群企业知识联盟的知识转移效果的影响

目前，国内外学术界关于知识转移情境因素对知识转移效果影响的研究以苏兰斯基、西蒙尼、康明斯和滕等的研究比较有代表性。本书对前人的研究成果进行回顾，并在此基础上结合产业集群知识联盟的情境把产业集群企业知识联盟中的知识转移情境因素分为四个维度：知识转移环境因素、知识转移通道因素、联盟经历因素和产业集群发展阶段因素。

1. 知识转移环境与知识转移效果的关系及假设。联盟为实现知识转移而投入的资源、提供的学习机会、营造的学习环境统称为"转移环境"。知识转移需要依靠配置的资源才能实现，因此要保证知识转移的效果，确保资源的数量要多、质量要高。联盟中的学习渠道是知识转移的通道，不仅可以实现知识转移，也是参与者交流的平台。学习渠道通常包括人员培训、参观、会谈、轮岗等，这需要相应的制度、协议以便于管理，使知识转移的实现成为可能。联盟知识转移的另一个重要方面就是营造适宜的组织环境，一个好的组织环境是知识转移顺利进行的必要条件。

在集群情境下，企业知识转移效果所受影响较大的是集群企业中的知识资源，即来自于联盟其他企业的异质性知识。集群中联盟伙伴的地理距离很大程度上决定着联盟中知识资源的充足。同时，联盟企业之间的地理邻近很容易形成互动频繁和便利的传播学习渠道，地理邻近的企业之间的交流速率会大大增加。另外，企业之间地理邻近，容易使联盟各企业相互观察彼此之间的动态，更加容易掌握联盟伙伴吸收知识、挖掘知识的情况。联盟内形成邻近的地理网络有利于联盟中营造气氛良好的"竞合"环境。这种良好的"竞合"环境，是联盟中知识转移顺利进行的必要条件，"富饶"的知识转移环境促进了知识转移中各阶段活动的顺利进行。综上所述，本研究就知识转移环境与知识转移效果的关系提出如下假设：

假设 22（H22）：知识转移环境与集群企业知识联盟的知识转移效果呈正相关关系，即知识转移的环境越好，知识转移越容易，知识转移效果越好；反之越差。

2. 知识转移通道与知识转移效果的关系及假设。知识转移通道是知识转移的媒介，媒介的具体形式多样，不同的媒介形式其知识转移的效果存在差异，但关于知识转移通道需要与所转移的知识以及发送方和吸收方匹配这一点上，一些学者达成了知识，如苏卉（2008）、奥尔森和奥赖森（Olsen & Olaisen）等论证了合适的知识转移通道对于知识转移效果是至关重要的。

综上所述，本研究就知识转移通道与知识转移效果的关系提出如下假设：

假设 23（H23）：知识转移通道与集群企业知识联盟的知识转移效果呈正相关关系，即知识转移的通道越合理，知识转移越容易，知识转移效果越好；反之越差。

3. 联盟经历与知识转移效果的关系及假设。联盟经历包括已有合作伙伴的关系和联盟管理的经验。企业自身的阅历以及知识不仅可以帮助企业开发潜在的知识，还能促进企业的知识转移。知识转移其实是一个持续积累的过程，企业在每一次知识转移之后适时地对知识转移过程及成果进行评估，并反馈到下一阶段的知识转移活动中去，就保障了下一阶段的知识转移工作有条不紊地展开。此外，企业之前的联盟经历可以让企业在加入新的联盟时具有更强的知识识别能力，企业能够很快识别和挖掘出自身的知识缺口，并且迅速找出知识源企业，同时有经验的企业善于利用各种方式来吸收知识，也善于利用多样方式来转移知识。

因此联盟的管理经验能有利于企业从伙伴那获取额外的知识。而且企业自身原有的联盟经验同样有助于提高企业对新的联盟经验的吸收。综上所述，本研究就联盟经历与知识转移效果的关系提出如下假设：

假设 24（H24）：联盟经历与集群企业知识联盟的知识转移效果呈正相关关系，即企业有联盟经历，企业间知识转移越容易，知识转移效果越好。

4. 产业集群发展阶段与知识转移效果的关系及假设。不同学者对于产业集群发展阶段的看法各异，但是对于产业集群与知识转移效果的关系都有一致的观点。学者们基本都认为发展越成熟的产业集群，越能够进行有效的合作交流，也越容易成功的转移知识。综上所述，本研究就产业集群发展阶段与知识转移效果的关系提出如下假设：

假设 25 （H25）：产业集群发展阶段与集群企业知识联盟的知识转移效果呈正相关关系，即产业集群发展阶段越成熟，知识转移效果越好。

三、研究的概念模型

依据本研究模型的理论框架，本书依次对知识特性、联盟企业特性、企业间关系特性、集群情境特性与知识转移效果的关系提出了假设，同时也提出了各因素内部、各因素之间的因果结构关系，在此基础上构建产业集群企业知识转移影响因素的概念模型，如图 6-8 所示。

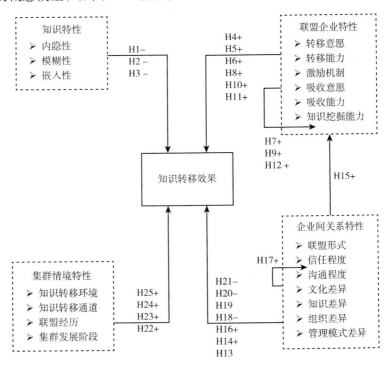

图 6-8　研究的概念模型

为了模型图的简洁易懂，本书没有把各变量的测量题项也纳入模型中。从图 6-8 中可以看到，本模型的影响因素主要分为四个部分（知识特性、联盟企业特性、企业间关系特性、集群情境特性），包含 20 个二级潜变量，其中发送意愿、接收意愿、知识挖掘能力、沟通程度 4 个变量起着中介作用，共提出假设 25 条。

第二节　研究设计

本节为下面的实证研究制定了详细的研究路线，主要包括实证调研的问卷的设计、各变量的可操作性定义。

一、问卷的设计

（一）问卷设计的过程及内容

本研究属于组织层面的研究，所需要的数据很难从公开资料中获得，因此本研究采用问卷调查的方法收集数据。为了保证数据的可靠性和有效性，调研组深入所在地的企业内部进行调查，以面对面访谈的形式收集问卷；对外地企业主要通过关系网络，借助邮件、QQ 等方式收集问卷。收到问卷后，根据研究需要和实际情况剔除无效问卷，以保证问卷的有效性。

1. 研究设计过程。本研究问卷的测量题项均来自已有研究，但是研究依然有必要对现有的结果在具体量表设置和题项表述上进行修正。因为一方面，目前知识联盟的研究大部分来自国外，由于文化等方面的差异，这些题项不一定适合国内；另一方面，由于研究范围的不同。在修正过程中，虽然努力避免失误，但是限于作者自身的能力和其他不可预见的原因，实际调研可能会依然存在以下问题：测量题项的表达不完整、不准确或难以理解；测量题项的表达让被试者不适或者在观点上对被试者有引导；问卷题项在测量上缺乏信度和效度。

为了避免以上问题，在正式调研之前进行了问卷修正和小样本预调研，主要包括以下三个步骤。

（1）同行与专家修正。首先邀请知识管理方向的同学对问卷进行阅读，提出修改意见；然后将问卷提交从事知识管理研究的教授，邀请其就以上问题对问卷提出修改意见。

（2）受访者修正。在笔者周围按照性别、职业、受教育程度和年龄不同邀请几位对问卷进行填写并就问卷题项的表述反馈修改意见。

（3）小样本检验。小范围发放问卷，对收回的问卷利用 SPSS18.0 软件初步进行探索性因子分析（EFA），查看相应指标是否符合条件，并根据结果进行相应修正。

2. 问卷的基本内容。本研究的主体是产业集群企业知识联盟，因此问卷内容是围绕着产业集群情境以及知识联盟特征展开设计的，问卷的设计需要包含本研究的每个变量，并且涵盖各个变量的所有维度，避免出现度量不完备而造成的偏差。本研究问卷主要有两部分内容：

第一部分：企业和个人的信息情况。具体包括企业名称、企业成立时间、企业所在行业、企业主要产品、企业性质、企业联盟经历、企业联盟形式、产业集群发展阶段、员工人数、被调查者学历、所在部门、职位等。

第二部分：产业集群知识联盟知识转移影响因素的相关调查。具体包括知识特性、联盟企业特性、企业间关系特性、集群情境特性、知识转移效果等因素。此部分采用 Likert 的 7 级量表，有"完全不符合"、"很不符合"、"比较不符合"、"说不清"、"比较符合"、"很符合"、"完全符合" 7 个选项，分别为 1、2、3、4、5、6、7 分，然后以向知识型员工发放问卷打分的形式，让员工按照自己的真实感受对描述的问题进行打分，以期能够贴近员工真正的行为意愿。

（二）问卷的发放与回收

1. 小样本预调研情况。为了提高论文问卷的信度和效度，使收集到的样本更符合论文研究要求，在进行大规模发放问卷之前，先对问卷进行小样本预调研，主要运用信度检验和探索性因子分析两种分析方法。其中，信度作为评价数据质量的重要指标，反映了测量量表对测量变量的可信程度，即测量量表在多大程度上反映了测量变量的真实性。信度高，则表示因子结构内的一致性好、可靠性高。信度检验主要用于删除问卷中对变量没有贡献的题项，进一步完善、精简问卷。本书采用题项删除后的总相关系数（Corrected Item-Total Correlation，CITC）对题项进行净化，并采用得到学术界普遍运用的克隆巴赫系数（Cronbach's alpha）检验量表信度；探索性因子分析主要用于确定最终问卷的基本构成和题项。通过探索性因子分析，得到测量量表在测量变量上的因子负荷，据此可以检验问卷的收敛效度和区分效度。总之，通过信度检验和探索性因子分析，可以更好地优化和精简问卷。通过以上两种方式共发放 86 份问卷，回收 71 份，经过筛选，剔除填写不完整、前后明显矛盾、选项明显偏向极端或集中于某一得分的无效问卷 13 份，最终得到有效问卷 58 份，有效问卷回收率为 68.60%。

2. 大样本正式调研情况。本研究大样本调研过程中共发放各式问卷（纸质版、网络版）410 份，回收问卷 305 份，问卷回收率为 74.39%。对填写不完整、前后明显矛盾、答案偏向于一端、同一题项有两个答案、在很短时间内就填完（填写态度不认真）的问卷予以删除，最终得到有效问卷288份，有效问卷率为70.24%。

二、变量的测量

产业集群企业知识联盟知识转移的影响因素模型构建以后，针对模型中各个变量，本研究将对其进行可操作性定义和度量。本研究问卷中所使用的变量主要是尽量参考国内外相关文献总结而来，而小部分变量是针对本研究设计的，借鉴国内外的成熟量表使得本问卷的内容效度得到了保证，也保证了问卷收集的数据对研究解释的准确性和可靠性。

（一）知识转移效果的测量

评价知识转移成功与否不仅仅是关注知识是否成功地从知识源转移到知识受体，还应该看知识受体能否将吸收的知识应用于实践并产生成效。成功的知识转移是知识受体对知识的吸收、应用和创新，能否准确地衡量知识转移效果对于知识转移的研究至关重要。目前知识转移效果的测度主要是以指标方法为主。苏兰斯基把知识转移划分为四个阶段：初始、执行、蔓延和整合。对于知识转移效果的界定则根据每个阶段的按预算完成情况以及接收方的满意程度来判断。汉森（Hansen）在研究项目中知识转移时，以项目完成的时间和知识接收方的知识获取量来衡量知识转移效果。阿格特和英格拉姆则根据知识接收方的知识变化情况和知识转移产生的绩效来衡量，其侧重于接收方知识的应用情况。不同学者其研究情境各不相同，对效果的界定也不一致，本书对众多学者的测量维度进行汇总，如表6-8所示。

表6-8   知识转移效果测量维度

学　者	度量维度
Teece（1976）	转移成本的高低程度
Mansfield（1982）	①产品开发技能是否具备；②经济效益是否达成；③技术实用化是否成功
Geringer & Heber（1990）	①联盟的存续时间；②联盟的存活率；③联盟运作的满意度；④联盟的稳定性

续表

学　　者	度量维度
Pinto & Mantel （1990）	在既定的时间和预算下，知识接收单位的满意程度
Szulanski （1995，1996）	知识接收方对知识质量的满意度
Sher，Wong & Shaw （1996）	①经济性指标，如公司成长率、转移成本、市场占有率等；②技术性指标，如技术能力的获得、产品品质的改善等
Tan （1996）	①整体绩效；②接收方满意度；③转移过程满意度
Wathne，Roos & Von Krogh （1996）	①获得的知识使其完成新任务的程度；②获得的知识使其在企业内完成任务的程度；③接收方获得知识引发他们产生新见解的程度
Kostova （1997）	①知识接收单位取得被转移知识所有权与承诺；②对被转移知识的满意程度
Lane & Lubatkin （1998）	提升组织能力：①获取新的技能、技术；②通过知识外溢促进研发能力提升的幅度
Hakanson & Nobe （1998）	某一时期内成功知识转移的数量
Simonin （1999）	①企业已经吸引了合作伙伴的技术知识，并对开发项目有所贡献；②联盟建立以来，企业已经大大降低了对合作伙伴的技术依赖；③企业已经从合作伙伴那里学到了大量的知识
Danie （2000）	在对组织学习影响汽车质量提高的研究中，用汽车修理率的变化来测度知识转移的结果
Robers （2000）	①具体化的知识转移（将新技术整合到机器设备、零部件生产过程等）；②非具体化的知识转移（专利、专门知识等形式的成果）
Yli-Renko et al. （2001）	知识的有用性：对完成项目有帮助
Nelson，1993；Kim & Nelson （2000）	知识接收单位在吸收新知识之后创造知识的程度
Cummings & Teng （2003）	①技术知识在接收方被重建的程度；②在一定时间内按一定预算使接收方满意；③一定时期内转移知识的数量；④接收方获得被转移知识的所有权、被转移知识的承诺、对被转移知识的满意度
Jan，et al. （2004）	在对IT项目中知识转移影响因素的研究中，用项目的可靠性、有效性、系统工作、技术绩效、解决既定问题等因素测度项目结果
杨君琦 （2000）	①转移过程满意度，包括目标的达成、合作关系的和谐程度；②提高技术能力的程度，包括人员素质的提升、新产品开发时间的缩短、新技术的应用程度；③提升获利能力的程度
徐芳 （2003）	①团队工作成果；②团队对其成员影响；③团队未来工作能力改进

学 者	度量维度
肖小勇（2005）	①合作伙伴知识的转移难度；②企业学到的合作伙伴知识的数量；③自合作以来，企业减少的对合作伙伴的技术依赖程度；④被吸收知识在其他项目上的应用情况
任荣（2006）	①员工能力的变化；②企业用于知识转移的投资成本
张睿、于渤（2008）	①企业是否愿意使用所转移的知识；②接受知识种类的多少；③转移过程顺利的程度；④企业知识应用能力得到提升
祁红梅、黄瑞华（2008）	①知识获得，指员工能了解并掌握转移的知识；②知识创造，指员工能有效运用这些转移的知识到工作中，并产生一定的预期业绩
朱亚丽，等（2011）	①接收方知识基础的变化；②接收方的满意程度；③知识被转移后在接收方的再创造程度；④知识转移的容易性；⑤接收方对知识源企业技术依赖的降低程度
孔群喜、宣烨、袁天天（2012）	①已学到很多知识；②已吸取很多知识，并在公司运作中发挥作用；③已经完全拥有了从知识源转移的知识

根据上面的论述，结合产业集群企业知识联盟的情境，本研究设计知识获得绩效和知识利用能力两个指标来度量知识联盟的知识转移效果。知识获得绩效主要是用来考量知识被获取以及吸收的情况，而知识利用能力主要是用来考量知识获取后的应用情况。

1. 知识获得绩效的测量。知识转移效果是否良好的最直接表现是知识获取的情况，本研究中知识获得绩效是指企业进行知识转移时通过一定的方式从外部获取知识的效率。康明斯和盛冰、滕（Cummings & Bing-Sheng，Teng）等以十几个高科技产业集群为例研究在研发联盟中企业之间知识转移情况时以知识获得绩效作为衡量知识转移效果的变量，用7个测量指标来衡量知识获得绩效，该指标具有较好的内部一致性。在国内，也有很多学者在知识转移的实证研究中对知识获得绩效进行度量。祁红梅（2007）对知识获得绩效用6个测量指标来度量，内部一致性较好。王晓娟（2007）对知识获得绩效的衡量是从知识获得速度、成本、质量以及接收者的感知等方面入手的，其设计的6个测量题项的量表也具有良好的内部一致性。李晶钰、沈灏（2009）以是否学到具体的产品、技术、管理、生产等知识为衡量标准对知识获得情况进行度量，该量表的内部效度达到0.886。郑素丽（2010）等参考了诺特博姆等（Nooteboom et al.，1997）、莱恩等（Lane et al.，2001）的成熟量表，从知识具体内容来衡量企业知识获得情况，开发的5个题项量表的内部效度达到了0.942，内部一致性水平非常高。

2. 知识利用能力测量。仅仅用企业知识获得情况来评价知识转移效果还远远不够，成功的知识转移是知识受体对知识的吸收、应用和创新，能否准确地衡量知识转移效果对于知识转移的研究至关重要。本研究选取知识利用能力来考量企业对所接收的知识的应用、创新情况。企业通过对接收的知识进行吸收，并与企业原有的知识进行交会融合产生新的知识，把新的知识应用到企业的生产管理之中，最终提高了企业市场竞争能力。因此，对于知识利用能力的测量也是极其必要的，国内外关于企业知识利用能力、应用情况的研究非常多。康明斯等（Cummings et al.，2003）以企业获得知识后所创造的绩效以及员工综合素质的提升为知识利用能力的度量指标。沃瑟恩、鲁斯和克罗格（Wathne，Roos & Von Krogh，1996）等设计了 3 个测量题项对企业知识的应用情况进行度量，具有较好的内部一致性。王晓娟（2009）在对集群企业知识创新能力的测量时，设计了新技术开发、营销开发、技术开发等方面的 6 个题项来衡量，其内部效度达到了 0.824。郑素丽（2010）等在研究动态能力与组织知识角色的关系时，参考国外成熟量表研究用 5 个题项对知识创造进行度量。她们的量表包括企业管理、制造、技术、市场等方面的内容，内部效度达到了 0.9 以上。

综合上述分析，根据学者们的研究成果，本研究在前人理论的基本上，结合产业集群企业知识联盟的情境，制定 4 个测量题项来衡量知识转移效果，如表 6 - 9 所示。

表 6 - 9   知识转移效果的测量题项

	测量题项	参考来源
知识转移效果	1. 公司对获取知识的数量、质量和内容感到满意	Kim & Nelson（2000）
	2. 公司获得了很多有用的信息、知识、技术或经验	Cummings（2003）
	3. 通过获取的知识员工整体素质和技能得到了提升	祁红梅（2007）
	4. 公司能够利用获取的知识解决实际问题	苏卉（2008）等

（二）知识特性的测量

本研究将知识特性作为影响知识转移效果的被解释变量，即自变量，如前文所述，知识的定义各异，各学者对知识属性的理解也没有统一的定义，所以国内外学者都是根据各自研究对象、内容需要选择相应的属性测量题项编制量表。本研究采用巴斯塔曼特（Bustamante）对知识属性的分类以及 Argote 和 Ingram 的观点对众多知识特性中的内隐性、模糊性和嵌入性进行测量。

1. 知识的内隐性的测量。关于知识的内隐性，众多学者从不同的视角进行界定。柯格特和桑德尔（1992）认为，知识的内隐性即是隐性知识，它会受个人和情境的影响，难以书面化、形体化，不利于有效的转移和保留。波兰尼（Polanyi）也指出，知识的内隐性往往会造成我们知道的知识远比我们能够表达的知识多的情况，实际当中能够依靠媒介来传达知识的部分很少，更多的还需要通过个体感知和体会才能够掌握知识的内涵。

对知识的内隐性有很多测量量表，但是方法大都相似，野中（Nonaka，1994）、布莱斯曼等（Bresman，et al.，1999）认为隐性知识通常也是不易表达的，无论是通过文字还是图像、声音等都不能准确体现隐性知识的本质，只有通过感觉和接触、认真地观察和模仿实践才能慢慢体会到隐性知识的内涵，并获取隐性的知识。野中还指出，隐性知识通常与特定的行动联系在一起，只有通过行动上的学习才有掌握的可能性。布莱斯曼在研究国际企业并购中的技术知识转移时使用了三个题项：新人员可以通过文档或蓝图就能很容易地学会知识，和经验丰富的员工交流很容易地学会这些知识，通过培训和教育可以使新员工很快掌握这些知识，量表获得了 0.75 的内部一致性。王长峰（2010）在借鉴以上学者的成果和观点基础上，选取 4 个测量题项来衡量隐性知识的转移：企业所需要的知识从已有的文字资料、报表、图片、有形产品外表获得；企业所需要的知识必须能过"边干边学"的方式，在实践中体会和掌握；由于个人知识所限，外部获取的知识大都有一种似懂非懂的感觉。曹兴、宋娟（2011）以波兰尼、温特、布莱斯曼等人关于知识隐性的研究成果，从可表达性、可编码性两个方面测量知识的内隐性特质，其内部一致性水平达到 0.881。

本研究借鉴和综合前人的研究成果，用 3 个测量题项来反映所转移知识的内隐性，如表 6 - 10 所示。

表 6 - 10　　　　　　　　　　知识内隐的测量题项

	测量题项	参考来源
知识内隐性	1. 公司需要的知识很难从文字资料、报表图片等技术资料或有形产品外表中获得	Nonaka（1994） Nonaka，et al.（1995） Bresman et al.（1999） 常敏（2010） 王长峰（2010）
	2. 企业需要的技术和知识必须通过"边干边学"或"师徒传授"方式在实践中体会	
	3. 公司需要的知识很难通过短期培训或教育很快掌握并应用	

2. 知识模糊性的测量。本研究将知识的模糊性界定为知识的不清晰，难以直观理解。模糊性往往使知识难以表达和应用。陈菲琼（2005）在跨国企业知识转移的研究中用 7 个指标来衡量知识的模糊性：复杂性、默会性、特殊性、保护性、经验、文化差异、组织差异。西蒙尼用知识的可表达性以及知识转移的难

度两个指标来反映战略联盟成员间知识转移的知识模糊性。王长峰从是否可以标准化、是否高深难懂等维度来衡量企业进行外部知识转移时的知识模糊性。也有学者借鉴西蒙尼的研究，把知识的模糊性用默会性、经验、相似程度、专有性、组织文化距离、保护程度等维度来衡量。高忠仕（2008）也借鉴西蒙尼的研究以四个维度来度量知识的模糊性，得到了较高的内部效度。白小龙（2009）在研究合作伙伴之间知识转移时，以默会性、复杂性以及专有性作为衡量指标来反映知识的模糊性，其量表的内部一致性达到0.872。

本研究将用3个测量题项作为反映知识模糊性的量表，如表6-11所示。

表6-11 知识模糊性的测量题项

	测量题项	参考来源
知识模糊性	1. 对公司外部获取的知识大都有一种似懂非懂的感觉	高忠仕（2008）白小龙（2009）王长峰（2010）
	2. 所转移的知识难以通过观察或简单交流加以掌握或模仿	
	3. 为了转移这些新知识，公司需要购买专用的技术设备或进行人力资源培训	

3. 知识的嵌入性测量。特普斯特拉和戴维（Terpstra & David，1985）用企业员工离职给公司带来的损失，或竞争对手模仿产品设计来反映联合嵌入，即"人员—技术—惯例"的知识。霍坎松和诺贝尔（Hakanson & Nobel，1998）在实证研究科技特性与反求技术时，将知识的嵌入性用人员、技术/工具、生产线、管理规则、任务/惯例和联合式等知识嵌入方式和载体，并作为反映知识嵌入性的题项，得到了0.759的内部一致性量表。康明斯（2001）在以研发部门为对象，研究影响组织内外知识成功转移因素时，借鉴了以上两位学者和西蒙尼（1999）等人的量表，设计了16个测量题项，比较全面、客观地反映了知识的嵌入性特质，并进一步分成人员嵌入（6个题项）、技术嵌入（2个题项）、任务/程序/惯例嵌入（2个题项）、联合嵌入（6个题项）。关涛（2005）借鉴哈维克（Havek，1945）、哈默尔（Hamel，1991）、阿格特和英格拉姆（2000）、蒂斯（2000）等人的研究成果，在研究跨国公司内部知识转移过程与影响因素的实证研究中将知识的嵌入性分为简单嵌入、关系嵌入2种类型8个题项。

本研究借鉴了前人的研究成果，通过3个测量题项综合反映了知识的嵌入特质，如表6-12所示。

表 6 – 12　　　　　　　　　　　　知识嵌入性的测量题项

	测量题项	参考来源
知识嵌入性	1. 公司生产、经营和管理需要的知识隐藏在少数资深人员的头脑中	Hakanson & Nobel（1998） Cumming（2001） 关涛（2005） 汤建影（2009）
	2. 从公司经验丰富的员工交谈中很难轻易地获取这些知识	
	3. 公司知道引进哪种技术、管理能力就能提高公司实力	

（三）知识发送方因素的测量

1. 转移意愿和转移能力的测量。格兰特（1996）认为知识是个体独享的资源，只有个体愿意分享知识并具有分享能力的时候才能够有效的传递知识，促进知识流动。杨和蓝（Young & Lan，1997）对 361 家跨国公司的技术转移进行实证研究，发现了转移意愿和转移能力对知识转移的重要作用。西蒙尼（1999）在企业战略联盟知识转移的研究中把发送方的因素归为知识发送方对知识的保护程度。知识发送方的转移意愿简单地说就是知识发送方转移自身知识的意愿，它关乎知识转移过程中知识转移的强弱。转移能力简单地讲就是知识发送方能够以合适的方式成功地将知识转移给知识受体的能力。

疏礼兵（2006）研究团队内部知识转移时采用了 8 个测量题项，分别对知识发送方的知识发送意愿和转移能力进行了测量，内部一致性分别达到 0.886、0.798。张睿、于渤（2008）在研究技术联盟知识转移影响因素时，用研发能力、产品质量、制度规范性、信息化等在行业中的水平和有无知识转移经验为题项测量了知识转移方的转移能力，达到 0.8435 的信度水平。陈良民（2009）依据这几位学者的观点使用了 8 个测量题项反映知识发送方的知识动机和知识转移能力。白小龙（2009）依据苏兰斯基（1996）和西蒙尼（1999）等人对发送方动机、对知识的保护以及发送意愿的测量指标选取了 3 个题项测量反映知识发送方的发送动力和发送意愿强度，并在王三义等（2007）对知识发送方转移能研究的基础上借鉴了 2 个测量题项反映知识发送方的转移能力，内部一致性分别达到了 0.880、0.789，总的一致性为 0.823。李建明（2008）在研究我国中小高技术企业知识联盟中的知识转移影响因素时，从知识发送方的知识积累、知识表达能力、能够提供的技术的数量三个方面测量发送方的知识转移能力。韩明华（2011）研究集群企业知识转移机理和模型时设计了 9 个题项测量，比较全面地反映了知识发送方的发送意愿和知识转移能力，内部一致性分别达到了 0.843、0.834。

本研究也将从转移意愿、转移能力和激励机制三个维度来反映知识发送方测量的测量。并在上述国内外学者研究的基础上选取并编制了 3 个测量题项来反映潜在变量发送方意愿，用 3 个测量题项来反映发送方知识转移能力，如表 6－13 所示。

表 6－13 知识发送方变量的测量题项

	测量题项	参考来源
转移意愿	1. 知识发送方乐意与其他企业进行知识交流和共享	高忠仕（2008）李建明（2008）白小龙（2009）陈良民（2009）韩明华（2011）
	2. 知识发送方对其拥有的技术或管理知识、经验开放水平高	
	3. 能够感觉到知识发送方愿意帮助公司了解、掌握相关的知识	
转移能力	1. 知识发送方能够清楚地表达要提供的知识	
	2. 知识发送方善于利用多种方式向其他公司传播知识	
	3. 知识发送方能够帮助企业解决知识转移过程中存在的问题	

2. 激励机制的测量。苏兰斯基（1996）研究指出，在知识转移过程如果没有对知识源进行适当的激励，那么知识转移很难发生。坎坎哈利（Kankanhalli，2005）从社会交易理论与资本理论角度出发，认为晋升、高薪和红利等组织报酬方式对知识共享产生积极的作用。科尔曼的研究认为："组织的奖励不足会出现'搭便车'的现象，相反充分的奖励不仅可使个体遵循制度规范，而且还会出现额外奉献的现象。"奥斯特罗和弗雷（Osterloh & Frey）、唐炎华等研究认为，对知识转移本身的兴趣等内在激励是促使转移知识的主要原因。学者陈志明（2011）在研究业务转型企业知识转移影响因素时，参考了苏兰斯基（1996）和坎坎哈利（2005）等的研究量表，设计出用三个题项来描述激励机制。其分量表的整体效度达到 0.826，具有较高的内部一致性水平。

因此，本研究借鉴其所开发的量表，编制由 3 个题项来反映的激励机制变量的测量量表，如表 6－14 所示。

表 6－14 激励机制的测量题项

	测量题项	参考来源
激励机制	1. 公司对积极传授知识的人进行奖励	Szulanski（1996）Kankanhalli（2005）陈志明（2011）
	2. 公司对于员工的技能进步进行奖励	
	3. 公司鼓励员工积极地挖掘相关有用的知识	

（四）知识接收方因素的测量

本研究选取知识转移过程中接收方的吸收意愿、吸收能力和挖掘能力三个维度来衡量知识接收方因素对知识转移效果的影响。

1. 吸收意愿测量。苏兰斯基（1996，2000）研究公司内部隐性知识转移时发现，如果接收方动机不明确，来源方在知识转移过程中也会表现出不情愿或不想给与不配合。康明斯（2001）研究组织行为决定中的知识转移黏性时发现，接收方缺乏知识转移的动机会造成知识转移的困难，而如果有高度接收意愿，知识接收方经常能克服知识转移过程中的困难，表现出极大的耐力。徐青（2006）研究 ERP 实施知识转移中的影响因素时，参考阿姆比尔（Ambile）等人（1994）和东吉尔（Dong-Gil，2005）所采用的量表，从对转移机会的珍惜、是否愿意投入时间和精力学习、是否愿意接受全新的知识 3 个题项来对知识接收方意愿进行测度。王衍行（2009）认为知识接收方的意愿主要是内在压力与盈利欲望的外在表现，并通过 4 个测量题项进行反映，分量表的内部一致性达到 0.8132 的水平。白小龙（2009）同样在结合苏兰斯基（1996，2000）、康明斯（2001）和阿姆比尔（1994）等人对知识接收方意愿的测量基础上，接收方对知识转移对自身有利程度、接收的动机水平等方面开发了 3 个题项反映接收方意愿的变量。韩明华（2011）从知识接收方面临的压力、解决问题的必要性、对知识转移收益的判断等方面设计了 5 个题项来反映接收方意愿因素，内部一致性水平达到 0.797。曹兴、宋娟（2011）研究技术联盟中的知识转移影响因素时从企业面临的压力、盈利指标两个方面测度接收方的意愿。

本研究在前人的基础上，选取 3 个题项作为测量接收意愿的显在变量，量表如表 6 – 15 所示。

表 6 – 15 　　　　　　　　接收方意愿的测量题项

	测量题项	参考来源
接收方意愿	1. 公司认为获取外部的知识、经验有利于提高企业知识水平、技能水平	李建明（2008） 白小龙（2009） 陈良民（2009） 韩明华（2011） 曹兴（2011）
	2. 当公司遇到问题时，必须借助其他企业的技术或知识才能解决	
	3. 公司认为通过外部获取的知识可以提升企业在市场竞争中的能力和地位	

2. 吸收能力的测量。吸收能力代表了一个企业对外部知识的价值评估能力以及消化吸收和加以应用的能力。企业自身吸收知识的能力决定了企业能否有效

地从集群联盟中获取知识。企业自身长期的经验累积是企业吸收能力高低的基础，这一性质决定了企业吸收能力有很强的路径依赖性。可以认为，企业现阶段的知识吸收能力来自企业前阶段的员工技能培训和研究开发积累。企业以前的研发投入和强度也是影响企业知识获取能力的重要因素之一，科恩和列文托（Cohen & Levinthal，1990）认为，企业的研发活动具有两种功能：创造新知识和开发吸收能力。通过研发活动的投入，企业将可获得更多有关产品与技术相关的知识，这类由制造经验积累的知识内涵将有助于企业进入比较深层次的技术学习。盖尔西克和哈克曼（Gersick & Hackman，1990）也认为，企业现有知识储量会影响其以后的知识获取和应用，企业知识储量越大，其学习新知识的效率越高；反之，如果缺少必要的知识储量，知识的吸收效率便会大打折扣。萨拉和乔治（Zahra & George，2002）认为，吸收能力是组织日常的习惯以及行为能力的集合体，拥有吸收能力可以帮助企业获取、吸收和应用知识。由此可见，国内外关于企业吸收能力定义和测量量表的文献比较丰富。

王飞绒（2008）在技术联盟知识转移的研究中，从企业的知识和经验基础、知识转移中愿意付出的努力程度、本领域专业人才、本领域专利四个方面设计了4个题项反映企业的吸收能力。王衍行（2009）从接收方能否理解、运用等几个方面设计6个题项测量知识接收方的吸收能力因素，分量表的内部一致性达到0.6984的可接受水平。吴晓冰（2009）通过对国内外文献整理，将吸收能力的测量维度分成单一维度的测量和多维度测量两种，两者的测量指标分别为吸收能力的影响因素、吸收能力的不同构面。陈良民（2009）参照国内学者蔡莉和朱秀梅等人的研究成果，从潜在吸收能力（包括获取能力和消化能力）和现实吸收能力（包括整合能力和利用能力）两个角度来度量知识接收方的知识吸收能力，并从培训、员工经验和技能、技术商品化能力等方面设计7个测量题项，内部一致性达到0.821的水平。陈艳艳（2010）在对企业技术能力与企业吸收能力的关系研究中，参考了国内外学者的研究，把企业的吸收能力划分为获取、消化、转移、应用等能力，其设计的量表内部效度达到0.899，内部一致性非常好。王国红（2010）在阿里（Ari，2005）、马里亚诺和皮拉尔（Mariano & Pilar，2005）对接收方吸收能力多指标测量基础上，通过5个测量题项对企业的吸收能力进行测度，内容涉及研发经费的投入情况、与其他知识提供机构的合作情况、对员工学习的鼓励情况等。李艳华（2011）以企业知识存量、研究开发成果、企业培训等角度衡量企业的吸收能力。李贞、杨洪涛（2012）参考萨拉和乔治（2002）的研究，从潜在吸收能力和现实吸收能力两个维度出发设计了13个题项，内部一致性分别达到0.841、0.816的水平。

在借鉴上述学者的成果基础上，本研究选取4个测量题项作为反映接收方知识吸收能力的显变量，量表如表6-16所示。

表 6－16　　　　　　　　　　接收方吸收能力的测量题项

	测量题项	参考来源
吸收能力	1. 公司员工受过良好的培训，并有一定的教育背景	王飞绒（2008） 常敏（2009） 白小龙（2009） 王国红（2010）
	2. 公司长期以来积累了很多本行业技术、市场和管理等方面的知识，具备学习新知识的背景和经验	
	3. 本企业对使用获取到的知识有明确的职责分工	
	4. 公司对获取的知识进行应用时不会受到困难	

3. 知识挖掘能力的测量。伯曼和赫尔维格（1989）进行的一项实证研究表明，知识受体挖掘知识的能力与转移双方的关系发展以及知识转移都相关。汉森（Hansen，1999）也指出，受体的挖掘能力对转移双方的工作关系有积极的影响。此外，吸收能力与企业的知识挖掘能力之间有紧密的关系。戴尔和辛格（Dyer & Singh，1998）认为，企业识别、吸收和运用其他企业知识的能力是建立在社会性互动、合作过程和伙伴间关系的基础之上的。较强的企业吸收能力意味着企业具有较强的知识价值判断能力，从而更有利于企业从外部挖掘信息和知识（Szulanski，1996）。国内学者吴勇慧（2004）在组织内个体层面知识转移的影响因素的实证研究中，用回归方程验证了知识挖掘能力对组织内知识转移效果的影响。在"知识挖掘能力"变量的度量中，吴勇慧用了 4 个题项来测量，其内部一致性达到了 0.768，总的信度达到了 0.847。韩明华（2011）从企业是否鼓励学习、是否善于模仿竞争对手等方面设计了 6 个题项测度接收方企业的知识挖掘能力，量表信度达到 0.863 水平。

本研究在上述学者研究的基础上，选取、编制 3 个题项对接收方企业的学习行为进行测度，量表如表 6－17 所示。

表 6－17　　　　　　　　　　知识挖掘能力的测量题项

	测量题项	参考来源
知识挖掘能力	1. 公司对新技术新知识的需求欲望很强烈	吴勇慧（2004） 王玉丽（2010） 韩明华（2011）
	2. 公司很善于寻找知识源和引进新知识	
	3. 公司支持各部门员工从公司外部学习知识、经验	

（五）企业间关系特性的测量

1. 联盟形式的测量。魏江（2003）认为，产业集群内企业间的合作方式会影响整个产业集群的学习模式、竞争互动关系以及知识溢出路径。在产业集群知识联盟中，企业间的合作方式即是产业集群企业的联盟形式。具体的形式有基于契约的联盟形式和基于股权的联盟形式。选择不同的联盟形式将对联盟的发展起到重要作用。不同形式的联盟合作方式，企业的知识选择何种形式的知识转移能力和接受能力是有很大差异的。可以说，联盟合作形式决定了知识联盟内成员之间的交流互动，更深一步影响整个联盟中企业的知识挖掘和转移能力。

契约型联盟对专利、产品、制造等相关的外显知识的转移有非常明显的效果。而股权型联盟则是通过促进联盟成员建立更好的合作关系，让联盟伙伴的彼此依赖程度逐渐加强，彼此相互依存，从而促进内隐知识的高效传递和转移。对于基于股权的联盟，企业间有很强所有权及资金纽带，它有着比基于契约的联盟更为积极而紧密的关系，这能够促进与合作伙伴的积极交往，十分有利于隐性知识的转移。很多学者认为基于股权的联盟比基于契约的联盟更能有效地发现和学习新知识。根据其划分依据，本书尝试选用两个指标来测量集群企业知识联盟的联盟形式：（1）联盟是基于股权形式建立的合作关系。（2）联盟是基于契约形式建立的合作关系。

2. 信任程度的测量。本书将知识联盟中的信任程度定义为集群企业之间基于以往建立的良好人际关系网络而产生的相互信任与合作关系。西蒙尼（1999）、舒尔茨（Schulz，2001）等学者的经验研究中都将信任作为知识转移的一个重要促进因素。一般学者也多从转移双方的"友善程度"，"相互信任程度"，以及遇到困难相互帮助的意愿和程度等方面来测量信任度的影响，而这些又与企业间长期以来建立的非正式合作关系有关。因此，本书从企业内非正式合作关系的存在与企业间的相互信任两方面来衡量信任。高祥宇、卫民堂、李伟（2005）认为，信任深度和效度是构成信任程度的两大维度。据此，本研究设定了3个维度来测量转移双方主体之间的信任关系：熟悉程度、心理接受程度、知识共享程度，量表如表6－18所示。

表6－18　　　　　　　　　　　信任程度的测量题项

信任程度	测量题项	参考来源
	1. 公司与联盟伙伴彼此非常了解且相处愉快	王连娟，王欢（2006）
	2. 公司不会排斥引进联盟伙伴的知识或技术	
	3. 公司愿意和联盟伙伴分享自己的一些知识和经验	

3. 沟通程度的测量。沟通是指为了达到知识转移目的，成员间所进行的承载知识的信息或意见的交换过程。集群企业在知识、制度、管理、机制、文化等方面的不同，使双方在行为习惯、处事方式、对问题的理解等方面存在明显的差异，知识转移活动难以顺利进行，合作双方只有在充分信任的基础上不断地沟通

才能使这些差异变小，知识转移才能顺利进行。联盟伙伴间沟通是完成组织间知识转移的主要手段，联盟伙伴间的有效沟通将提高知识转移的效果。

沟通是产业集群企业知识联盟中知识转移活动顺利进行的基础。良好和充分的沟通是联盟中知识转移成功的保证。知识的内隐性、专有性等本身特性决定了知识只有在有效沟通的情况下，才能够提高其转移速度。同时，由于联盟双方的知识基础、文化理念上的一些差异，必要的双向交流可以降低理解障碍。如果知识联盟内部缺乏沟通，合作目的就很难统一，合作双方就会按照自己的想法和处事原则做事，合作就很难进行下去。邹艳、王晓新、叶金福等（2009）在共建模式下企业合作创新知识转移的研究中，证明了沟通交流对知识转移效果的正向作用。汤长安（2009）从关系强度、关系持久度两个方面、10个题项测度集群企业间的关系信任对技术能力成长的影响，题项涉及企业与不同主体间交往频度、关系持续的时间等，内部一致性分别达到0.822、0.800的水平。孙玥（2010）在产业链上企业间的知识转移研究中，也证实了沟通程度对于企业间知识转移效果的显著作用。其对于沟通程度的测量从双方企业在交流过程中，企业的理解程度、宽容程度以及人员的交流频率三个方面来度量，选用了4个题项，内部一致性达到了0.767，总体可靠性达到0.879。

本研究在上述学者研究的基础上，选取、编制3个题项对沟通程度进行测度，量表如表6-19所示。

表6-19　　　　　　　　　　　沟通程度的测量题项

	测量题项	参考来源
沟通程度	1. 公司能够充分理解联盟伙伴的意见和观点	孙玥（2010）
	2. 公司与联盟伙伴的沟通交流较频繁	
	3. 公司能够容忍联盟伙伴的所犯的小错误	

4. 文化差异的测量。文化差异是指知识供方与知识受体双方在文化上（价值体系、惯例及认知模式等）的差异程度。每一组织都有其组织文化，联盟伙伴间的文化差异是影响知识转移难易程度的重要因素，可能对知识转移产生破坏性的后果。一般说来，组织的文化差异程度决定了知识转移的效果，文化差异越大，知识转移越难进行；反之则更容易进行。很多文章实证研究了国家之间的文化差异对知识转移的影响（Bonache 和 Brewster，2001；Doeringer，Lorenz 和 Terkla，2003；刘帮成，2005；肖久灵，2006 等）。

英克彭和迪努尔（Inkpen & Dinur，1998）认为，文化差异会影响技术共享、组织间的活动和交流、人员流动和战略整合等各方面。不同文化背景的人们对知识内容的理解都不同。野中等（1995）发现，日本企业的员工比较看重隐性知识的作用，而西方企业的员工强调的是显性知识的应用。田野、杜荣（2011）开发了4个测量题项的文化差异量表、钦和韦恩（Ching & Wayne, 2008）等人设计了由3个题项组成的文化差异的量表，本研究借鉴前人的研究设定了2个维度来测量转移双方主体之间的文化差异：企业理念；企业价值观。量表如表6-20所示。

表6-20   文化差异的测量题项

	测量题项	参考来源
文化差异	1. 公司与联盟伙伴的企业理念相似	田野，杜荣（2011）
	2. 公司与联盟伙伴的企业价值观相似	Ching & Wayne（2008）

5. 知识差异的测量。知识差异是指知识转移的双方在知识技能上的差距或者说双方在掌握的知识上的不相似度。知识差异主要包含专业技术知识差异和管理知识差异两种差异，但是实际调查表明，知识联盟中主要的流动还是专业技术知识。集群企业进行知识联盟的迫切程度是与知识差异紧密联系的，如企业间有知识差距存在，相互间就要设法弥补，于是一方或者双方会产生建立知识联盟的愿望，积极寻找合适的合作伙伴以建立合作关系。

哈默尔（1991）提出，当知识双方的知识差距达到某个特定值时，知识转移效果越好，而超过或者小于这个值时知识转移效果较差，也就是说转移主体间的知识差距需要适度。关涛（2005）从技术水平/研究能力、专业分工差异、技术/管理发展历程等方面设计题项测量企业间的知识差距。陈良民（2009）从知识基础的相似性、知识势差的适度性两个维度8个题项测量了转移方的知识距离。马费成、王晓光（2006）等人认为，知识距离可以用知识的深度距离和宽度距离来衡量。孙玥（2010）从企业间知识片段、知识结构的互补性、相容性两个维度来反映产业链上，上下游企业间知识转移的知识属性，其中3个题涉及企业间的知识距离，包括技能差异、员工学历差异和专业差异。

本书在对知识差异相关理论分析评述和前人研究逻辑归纳的基础上，设定了2个维度来测量转移双方主体之间的知识差异：知识差距；知识多样性。量表如表6-21所示。

表6-21   知识差异的测量题项

	测量题项	参考来源
知识差异	1. 公司与联盟伙伴所掌握的技术知识十分相似	卢东斌（2001）
	2. 公司与联盟伙伴存在一定的知识差距	Hennart & Zeng（2002）

6. 组织差异的测量。西蒙尼（1999）在研究中将合作企业在商业惯例、制度和组织文化等方面存在的差异程度描述为组织差异。亦有学者将组织单元在结构模式、过程和价值观方面的差异定义为组织差异，例如，组织在决策方法方面的差异。企业在组织结构、规模、业务流程、规章制度、决策等方面的差异都属于组织差异。因为组织差异的存在，可能导致企业联盟内各公司的相互误解，并随着联盟的深入发展而日益增多，以至于产生一些不必要的争端，这种情况势必对知识转移效果造成负面影响。本书在理论分析的基础上，将组织差异从制度距离和文化距离两个维度进行了阐述，依据西蒙尼（1999）及莱恩和卢巴金（1998）等学者在实证研究中采用的测度组织差异的指标，本文选取以下 3 个定性指标来衡量联盟企业间的组织差异。量表如表 6 - 22 所示。

表6 - 22　　　　　　　　　　　组织差异的测量题项

	测量题项	参考来源
组织差异	1. 公司与联盟伙伴在制度上存在差异	Simonin（1999） lane & lubatkin（1998）
	2. 公司与联盟伙伴的日常行为方式上存在差异	
	3. 公司与联盟伙伴的组织文化上存在差异	

7. 管理模式差异的测量。管理模式差异主要是表现不同企业在经营管理方式上的不同。由于不同企业的资源、企业性质、发展规模以及战略目标不一样，各自在战略规划上以及企业经营管理上必然会有不同。在企业内部对于组织资源的配置、员工冲突协调、人力资源分配、组织结构调整等管理的不同都将影响到企业进行知识转移。如果知识转移主体企业之间在对资源配置、员工管理等方面的管理模式相近，那么企业之间就会容易相互沟通交流，不会因为彼此的管理理念相异而阻碍知识转移。反之，则不利于知识的转移。奚雷、彭灿（2006）在战略联盟中组织间的知识转移研究中也论述了管理模式差异对知识转移效果的影响。王涛（2012）等把组织管理模式差异归为知识距离，对管理模式的度量中仅用一个题项来反映。

基于理论分析的基础上，本书认为对于知识的有效管理，关键在于知识的合理配置，恰当存储和正确利用。据此本书选取以下 3 个定性指标来衡量联盟企业间的知识管理模式差异。量表如表 6 - 23 所示。

表6 - 23　　　　　　　　　　　管理模式差异的测量题项

	测量题项	参考来源
管理模式差异	1. 公司与联盟伙伴在知识的合理配置上存在差异	lane & lubatkin（1998） 王涛（2012）
	2. 公司与联盟伙伴在存储知识方面存在差异	
	3. 公司对于知识的利用情况与联盟伙伴存在差异	

（六） 集群情境特性的测量

所有的知识转移活动和行为都是在一定的情境中发生的，不同的情境其影响因素也不尽相同。目前，国内外学术界关于知识转移情境因素对知识转移效果影响的研究以苏兰斯基、西蒙尼、康明斯和滕等的研究比较有代表性。本文对前人的研究成果进行回顾，此处设计的因素都是基于集群情境和知识联盟情境的视角，通过文献研读选择了知识转移环境、知识转移通道、联盟经历、产业集群发展阶段4个维度。

1. 知识转移环境。联盟为实现知识转移而投入的资源、提供的学习机会、营造的学习环境统称为"转移环境"。联盟内形成邻近的地理网络有利于联盟中营造气氛良好的"竞合"环境。这种良好的"竞合"环境，是联盟中知识转移顺利进行的必要条件，"富饶"的知识转移环境促进了知识转移中各阶段活动的顺利进行。韩宝龙、李琳等（2010，2011）根据托里（Torre）等人的一元层面和元层面地理邻近的观点，用企业密度，即某一地区内所有企业数量与区建设面积的比值作为对地理邻近的操作化测度。王孝斌、李福刚（2007）从主体间地域或空间上很近，能够顺利交流来定义地理邻近性。

本研究主要在借鉴国内外学者对产业集群的产业的地理接近和地方根植性、地方嵌入性等描述的基础上开发4个测量题项来测度集群的知识转移环境，具体量表如表6-24所示。

表6-24 地理邻近的测量题项

	测量题项	参考来源
知识转移环境	1. 公司所在地有着大量同类和相关企业	李琳（2010） 韩宝龙（2011）
	2. 公司所在地有集聚大量本行业的技术人员、管理人员	
	3. 公司所在地企业间沟通和运输所需的时间投入和成本非常少	
	4. 公司所在地企业间的信息、经验能够很快地传播	

2. 知识转移通道。知识转移需要通过媒介或是传递通道才能进行。知识转移的渠道分为正式和非正式、个人和非个人的渠道。在企业内部同时存在正式和非正式的沟通渠道，两种渠道都在发挥作用，但应当尽可能强化正式沟通渠道、化非正式沟通为正式沟通，以降低非正式沟通可能产生信息失真和误传的负面影响。面对面的沟通交流是进行知识转移的最好方法。随着科学技术的日益发展，无论是声音还是图像都能很容易的进行完整的保存，因此知识转移的内容得到了

进一步的丰富。

达文波特和普鲁萨克（1998）在研究中发现不同的知识转移通道会影响知识转移的效率。随着企业竞争的日益激烈，知识转移被日益重视，企业更加注重以多样的方式来转移知识，在不影响成本的情况下，企业往往会选择更加合适的方式或者更加有效率的转移通道进行知识转移。适当的知识转移通道不仅可以保证知识转移过程中信息知识不会失真，保证所转移知识的质量，同时能够迎合知识发送方和接收方的转移通道更容易让发送方传递也更容易使得接收方吸收和应用知识。

苏卉（2008）、奥尔森和奥赖森（1999）等也都论证了合适的知识转移通道对于知识转移效果是至关重要的。疏礼兵（2006）借鉴国外众多学者的研究，将知识转移方式提炼为两种："文档传递"和"人际互动"，并编制了9个题项测量了知识转移机制，内部一致性分别达到0.851、0.759的水平。左美云、赵大丽等（2010）对知识转移方式机制的研究成果作了详细的总结，得出了60种知识转移的具体方式，并按知识属性和转移载体进行了分类。

本研究根据研究情境需要，在参考上述几位学者研究成果的基础上，设置"文档传递"、"人际互动"两个维度，选取并编制了4个题项作为对知识转移方式的测度，具体量表如表6-25所示。

表6-25　　　　　　　　　　知识转移方式的测量题项

	测量题项	参考来源
知识转移通道	1. 公司会将获取的知识以手册、文件等方式供员工参考	疏礼兵（2009） 左美云、赵大丽等（2011）
	2. 公司间、员工间经常通过电话或网络交流、传递信息或知识	
	3. 为获取某些知识公司会外派人员参加培训或参观学习	
	4. 公司经常与本地同行其他企业进行互访和面对面交流	

3. 联盟经历。联盟经历包括已有合作伙伴的关系和联盟管理的经验。企业自身的阅历以及知识不仅可以帮助企业开发潜在的知识，还能促进企业的知识转移。知识转移其实是一个持续积累的过程，企业在每一次知识转移之后适时地对知识转移过程及成果进行评估，并反馈到下一阶段的知识转移活动中去，从而保障下一阶段的知识转移工作有条不紊的展开。此外，企业之前的联盟经历可以让企业在加入新的联盟时具有更强的知识识别能力，能够很快识别和挖掘出自身的

知识缺口，并且迅速找出知识源企业；同时，有经验的企业善于利用各种方式来吸收知识，也善于利用多样方式来转移知识。因此，联盟的管理经验能有利于企业从伙伴那获取额外的知识。企业自身原有的联盟经验同样有助于提高企业对新的联盟经验的吸收。据此，本书用以下指标来考察集群企业联盟经历："公司曾经有过知识联盟经历或者跟集群内其他联盟伙伴有过合作经历。"

4. 产业集群发展阶段。本书依据张学华（2006）的观点，采用市场集中度作为划分集群发展阶段的标准。其计算公式为：

$$CR_n = \sum_{i=1}^{n} X_i / \sum_{i=1}^{N} X_i$$

其中，CR_n 表示产业中规模最大的前 n 位企业的产业集中程度（一般来说，n 在 4 到 8 之间，最常见的是 CR_4，测量市场或产业中最大的 4 个企业的资源份额）；X_i 为按照资源份额大小排列的第 i 位企业的生产额或销售额、资产额、职工人数。N 为市场上卖方（买方）企业数目，$\sum_{i=1}^{n} X_i$，表示前 n 位企业的生产额、销售额、资产额或职工人数之和。CR_n 接近于 0 意味着最大的 n 个企业仅供应了市场很小的部分。相反地，CR_n 接近于 1 意味着非常高的集中程度。

第三节 数据处理

一、描述性统计分析

描述性数据分析是所有数据分析的基础，一方面要通过频率分析了解样本容量的结构；另一方面要检验数据的离散程度和分布形态，考察数据的可分析性和样本量是否充足。

本次问卷调查共发放问卷 410 份，收回 305 份，回收率为 74.39%。在回收的问卷中，剔除 17 份不符合条件或填答不完整的无效问卷，最后可用于分析的有效问卷为 288 份，问卷的有效率为 70.24%。本研究大样本回收的问卷所涉及的 305 个本地集群企业中，从地域来看，福建省的企业有 158 家，江西省的企业有 44 家，浙江省的企业有 103 家。从行业来看，纺织服装类集群企业有 112 家，约占总样本的 37%；制鞋业集群企业 84 家，约占总样本的 28%；箱包类集群企业 47 家，占总样本的约 15%；制伞业集群企业 28 家，约占总样本的 9%；玩具集群企业 23 家，约占总样本的 8%；其他集群企业 11 家，约占总样本的 3%。

关于样本企业基本情况的描述性统计如表 6-26 所示。

表 6 – 26　　　　　　　　　　　　　样本企业的基本情况统计

	被调查企业基本情况	频数	百分百（%）
地域	福建省	158	52
	江西省	44	14
	浙江省	103	34
行业	纺织服装业	112	37
	制鞋业	84	28
	箱包业	47	15
	制伞业	28	9
	玩具业	23	8
	其他行业（电子业、建材陶瓷业）	11	3
企业人员规模	100 人以下	79	26
	100 ~ 250 人	102	33
	250 ~ 500 人	63	20
	500 ~ 1000 人	49	16
	1000 ~ 2500 人	12	5
企业性质	国有独资及国有控股企业	24	8
	集体企业	27	9
	私营企业	125	41
	其他有限责任公司	42	14
	其他股份制企业	27	9
	中外合资企业	37	12
	外商独资企业	21	7
被调查者职位	主管	107	35
	董事长	40	13
	总经理	64	21
	部门经理	67	22
	其他	27	9
企业年限	3 年以下	146	48
	4 ~ 10 年	82	27
	11 ~ 20 年	64	21
	20 年以上	12	4

二、数据的正态性检验

首先对数据进行正态性分析，数据的分布情况是数据是否适于研究的重要因素，学者一般通过考察平均值（Mean）、中位数（Median）、峰度（Kurtosis）以及偏度（Skewness）四个指标，若平均值和中位数比较接近，且峰度和偏度的绝对值分别小于 5 和 2，则认为该数据基本符合正态分布。考察所获得的正态性检验表格，结合正态性检验标准发现，所收集的数据均较好地服从正态分布。本研究中的 56 个题项的平均分如表 6-27 所示各题项的平均值从 3.58 到 5.51 不等，没有出现偏向一端的现象，所以本研究调研问卷设计的题项品质较好。可以进行下一步操作。

表 6-27　　　　　　　　　　小样本数据的描述性统计与正态性分布

题项	N	极小值	极大值	均值	标准差	偏度		峰度	
	统计量	统计量	统计量	统计量	统计量	统计量	标准误	统计量	标准误
1-1	288	1.00	5.00	4.025	0.901	-1.394	0.170	-1.394	0.170
1-2	288	1.00	5.00	4.005	0.879	-0.975	0.170	-0.975	0.170
1-3	288	1.00	5.00	3.627	0.835	-0.385	0.170	-0.385	0.170
2-1	288	1.00	5.00	3.946	0.927	-1.092	0.170	-1.092	0.170
2-2	288	1.00	5.00	3.632	0.935	-0.628	0.170	-0.628	0.170
2-3	288	1.00	5.00	3.358	0.839	-0.554	0.170	-0.554	0.170
3-1	288	1.00	5.00	3.284	0.897	-0.428	0.170	-0.428	0.170
3-2	288	1.00	5.00	3.167	0.801	-0.078	0.170	-0.078	0.170
3-3	288	1.00	5.00	2.828	0.772	-0.083	0.170	-0.083	0.170
4-1	288	1.00	5.00	2.745	0.833	0.095	0.170	0.095	0.170
4-2	288	1.00	5.00	2.716	0.835	-0.091	0.170	-0.091	0.170
4-3	288	1.00	4.00	2.515	0.797	-0.314	0.170	-0.314	0.170
5-1	288	1.00	5.00	2.466	0.879	0.084	0.170	0.084	0.170
5-2	288	1.00	5.00	3.167	0.921	-0.109	0.170	-0.109	0.170
5-3	288	1.00	5.00	3.147	0.966	-0.200	0.170	-0.200	0.170
6-1	288	1.00	5.00	3.319	0.968	-0.216	0.170	-0.216	0.170
6-2	288	1.00	5.00	3.338	0.835	-0.552	0.170	-0.552	0.170
6-3	288	1.00	5.00	3.211	0.915	-0.392	0.170	-0.392	0.170
7-1	288	1.00	5.00	2.412	0.811	0.177	0.170	0.177	0.170

续表

题项	N	极小值	极大值	均值	标准差	偏度		峰度	
	统计量	统计量	统计量	统计量	统计量	统计量	标准误	统计量	标准误
7－2	288	1.00	5.00	2.956	0.878	－0.222	0.170	－0.222	0.170
7－3	288	1.00	5.00	2.466	0.839	0.059	0.170	0.059	0.170
8－1	288	1.00	5.00	2.730	0.763	－0.307	0.170	－0.307	0.170
8－2	288	1.00	5.00	3.034	0.697	0.305	0.170	0.305	0.170
8－3	288	1.00	5.00	2.980	0.651	－0.198	0.170	－0.198	0.170
8－4	288	1.00	5.00	3.010	0.658	－0.115	0.170	－0.115	0.170
9－1	288	1.00	5.00	3.260	0.834	－0.314	0.170	－0.314	0.170
9－2	288	1.00	5.00	4.025	0.901	－1.394	0.170	－1.394	0.170
9－3	288	1.00	5.00	4.005	0.879	－0.975	0.170	－0.975	0.170
10－1	288	1.00	5.00	3.627	0.835	－0.385	0.170	－0.385	0.170
10－2	288	1.00	5.00	3.946	0.927	－1.092	0.170	－1.092	0.170
10－3	288	1.00	5.00	3.632	0.935	－0.628	0.170	－0.628	0.170
11－1	288	1.00	5.00	3.358	0.839	－0.554	0.170	－0.554	0.170
11－2	288	1.00	5.00	3.284	0.897	－0.428	0.170	－0.428	0.170
11－3	288	1.00	5.00	3.167	0.801	－0.078	0.170	－0.078	0.170
12－1	288	1.00	5.00	2.828	0.772	－0.083	0.170	－0.083	0.170
12－2	288	1.00	5.00	2.745	0.833	0.095	0.170	0.095	0.170
13－1	288	1.00	5.00	2.716	0.835	－0.091	0.170	－0.091	0.170
13－2	288	1.00	5.00	2.515	0.797	－0.314	0.170	－0.314	0.170
14－1	288	1.00	5.00	2.466	0.879	0.084	0.170	0.084	0.170
14－2	288	1.00	5.00	3.167	0.921	－0.109	0.170	－0.109	0.170
14－3	288	1.00	5.00	3.147	0.966	－0.200	0.170	－0.200	0.170
15－1	288	1.00	5.00	3.319	0.968	－0.216	0.170	－0.216	0.170
15－2	288	1.00	5.00	3.338	0.835	－0.552	0.170	－0.552	0.170
15－3	288	1.00	5.00	3.211	0.915	－0.392	0.170	－0.392	0.170
16－1	288	1.00	5.00	2.412	0.811	0.177	0.170	0.177	0.170
16－2	288	1.00	5.00	2.956	0.878	－0.222	0.170	－0.222	0.170
16－3	288	1.00	5.00	2.466	0.839	0.059	0.170	0.059	0.170
16－4	288	1.00	5.00	2.730	0.763	－0.307	0.170	－0.307	0.170
17－1	288	1.00	5.00	3.034	0.697	0.305	0.170	0.305	0.170
17－2	288	1.00	5.00	2.980	0.651	－0.198	0.170	－0.198	0.170

续表

题项	N	极小值	极大值	均值	标准差	偏度		峰度	
	统计量	统计量	统计量	统计量	统计量	统计量	标准误	统计量	标准误
17－3	288	1.00	5.00	3.010	0.658	－0.115	0.170	－0.115	0.170
17－4	288	1.00	5.00	3.260	0.834	－0.314	0.170	－0.314	0.170
18－1	288	1.00	5.00	4.025	0.901	－1.394	0.170	－1.394	0.170
18－2	288	1.00	5.00	4.005	0.879	－0.975	0.170	－0.975	0.170
18－3	288	1.00	5.00	3.627	0.835	－0.385	0.170	－0.385	0.170
18－4	288	1.00	5.00	3.946	0.927	－1.092	0.170	－1.092	0.170

三、样本信度检验

信度分析（Reliability Analysis）：又称可靠性分析，是为研究问卷测量题项的稳定性和一致性，表征了一组数据是否比较稳定地描述同一个概念。衡量信度的方法包括了重测信度、折半信度等，但这些方法在实际测试时可行性不高，因此本研究将利用SPSS19.0统计软件，采用克隆巴赫系数（Cronbach's Alpha）来检验题项的信度，克隆巴赫系数在社会科学研究中得到了相当普遍的应用，是学者们公认的信度检验指标。

对各变量的大样本调研数据进行信度分析，检验数据的可靠性，结果如表6－28所示，各测量因子的信度水平Cronbach's Alpha值均大于0.60的可接受水平，其中除了模糊性、嵌入性、知识转移环境和知识转移通道4个分量表的内部一致性介于0.60至0.70之间外，其他12个分量表的内部一致性都在0.70以上，说明大样本调研数据的内部一致性较好，问卷具有较高的可靠性，符合研究的要求，可以作进一步的样本分析。

表6－28　　　　　信度分析结果

变 量	测量题项（序号）	Cronbach's Alpha
知识特性	1至3	0.699
内隐性	1－1、1－2、1－3	0.852
模糊性	2－1、2－2、2－3	0.655
嵌入性	3－1、3－2、3－3	0.647
知识发送方	4至6	0.810
转移意愿	4－4、4－2、4－3	0.822

续表

变 量	测量题项（序号）	Cronbach's Alpha
转移能力	5－1、5－2、5－3	0.807
激励机制	6－1、6－2、6－3	0.814
知识接收方	7 至 9	0.861
吸收意愿	7－1、7－2、7－3	0.813
吸收能力	8－1、8－2、8－3、8－4	0.711
知识挖掘能力	9－1、9－2、9－3	0.739
企业间关系特性	10 至 15	0.775
信任程度	10－1、10－2、10－3	0.732
沟通程度	11－1、11－2、11－3	0.772
文化差异	12－1、12－2	0.760
知识差异	13－1、13－2	0.819
组织差异	14－1、14－2、14－3	0.754
管理模式差异	15－1、15－2、15－3	0.807
集群情境特性	16 至 17	0.785
知识转移环境	16－1、16－2、16－3、16－4	0.608
知识转移通道	17－1、17－2、17－3、17－4	0.699
知识转移绩效	18	0.832

四、样本效度检验

效度是衡量问卷所用的量表能真正测量研究所需内容的程度。效度主要包括表面效度（Face Validity）、效标效度（Criterion Validity）、内容效度（Content Validity）和建构效度（Construct Validity）。表面效度是指从题目（文字）表面是否容易看出该题项所测量的内容（潜变量）；效标效度是指该测量（题项）是否能和所测内容一样与其他概念进行相关；内容效度是指测量题项对有关内容范围取样的适当性；而建构效度是指量表所能正确测量指定内容的能力。在实证研究中，研究人员一般只考察内容效度和建构效度。由于本书采用的量表均来自国内外已有研究成果，已有较好的内容效度，故不再进行内容效度分析；而量表的建构效度分析一般在实证研究中主要通过因子分析进行。建构效度包括聚合效度（Convergent Validity）以及区分效度（Discriminant Validity），聚合效度是指同一个因子下的测量指标之间的关联度，而区分效度则是指不同因子（包括测量体系内部和外部）测量指标之间的"不关联程度"。一个测量模型应该同时有较好的聚合效度和区分效度。一般而言，聚合效度和区分效度可通过考察因子载荷（Loadings）、潜变量相关系数矩阵和 AVE 值（Average Variance Extracted）进行检验，也可以简单地通过考察模型拟合度指标进行检验。AVE 大于 0.5，说明测量指标的解释力超过其误差方差，各变量的测量有足够的收敛效度。

另外，对建构效度的测量还可以采用主成分分析法（Principal Component），并选择最大方差旋转法，得到各题项在所提取得到的因子上的负荷来判定收敛效度和区分效度。每个因子所对应的题项在该因子上的负荷都大于 0.7，说明具有较好的收敛效度；而某一因子所对应的题项在其他因子上的负荷都很小，说明具有较好的区分效度。

五、单因素方差分析

本部分主要是采用单因素方差分析来测试"联盟形式"、"联盟经历"以及"集群发展阶段"三个变量是否影响知识转移效果，以验证假设 H13、H24、H25。

（一）联盟形式对于知识转移效果的单因素分析

本文将知识联盟形式分为契约型和股权型两个类型，通过 SPSS18.0 得到的方差分析的结果如表 6-29 所示。

表 6-29（a）   方差齐性检验

Levene 统计量	df1	df2	显著性
1.071	1	286	0.304

表 6-29（b）   **ANOVA**

	平方和	df	均方	F	显著性
组间	31.055	1	31.055	5.125	0.008
组内	1733.020	286	6.059		
总数	1764.075	287			

表 6-29（a）的结果显示，在联盟形式的方差分析中，知识转移效果的方差齐性概率 P 为 0.304，显著大于 0.05，接受了方差齐性的假设，即在联盟形式不同条件下各影响因素的总体方差是相等的，满足方差检验的条件。

表 6 – 29（b）的结果显示，知识转移效果所得的 F 统计量的观测值为 5.125，其对应的概率 P 值为 0.008，在默认显著水平为 0.05 的前提下，由于 F 统计量的观测值明显大于 P 值，那么可以拒绝组间均值相等的假设，也就是说不同联盟形式下知识转移效果具有显著区别。因此，假设 H13 得到验证。

（二）联盟经历对于知识转移效果的单因素分析

本书把集群企业分为有联盟经历和没有联盟经历，并提出假设 H24。通过 SPSS18.0 得到的方差分析的结果，如表 6 – 30 所示。

表 6 – 30（a）　　　　　　　　　方差齐性检验

Levene 统计量	df1	df2	显著性
1.330	1	286	0.250

表 6 – 30（b）　　　　　　　　　**ANOVA**

	平方和	df	均方	F	显著性
组间	45.550	1	45.550	5.931	0.001
组内	2196.476	286	7.679		
总数	2242.026	287			

表 6 – 30（a）的结果显示，在联盟经历的方差分析中，知识转移效果的方差齐性概率 P 为 0.250，显著大于 0.05，接受了方差齐性的假设，即在联盟经历不同条件下各影响因素的总体方差是相等的，满足方差检验的条件。

由表 6 – 30（b）的结果显示，知识转移效果所得的 F 统计量的观测值为 5.931，在默认显著水平为 0.05 的前提下，由于 F 统计量的观测值明显大于 P 值，那么可以拒绝组间均值相等的假设，也就是说不同联盟经历下知识转移效果具有显著区别。因此，假设 H24 得到验证。

（三）产业发展阶段对于知识转移效果的单因素分析

本书将产业发展阶段分为四个类型，通过 SPSS18.0 得到的方差分析的结果如表 6 – 31 所示。

表 6 – 31（a）　　　　　　　　　方差齐性检验

Levene 统计量	df1	df2	显著性
1.929	4	283	0.132

表6-31（b）   ANOVA

	平方和	df	均方	F	显著性
组间	5.692	4	1.423	1.821	0.109
组内	221.023	283	0.781		
总数	226.715	287			

表6-31（a）的结果显示，在业务转型企业新旧业务并存期的方差分析中，知识转移效果的方差齐性概率 P 为0.132，显著大于0.05，接受了方差齐性的假设，即在产业发展阶段不同下各影响因素的总体方差是相等的，满足方差检验的条件。表6-31（b）的结果显示，知识转移效果所得的 F 统计量的观测值为1.821，在默认显著水平为0.05的前提下，其对应的概率 P 值为0.109显著的大于 F 观测值，那么可以接受组间均值相等的假设，也就是说产业集群的不同发展阶段的知识转移效果没有显著区别。因此，假设 H25 没有通过验证。

第四节　结构模型检验与结果

一、验证性因子分析

结构方程模型源自于上面提到的因子分析和回归分析，虽然因子分析方法的提出与广泛运用最早可以追溯到20世纪初，且怀特（Wright）也已经于1918年将回归分析扩大到多重联立方程式的估计，从而正式将回归分析提升到路径模型（Path Model）的层次，但是直到1973年约斯柯格（Joreskog）利用数学矩阵的分析方法整合两种分析范式，开发出线性结构关系模型（Linear Structural Relationship Model, LISREL），结构方程模型的研究和应用才正式开启。结构方程模型主要由测量模型（Measure Model）和结构方程（Equation of Structure）两部分组成。前者相当于一个验证性因子分析，旨在验证模型中潜在变量反映观察变量的能力；后者则对应回归分析，验证潜在变量之间的关系，一般用于检验研究的假设是否得到数据支持。目前而言，相比于其他研究方法，基于因子分析和回归分析的结构方程模型没有严格的假定条件限制，允许自变量和因变量存在测量误差，并且可以分析潜在的变量之间的结构关系。

验证性因子分析旨在检验数据对测量理论模型的拟合优度，对拟合优度的考查可借用很多种指标。但实际研究中考察模型是否拟合的判断依据主要有 χ^2/df、近似误差均方根（Root Mean Square Error of Approximation, RMSEA）、SRMR

（Standardized Root Mean Square Residual）、比较拟合指数（Comparative Fit Index，CFI）、增量拟合指数（Incremental Fit Index，IFI）、拟合优度指标（Goodness-of-Fit，GFI）、调整拟合优度（Adjusted Goodness-of-Fit Index，AGFI）和规范拟合指数（Normal Fix Index，NFI）等。

不同指标解释模型拟合度的不同方面，其中 χ^2/df 总体表征检验实际分布与理论分布（期望分布）之间是否存在显著差异，数值越小越好；RMSEA 解释了模型拟合程度，SRMR 表示模型估计相关系数（Correlation）和样本数据实际相关系数之间的标准差，两者都越小越好，一般认为低于 0.08 时，说明模型的拟合较理想。CFI、IFI、NFI 指数表示模型与协方差矩阵的拟合程度，数值越接近 1 越好，当这些指标值都大于 0.9 时，表示数据支持假设，大于 0.95 则表示拟合非常好，具有较好的建构效度。此外，具体到各个路径，结合侯杰泰（2004）和坦巴克尼克（Tabachnick，2007）等的观点，若路径在 95% 的置信水平下的 t 值绝对值大于 2，且标准化路径系数（或称"因子载荷"）大于 0.55，便可判定模型数据的收敛效度良好。GFI 和 AGFI 则表示自变量对因变量的解释程度，指标越大说明解释程度越高，由于验证性因子分析中不涉及因变量和自变量，故在此不作考虑。

（一）知识特性的 CFA

在知识特性的验证性因子分析中，包括内隐性、模糊性、嵌入性 3 个潜变量的 9 个观测变量，潜在变量与观测变量之间的关系由前面变量设计可知。运行 AMOS 软件对模型进行拟合分析，其结果如表 6 – 32 所示。初始模型拟合指数中的 $P < 0.05$，而且指数 RMSEA > 0.05，AGFI 和 NFI 都小于 0.9，说明模型拟合还不够理想，尚需要改进。根据 AMOS 软件输出报表显示，题项 2 – 2 到 3 – 2 有修正的空间，而且知识模糊性和知识的嵌入性之间有一定的相关，所以在 2 – 2 与 3 – 2 之间建立测量误差间的共变关系不违背实际情况。

表 6 – 32 知识属性验证性因子分析的拟合检验

	χ^2	χ^2/df	P	RMSEA	GFI	AGFI	NFI	CFI	PGFI
初始值	71.28	2.97	0.013	0.095	0.908	0.862	0.873	0.902	0.54
修正 1	55.44	2.52	0.065	0.083	0.91	0.881	0.901	0.90	0.59
修正 2	43.26	2.06	0.114	0.077	0.93	0.89	0.913	0.92	0.61

修正后的拟合指数如表 6 – 32 中的修正 1 所示，结果表明 $\chi^2/df < 2$、$P > 0.05$，但是 RMSEA 仍大于 0.05，模型的拟合也还不够理想，而且 AGFI 也小于 0.9，所以继续对模型进行修正。根据 AMOS 软件输出报表显示，题项 1 – 2 到

3-1 有修正的空间，而且知识内隐性和知识的嵌入性之间有一定的相关，所以在 1-2 与 3-1 之间建立测量误差间的共变关系不违背实际情况。修正后的模型拟合情况如修正 2 所示，拟合指数除 AGFI 外都达到理想值，所以修正后的假设模型与样本数据的拟合程度较好，比初始模型有了很大的改善。修正后的模型各测量变量与潜在变量间的标准化因子载荷如图 6-9 所示。

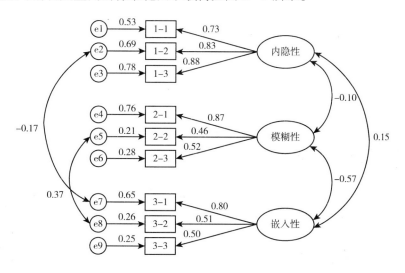

图 6-9　知识属性的验证性因子分析

（二）知识发送方因素的 CFA

在知识发送方的验证性因子分子中，包括转移意愿、转移能力、激励机制 3 个潜变量的 9 个观测变量。潜变量与观测变量的关系由前面变量测量设计可知。运用 AMOS 软件对模型进行拟合分析，其结果如表 6-33 所示。初始假设模型的拟合指数中，$\chi^2/df < 2$，但是 $P < 0.05$，RMSEA 大于 0.05，而且 AGFI 也小于 0.9，说明模型拟合情况不够理想，尚需要改进。根据 AMOS 软件输出报表显示，题项 4-2 到 5-1、4-2 到 6-1 有修正的空间，而且知识转移意愿与转移能力之间有一定的相关，转移意愿与激励机制又是相互影响的，所以在 4-2 与 5-1、4-2 与 6-1 之间建立测量误差间的共变关系不违背实际情况。

表 6-33　　　　　知识发送方验证性因子分析的拟合检验

	χ^2	χ^2/df	P	RMSEA	GFI	AGFI	NFI	CFI	PGFI
初始值	25.09	1.93	0.023	0.085	0.944	0.879	0.923	0.938	0.55
修正 1	20.79	1.89	0.057	0.071	0.955	0.90	0.93	0.941	0.53

修正后的拟合指数如表 6 – 33 的修正 1 所示，$\chi^2/df < 2$，$P > 0.05$，但是 RMSEA $= 0.071 > 0.5$，而其他几个指数都符合要求，布朗和库代克（Browne & Cudeck，1993）认为，$0.05 < $ RMSEA < 0.08 时，表示模型拟合良好，是合理拟合（good fit），所以此处仍可接受 0.072 的指数值。修正后的模型各测量变量与潜在变量间的标准化因子载荷如图 6 – 10 所示。

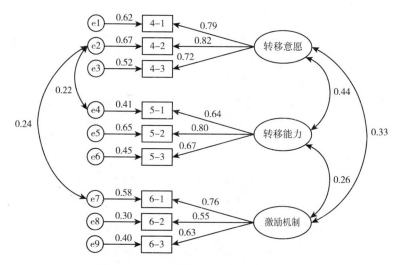

图 6 – 10　知识发送方的验证性因子分析

（三）知识接收因素的 CFA

在知识接收方的验证性因子分析中，包括吸收意愿、吸收能力、知识挖掘能力等 3 个潜变量的 10 个观测变量。潜变量与观测变量的关系由前面的变量设计可知。运用 AMOS 软件对模型进行拟合分析，其结果如表 6 – 34 所示。初始模型拟合指数中 $P = 0.38 < 0.05$，拟合指数 $\chi^2/df > 2$，RMSEA $= 0.084 > 0.08$，AGFI 和 NFI 都小于 0.9，说明模型还不够理想，尚需要改进。根据 AMOS 软件输出报表显示，题项 8 – 1 到 9 – 1 有修正的空间，而且吸收能力和知识挖掘能力之间有一定的相关，所以在 8 – 1 与 9 – 1 之间建立测量误差间的共变关系不违背实际情况。

表 6 – 34　　　　　　　知识接收方验证性因子分析的拟合检验

	χ^2	χ^2/df	P	RMSEA	GFI	AGFI	NFI	CFI	PGFI
初始值	144.33	2.83	0.038	0.084	0.910	0.857	0.876	0.902	0.536
修正 1	94.56	1.97	0.105	0.055	0.930	0.887	0.901	0.927	0.582

修正后的拟合指数如表 6 - 34 中的修正 1 所示，修正后的结果表明 $\chi^2/df <$ 2，$P > 0.05$，RMSEA 小于 0.08 接近 0.05，修正后的模型中 AGFI 指数虽然仍小于 0.90，但是其他各指数均符合要求，总体上比初始模型有了很大的改善。修正后的假设模型各测量变量与潜在变量间的标准化因子载荷如图 6 - 11 所示。

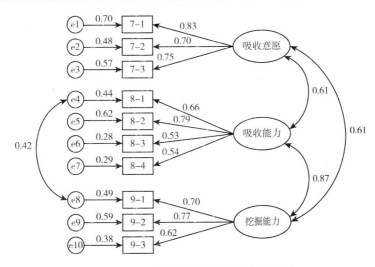

图 6 - 11   知识接收方的验证性因子分析

（四）企业间关系特性的 CFA

在企业关系特性的验证性因子分析中，包括信任程度、沟通程度、文化差异、知识差异、组织差异和管理模式差异 6 个潜变量的 16 个观测变量。潜变量与观测变量的关系由前面的变量设计可知。运用 AMOS 软件对模型进行拟合分析，其结果如表 6 - 35 所示。初始假设模型的拟合指数中，$\chi^2/df < 3$，但是模型绝对拟合指数 $P = 0.042 < 0.05$，RMSEA $= 0.083 > 0.08$，说明模型还不够理想，尚需要改进。根据 AMOS 软件输出报表显示，题项 10 - 2 到 15 - 1 有修正的空间，而且信任程度和管理模式差异之间有一定的相关，所以在 10 - 2 与 15 - 1 之间建立测量误差间的共变关系不违背实际情况。

表 6 - 35   企业间关系特性验证性因子分析的拟合检验

	χ^2	χ^2/df	P	RMSEA	GFI	AGFI	NFI	CFI	PGFI
初始值	220.11	2.53	0.042	0.083	0.913	0.872	0.917	0.920	0.539
修正 1	188.32	2.14	0.136	0.075	0.924	0.892	0.923	0.932	0.541
修正 2	175.775	1.975	0.231	0.047	0.940	0.907	0.935	0.936	0.562

修正后的拟合指数如表 6 - 35 中的修正 1 所示，$\chi^2/df = 2.14 < 3$，$P = 1.36 > 0.05$，RMSEA $= 0.075 < 0.08$，根据 AMOS 软件输出报表显示，题项 11 - 2 到 14 - 1 有修正的空间，而且沟通程度和组织差异之间有一定的相关，所以在 11 - 2 与 14 - 1 之间建立测量误差间的共变关系不违背实际情况。两次修正后的模型与样本数据拟合较好，绝对拟合指数都达到非常好的拟合状态，其他增值拟合指数也都大于 0.90。修正后的模型各测量变量与潜在变量间的标准化因子载荷如图 6 - 12 所示。

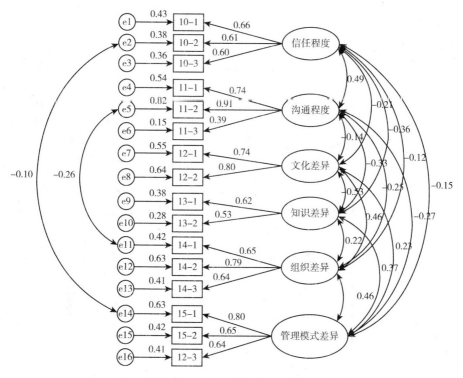

图 6 - 12　企业间关系特性的验证性因子分析

（五）集群情境特性与知识转移效果的 CFA

在集群情境特性与知识转移效果的验证性因子分析中，包括知识转移环境、知识转移通道、知识转移效果 3 个潜变量的 12 个观测变量。潜变量与观测变量的关系由前面的变量设计可知。运用 AMOS 软件对模型进行拟合分析，其结果如表 6 - 36 所示。初始假设模型的拟合指数中，$P < 0.05$，AGFI、NFI 也都小于 0.9 的临界值，说明模型还不够理想，尚需要改进。根据 AMOS 软件输出报表显示，题项 17 - 3 到 18 - 1 有修正的空间，而且知识转移通道和知识转移效果之间

有一定的相关，所以在17-3与18-1之间建立测量误差间的共变关系不违背实际情况。修正后的拟合指数如表6-36中的修正1所示，只有AGFI仍小于临界值0.9，此时模型还有改进的空间。根据AMOS软件输出报表显示，题项16-3到18-1有修正的空间，而且知识转移环境和知识转移效果之间有一定的相关，所以在16-3与18-1之间建立测量误差间的共变关系不违背实际情况。

表6-36　　　集群情境特性和知识转移效果验证性因子分析的拟合检验

	χ^2	χ^2/df	P	RMSEA	GFI	AGFI	NFI	CFI	PGFI
初始值	105.51	1.79	0.047	0.085	0.901	0.873	0.882	0.941	0.562
修正1	91.28	1.63	0.068	0.062	0.920	0.881	0.910	0.925	0.551
修正2	89.49	1.57	0.081	0.047	0.941	0.901	0.946	0.956	0.563

修正后拟合可达到 $\chi^2/df < 2$，$P = 0.81 > 0.05$，RMSEA $= 0.047 < 0.05$ 的水平，所以选择二次修正2后的模型作为验证性因子分析的模型。修正后的模型各测量变量与潜在变量间的标准化因子载荷如图6-13所示。

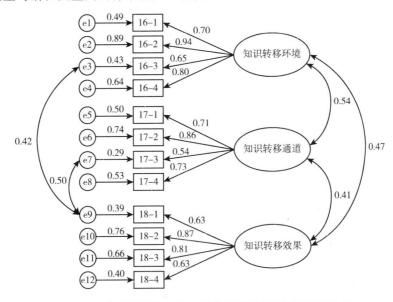

图6-13　集群情境特性和知识转移效果的验证性因子分析

二、模型检验与修正

（一）知识特性对知识转移效果影响的模型分析

根据前面研究的初始假设H1、H2、H3，知识特性因素中的"内隐性"、

"模糊性"、"嵌入性"3个潜在变量与知识转移绩效之间呈负相关关系，将这3个潜在变量作为解释变量，知识转移效果作为被解释变量。

运用统计软件 AMOS 18.0 导入样本数据后对理论模型的相关参数进行估计，根据运行结果中输出报表提供的建议信息对模型进行修正，添加了部分题项误差变量间的共变关系，模型最终的拟合程度情况如表 6-37 所示，除 AGFI、NFI 外，其他指数均接近临界值0.9，所以模型与样本数据契合程度可以接受，并作进一步分析。

表6-37　　　　　　知识特性对知识转移效果影响模型的拟合检验

	χ^2	χ^2/df	P	RMSEA	GFI	AGFI	NFI	CFI	PGFI
初始	220.4	2.32	0.051	0.082	0.904	0.841	0.872	0.910	0.550
修正后	170.88	1.92	0.098	0.076	0.920	0.880	0.890	0.913	0.561

修正后得到的知识特性对知识转移效果影响的标准化系数路径如图 6-14 所示。

表 6-38 给出了修正后结构方程模型中解释变量与被解释变量之间路径系数标准化估计、临界比（C.R.）以及路径关系系数的显著性检验结果。

表6-38　　　　　　知识特性对知识转移效果影响模型的参数估计

被解释变量←解释变量			Std. Estimate	Estimate	S. E.	C. R.	P
知识转移效果	←	内隐性	-0.170	-0.108	0.044	-2.437	0.015
知识转移效果	←	模糊性	-0.360	-0.196	0.064	-3.078	0.002
知识转移效果	←	嵌入性	-0.744	-0.535	0.099	-5.409	***

如实证模型图和表 6-38 所示，知识内隐性与知识转移效果之间路径系数的标准化估计值为 -0.170，而且临界比为 -2.437，显著性概率 $P=0.015<0.05$；知识模糊性与知识转移效果之间路径系数的标准化估计值为 -0.360，而且临界比为 -3.078，绝对值大于 1.96，显著性概率 $P=0.002<0.05$；知识嵌入性与知识转移效果之间路径系数的标准化估计值为 -0.744，而且临界比为 -5.409，绝对值大于 1.96。可见，各假设都达到显著，且方向与初始假设一致。因此假设 H1、H2、H3 均通过了验证。

总体而言，知识特性对知识转移效果的影响关系假设均获得了支持，验证结果与初始模型假设相同，且显著性水平较高。

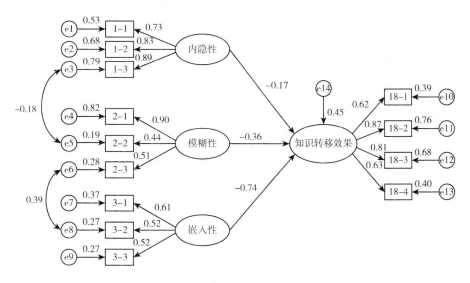

图6-14　知识特性对知识转移效果影响模型的软件运行图

（二）知识发送方对知识转移效果影响的模型分析

根据初始研究假设 H4、H5、H6、H7，知识发送方因素中的"转移意愿"、"转移能力"、"激励机制"三个潜在变量与"知识转移效果"之间呈正相关关系，而且激励机制与转移意愿之间呈正相关关系，即激励机制对知识转移效果不仅有直接作用，也会通过转移意愿的中介起到间接作用，将这三个潜在变量作为解释变量，知识转移效果作为被解释变量，激励机制作为外在潜变量、转移意愿作为内在潜变量。

运用统计软件 AMOS 18.0 导入样本数据后对理论模型的相关参数进行估计，根据运行结果中输出报表提供的建议信息对模型进行修正，建立3个误差项之间的共变关系，调整前后模型的拟合程度情况如表6-39所示，调整后模型的拟合指数有较好的效果，模型与样本数据契合程度可以接受，可作进一步分析。

表6-39　　　　　知识发送方因素对知识转移效果影响模型的拟合检验

	χ^2	χ^2/df	P	RMSEA	GFI	AGFI	NFI	CFI	PGFI
初始	181.44	2.52	0.048	0.087	0.894	0.847	0.874	0.910	0.517
修正后	145.39	2.17	0.147	0.074	0.912	0.883	0.892	0.923	0.549

修正后得到的知识发送方因素对知识转移效果影响的标准化系数路径如图 6－15 所示。

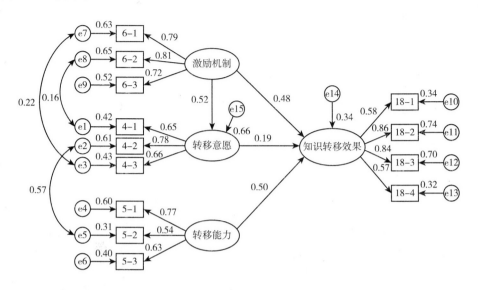

图 6－15 知识发送方因素对知识转移效果影响模型的软件运行

表 6－40 给出了修正后结构方程模型中解释变量与被解释变量之间标准路径系数、临界比（C. R.）以及路径关系系数的显著性检验结果。

表 6－40　　　　　知识发送方因素对知识转移效果影响模型的参数估计

被解释变量←解释变量			Std. Estimate	Estimate	S. E.	C. R.	P
知识转移效果	←	转移意愿	0.191	0.085	0.039	2.151	0.031
知识转移效果	←	转移能力	0.503	0.453	0.079	5.729	***
知识转移效果	←	激励机制	0.482	0.576	0.124	4.627	***
转移意愿	←	激励机制	0.516	0.423	0.068	6.237	***

如实证模型图和表 6－40 所示，知识发送方转移意愿与知识转移效果之间路径系数的标准化估计值为 0.191，而且临界比为 2.151，绝对值大于 1.96，显著性概率 $P = 0.031 < 0.05$；知识发送方知识转移能力与知识转移效果之间路径系数的标准化估计值为 0.503，临界比为 5.729，绝对值大于 1.96；知识发送方激励机制与知识转移效果之间路径系数的标准化估计值为 0.482，临界比为 4.627，绝对值大于 1.96；知识发送方激励机制与知识转

移意愿之间路径系数的标准化估计值为 0.516，临界比为 6.237，绝对值大于 1.96。可见，各假设都达到显著，且方向与初始假设一致。因此假设 H4、H5、H6、H7 均通过了验证。

总体而言，知识发送方因素对知识转移效果的影响关系假设均获得了支持，验证结果与初始模型假设相同，且在不同程度上显著，其中知识发送方的知识转移能力对知识转移效果的影响较大，显著性水平也很高。

（三）知识接收方对知识转移效果影响的模型分析

根据前面研究的初始假设 H8、H9、H10、H11、H12、H13，知识接收方因素中的"吸收意愿"、"吸收能力"和"知识挖掘能力" 3 个潜在变量与知识转移效果之间呈正相关关系，而且激励机制与吸收意愿之间呈正相关关系，激励机制与挖掘能力呈正相关关系、知识挖掘能力与转移意愿呈正相关关系。将这 3 个潜在变量作为解释变量，知识转移效果作为被解释变量，激励机制、知识挖掘能力作为外在潜变量、转移意愿、吸收意愿、知识挖掘能力作为内在潜变量。

运用统计软件 AMOS 18.0 导入样本数据后对理论模型的相关参数进行估计，运行后的拟合结果如表 6 - 41 所示。

表 6 - 41　　　　　知识接收方因素对知识转移效果影响模型的拟合检验

	χ^2	df	χ^2/df	P	RMSEA	GFI	AGFI	NFI	CFI	PGFI
初始	358.56	144	2.49	0.049	0.081	0.892	0.851	0.874	0.901	0.561
修正后	285.6	136	2.10	0.061	0.074	0.915	0.883	0.892	0.914	0.586

初始模型中的拟合指数欠佳，但是模型有修正的空间，按照结果报表提供的修正信息和前文验证性因子分析时的结果，在相关题项的误差项之间建立共变关系，得到修正后的模型和相应的拟合指数有了较好的改善，绝对拟合指数 $P = 0.061 > 0.05$，RMSEA $= 0.074$ 大于 0.05 但是小于 0.08 的良好拟合界限，AGFI、NFI 没有达到临界值，但是比较接近 0.9，考虑到本假设模型中解释变量较多，且潜变量之间的关系相对复杂，所以本研究认为修正后的拟合程度可以接受，并作进一步分析。

修正后得到的知识接收因素对知识转移效果影响的标准化系数路径如图 6 - 16 所示。

表 6 - 42 给出了修正后结构方程模型中解释变量与被解释变量之间标准路径系数、临界比（C. R.）以及路径关系系数的显著性检验结果。

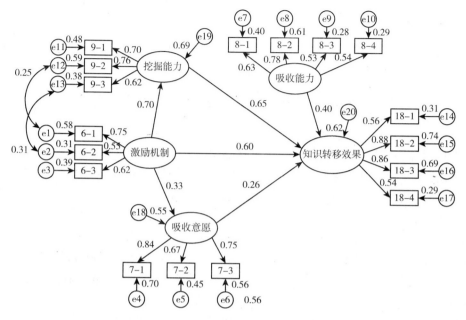

图6-16　知识接收方因素对知识转移效果影响模型的软件运行

表6-42　　　　知识接收方因素对知识转移效果影响模型的参数估计

被解释变量←解释变量			Std. Estimate	Estimate	S. E.	C. R.	P
知识转移效果	←	吸收意愿	0.258	0.414	0.194	2.129	0.033
知识转移效果	←	吸收能力	0.400	0.328	0.091	3.603	***
知识转移效果	←	挖掘能力	0.647	0.377	0.068	5.530	***
挖掘能力	←	激励机制	0.699	0.997	0.109	9.181	***
吸收意愿	←	激励机制	0.328	0.273	0.109	2.501	0.012
知识转移效果	←	激励机制	0.604	0.955	0.182	5.259	***

　　如实证模型图和表6-42所示，知识吸收意愿与知识转移效果之间路径系数的标准化估计值为0.258，临界比为2.129，大于临界值1.96，而且显著性概率 $P = 0.033 < 0.05$；激励机制与吸收意愿之间路径系数的标准化估计值为0.328，其临界比为2.501，大于1.96，显著性概率 $P < 0.05$；知识接收方的知识吸收能力与知识转移效果之间路径系数的标准化估计值为0.400，其临界比为3.603，大于1.96，显著性概率 $P < 0.001$；知识接收方的知识挖掘能力与知识转移效果之间路径系数的标准化估计值为0.647，其临界比为5.530，大于1.96，显著性概率 $P < 0.001$；激励机制与知识挖掘能力之间路径系数的标准化估计值为0.699，其临界比为9.181，大于1.96，显著性概率 $P < 0.00$。可见，各假设都

达到显著,且方向与初始假设一致。因此假设 H8、H9、H10、H11、H12、H13 均通过了验证。

总体而言,知识接收方因素对知识转移效果的影响关系假设均获得了支持,验证结果与初始模型假设相同,且在不同程度上显著。

(四) 企业间关系特性对知识转移效果影响的模型分析

前面研究的初始假设 H14、H15、H16、H17、H18、H19、H20、H21 中,企业间关系特性因素"信任程度"、"沟通程度"、"文化差异"、"知识差异"、"组织差异"和"管理模式差异" 6 个潜在变量与知识转移效果之间呈相关关系,其中"信任程度"、"沟通程度"与知识转移效果呈正相关,"文化差异"、"知识差异"、"组织差异"、"管理模式差异"与知识转移效果呈负相关。而且信任程度与沟通程度之间呈正相关关系,即信任程度对知识转移效果不仅有直接作用,也会通过沟通程度的中介起到间接作用,将这六个潜在变量作为解释变量,知识转移效果作为被解释变量,信任程度作为外在潜变量、沟通程度作为内在潜变量。

运用统计软件 AMOS 18.0 导入样本数据后对理论模型的相关参数进行估计,运行后的拟合结果如表 6-43 所示。

表 6-43　　企业间关系特性对知识转移效果直接影响模型的拟合检验

	χ^2	χ^2/df	P	RMSEA	GFI	AGFI	NFI	CFI	PGFI
初始	351.75	2.01	0.048	0.104	0.921	0.874	0.837	0.914	0.592
修正后	322.56	1.92	0.072	0.086	0.930	0.882	0.874	925	0.609

初始模型中的拟合指数欠佳,但是修正信息显示该模型有修正的空间,按照软件输出结果的文字报表和前面验证性因子分析时的结果,在相关题项的误差项之间建立共变关系,得到修正后的模型和相应的拟合指数有了一定的改善,绝对拟合指数 $P=0.072>0.05$,RMSEA $=0.086$ 大于 0.08 小于 0.1 的尚可范围,AGFI、NFI 没有达到临界值 0.9,但是比较接近,考虑到此假设模型中涉及的解释变量较多,且各个潜变量之间的关系相对复杂,本研究认为修正后的拟合程度可以接受,可以进行下一步的验证分析。

修正后得到的企业间关系特性对知识转移效果影响的标准化系数路径如图 6-17 所示。

表 6-44 给出了修正后结构方程模型中解释变量与被解释变量之间标准路径系数、临界比(C. R.)以及路径关系系数的显著性检验结果。

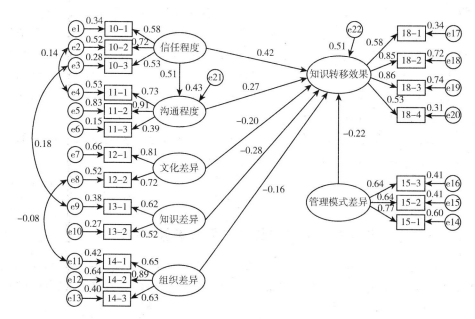

图6-17 知识接收方因素对知识转移效果影响模型的软件运行

表6-44 企业间关系特性对知识转移效果影响模型的参数估计

被解释变量←解释变量			Std. Estimate	Estimate	S. E.	C. R.	P
知识转移效果	←	沟通程度	0.269	0.230	0.074	3.121	0.002
沟通程度	←	信任程度	0.513	0.303	0.050	6.009	***
知识转移效果	←	信任程度	0.415	0.411	0.090	4.564	***
知识转移效果	←	知识差异	-0.281	-0.192	0.050	-3.853	***
知识转移效果	←	文化差异	-0.201	-0.181	0.062	-2.937	0.003
知识转移效果	←	组织差异	-0.161	-0.209	0.043	-4.860	***
知识转移效果	←	管理模式差异	-0.222	-0.221	0.074	-2.971	0.003

　　如实证模型图6-17和表6-44所示，信任程度与知识转移效果之间路径系数的标准化估计值为0.415，其临界比为4.564，大于1.96，显著性概率 $P <$ 0.001；沟通程度与知识转移效果之间路径系数的标准化估计值为0.269，其临界比为3.121，大于1.96，$P = 0.002 < 0.05$；信任程度与沟通程度之间路径系数的标准化估计值为0.513，其临界比为6.009，大于1.96，$P =$ <0.001；文化差异与知识转移效果之间路径系数的标准化估计值为-0.201，临界比为-2.937，

大于 1.96，显著性概率 $P = 0.003 < 0.01$；知识差异与知识转移效果之间路径系数的标准化估计值为 -0.281，临界比为 -3.853，大于 1.96，显著性概率 $P < 0.001$；组织差异与知识转移效果之间路径系数的标准化估计值为 -0.161，其临界比为 -4.860，大于 1.96，显著性概率 $P < 0.001$；管理模式差异与知识转移效果之间路径系数的标准化估计值为 -0.222，其临界比为 -2.971，大于 1.96，显著性 $P = 0.003 < 0.01$。

可见，各假设都达到显著，且方向与初始假设一致。因此假设 H14、H15、H16、H17、H18、H19、H20、H21 均通过了验证。

总体而言，企业间关系特性对知识转移效果的影响得到了支持，而且在不同程度上显著。

（五）集群情境特性对知识转移效果影响的模型分析

根据前文研究的初始假设 H22、H23，知识转移环境和知识转移通道与知识转移效果呈正相关。将该两个因素作为解释变量，知识转移效果作为被解释变量。

运用统计软件 AMOS 18.0 导入样本数据后对理论模型的相关参数进行估计，运行后的拟合结果如表 6－45 所示。

表 6－45　　　　　　　　　集群情境特性模型的拟合检验

	χ^2	χ^2/df	P	RMSEA	GFI	AGFI	NFI	CFI	PGFI
初始	93.084	2.909	0.047	0.082	0.938	0.893	0.913	0.940	0.546
修正后	65.163	2.172	0.069	0.064	0.958	0.922	0.939	0.966	0.522

初始模型中的拟合指数欠佳，$P = 0.047 < 0.05$，AGFI $= 0.8936 < 0.9$，结合软件输出结果的报表和前文验证性因子分析的结果，在相关题项的误差项之间建立共变关系，得到修正后的模型和相应的拟合指数有了一定的改善，绝对拟合指数 $P = 0.069 > 0.05$，RMSEA $= 0.064$，在大于 0.05 小于 0.08 的良好范围之内，其他指标都处于较好的拟合水平，所以本研究认为修正后的拟合程度可以接受，可以进行下一步的验证分析。

修正后得到的集群情境特性对知识转移效果影响标准化系数路径如图 6－18 所示。

表 6－46 给出了修正后结构方程模型中解释变量与被解释变量之间标准路径系数、临界比（C. R.）以及路径关系系数的显著性检验结果。

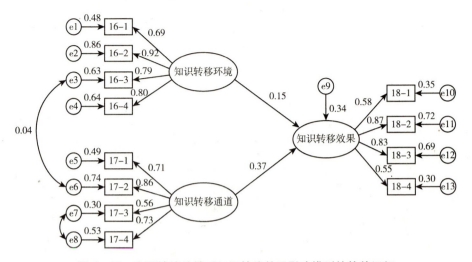

图 6-18 集群情境特性对知识转移效果影响模型的软件运行

表 6-46   集群情境特性模型的参数估计

被解释变量←解释变量			Std. Estimate	Estimate	S. E.	C. R.	P
知识转移效果	←	知识转移环境	0.147	0.122	0.059	2.075	0.038
知识转移效果	←	知识转移通道	0.373	0.245	0.063	3.895	***

    如实证模型图 6-18 和表 6-46 所示，知识转移环境与知识转移效果之间路径系数的标准化估计值为 0.147，知识转移通道与知识转移效果之间路径系数的标准化估计值为 0.373，均与原假设方向一致，且 P 值均满足显著性要求，因此假设 H22 和 H23 均通过验证。

    总体而言，集群情境特性对知识转移效果的影响得到了支持，而且在不同程度上显著。

三、结果汇总

    根据初始研究假设的先后顺序，将书中所有假设的内容、验证结果进行了汇总，如表 6-47 所示。模型拟合验证的结果表明：在 25 个二级初始假设中，未能通过验证的假设有 1 个，其他 24 个初始假设都在不同显著性程度获得了验证。

表 6 - 47　　　　　　　　　　全书假设与结论汇总

假设编号	假设描述	结论
H1	知识内隐性与集群企业知识联盟的知识转移效果呈负相关关系	支持
H2	知识模糊性与集群企业知识联盟的知识转移效果呈负相关关系	支持
H3	知识嵌入性与集群企业知识联盟的知识转移效果呈负相关关系	支持
H4	发送方转移意愿与集群企业知识联盟的知识转移效果呈正相关关系	支持
H5	发送方转移能力与集群企业知识联盟的知识转移效果呈正相关关系	支持
H6	激励机制与集群企业知识联盟的知识转移效果呈正相关关系	支持
H7	激励机制与发送方的转移意愿呈正相关关系	支持
H8	接收方吸收意愿与集群企业知识联盟的知识转移效果呈正相关关系	支持
H9	激励机制与接收方的吸收意愿呈正相关关系	支持
H10	接收方吸收能力与集群企业知识联盟的知识转移效果呈正相关关系	支持
H11	知识挖掘能力与集群企业知识联盟的知识转移效果呈正相关关系	支持
H12	激励机制与接收方的知识挖掘能力呈正相关关系	支持
H13	基于股权的联盟比基于契约的联盟更易于进行知识的转移	支持
H14	信任程度与集群企业知识联盟的知识转移效果呈正相关关系	支持
H15	信任程度与发送方的转移意愿呈正相关关系	支持
H16	沟通程度与集群企业知识联盟的知识转移效果呈正相关关系	支持
H17	信任程度与沟通程度呈正相关关系	支持
H18	文化差异与集群企业知识联盟的知识转移效果呈负相关关系	支持
H19	知识差异与集群企业知识联盟的知识转移效果呈倒 U 型曲线关系	支持
H20	组织差异与集群企业知识联盟的知识转移效果呈负相关关系	支持
H21	管理模式差异与集群企业知识联盟的知识转移效果呈负相关关系	支持
H22	知识转移环境与集群企业知识联盟的知识转移效果呈正相关关系	支持
H23	知识转移通道与集群企业知识联盟的知识转移效果呈正相关关系	支持
H24	联盟经历与集群企业知识联盟的知识转移效果呈正相关关系	支持
H25	产业集群发展阶段与集群企业知识联盟的知识转移效果呈正相关关系	不支持

第七章 联盟中知识转移效果的提升策略

第一节 联盟中知识转移影响因素的分析

通常，联盟的知识分散在各个不同组织中，知识所具有的隐性和异质性意味着获取相关知识并不是知识转移的充分条件，只有同时具备识别、解释、吸收和利用新知识的能力，才能达到知识的有效转移。知识转移过程中有多种因素共同影响这些能力。

一、影响因素的确定

根据第六章产业集群知识联盟影响因素的验证结果，本书提出了关于联盟中知识转移影响因素的分析模型。包括以下几个方面：联盟企业特性（知识接收方特性和知识发送方特性）、知识转移情境特性、联盟企业间的关系特性、知识特性，这些特性之中又同时包含各自具体的影响因素。其中知识发送方特性有：转移意愿（S_1）、转移能力（S_2）、激励机制（S_3）；知识接收方特性有：吸收意愿（S_4）、吸收能力（S_5）、知识挖掘能力（S_6）；知识联盟企业间的关系特性有：联盟形式（S_7）、信任程度（S_8）、沟通程度（S_9）、组织差异（S_{10}）、文化差异（S_{11}）、知识差异（S_{12}）、知识管理模式差异（S_{13}）；知识特性有：内隐性（S_{14}）、模糊性（S_{15}）、嵌入性（S_{16}）；知识转移情境特性有：知识转移环境（S_{17}）；知识转移通道（S_{18}）；联盟经历（S_{19}）。具体结构如图 7-1 所示。

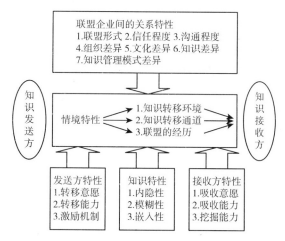

图 7 - 1 产业集群知识联盟成员间知识转移的影响

二、影响因素的分析

（一）知识发送方特性

知识发送方对组织间知识转移的影响因素主要有知识转移意愿、知识转移能力以及企业在知识转移与共享方面的激励机制。

1. 转移意愿。联盟成员知识转移的意愿也会影响知识转移，知识转移的效果通常由三方面共同决定：知识发送方是否愿意与他人共享知识；在多大程度上愿意与他人共享；对知识共享的投入。但是联盟"竞合"的特点与知识源转移意愿相矛盾，希望在共享知识、实现共同利益的前提下，又能保护自身的核心竞争能力，保证自己的竞争优势，由此增加了联盟中知识转移的困难程度。

2. 转移能力。知识转让方传递知识的能力（如编码能力、交往能力、语言表达能力等）会直接影响知识的转移成本和扩散速度，进而影响知识的有效使用规模。知识转让方应具备对自身知识的认知能力，尤其是在隐性知识方面。

3. 激励机制。一个企业的好的激励机制是非常重要的，它不仅能提高企业的学习能力，还能对知识转移效果产生有利的影响。一个企业如果积极地激励员工从企业外部获取知识，并给予其动力，那么知识转移和学习将会顺利进行。

（二）知识接收方特性

知识接收方主要通过知识吸收意愿、知识吸收能力、知识挖掘能力几个方面来影响知识转移能力。

1. 知识吸收意愿。这是从知识吸收的意识来探讨知识吸收意愿，即知识接收方是否有从知识发送方吸取知识源的明确意图以及知识接收方参与人主动吸收知识的能力的强弱。知识吸收意愿是组织间进行有效知识转移的前提。只有当向集群内联盟伙伴学习成为企业员工的一项自觉行为时，知识转移效果才会明显，才能有效地获取对方的隐性知识。只有当知识吸收方有强烈的意识主动吸收知识，知识转移才会容易进行。

2. 知识吸收能力。知识吸收能力代表了一个企业对外部知识的价值评估能力以及消化吸收和加以应用的能力。企业自身吸收知识的能力决定了企业能否有效地从集群联盟中获取知识。企业自身长期的经验累积是企业吸收能力高低的基础，这一性质决定了企业吸收能力有很强的路径依赖性。可以认为，企业现阶段的知识吸收能力来自企业前阶段的员工技能培训和研究开发积累。可见，知识接收方的吸收能力对知识转移的效果有显著的影响。组织的知识吸收能力越强，就能越好地理解、吸收并应用传输进来的知识，则知识越易在组织间转移。

3. 知识挖掘能力。知识挖掘能力指知识接收方有效挖掘知识源的能力，这种能力可以提高知识提供源转移知识的意愿，并且可以使知识以更加合理的形式和结构进行转移。因此，知识转移的难易程度取决于企业知识挖掘能力的大小。知识挖掘能力强的企业可以很好地将挖掘来的知识进行内化吸收，从而促进知识创新的实现，使得知识供应方更有转移知识的意愿。

（三）企业间的关系特性

1. 联盟形式。战略联盟可以分成股权型和契约型两种。联盟形式决定了联盟伙伴的知识互动程度和行为，进而影响组织挖掘及转移知识的能力。契约型联盟对专利、产品、制造等相关的外显知识的转移有非常明显的效果。而股权型联盟则是通过促进联盟成员建立更好的合作关系，让联盟伙伴的彼此依赖程度逐渐加强，彼此相互依存，从而促进内隐知识的高效传递和转移。

2. 信任程度。知识转移的发生和实现是以供求双方彼此信任为基础的。信任可以为组织营造透明和开放的气氛，进而降低交易成本和协调成本。相互信任可以促使联盟伙伴紧密接触，进而促进联盟内知识的交流与转移。联盟企业之间的信任程度越高，知识就更容易在一个彼此坦诚和开放的环境下流动，知识转移才得以顺利进行。

3. 沟通程度。良好和充分的沟通是联盟中知识转移成功的保证。知识的内隐性、专有性等特性决定了知识只有在有效沟通的情况下，才能够提高其转移速度。同时，由于联盟双方的知识基础、文化理念上的一些差异，必要的双向交流可以降低理解障碍。

4. 组织差异。企业在组织结构、规模、业务流程、规章制度、决策等方面的差异都属于组织差异。组织差异的存在可能导致企业联盟内各公司的相互误解，其会随着联盟的深入发展而日益增多，以至于产生一些不必要的争端，这种情况势必对知识转移效果造成负面影响。

5. 文化差异。文化差异指知识供方与知识受体双方在文化上（价值体系、惯例及认知模式等）的差异程度。每一组织都有其组织文化，联盟伙伴间的文化差异是影响知识转移难易程度的重要因素，可能对知识转移产生破坏性的后果。一般来说，组织的文化差异程度决定了知识转移的效果，文化差异越大，知识转移越难进行；反之则更容易进行。

6. 知识差异。知识差异是指转移双方在知识基础上的差距或者说双方所掌握知识的相似度。它对企业间知识转移的影响是双重的。一般来说，知识结构越相似，差异化就越小，企业就不会产生足够的动力去转移知识；而知识结构差异过大，就会造成转移无法理解彼此的知识，转移就会遇到障碍，致使转移效果变差。此外，企业知识在积累过程中会产生差异化，形成个性化知识。这种个性化知识会造成转移的障碍，并且随着差异化的增加，知识转移的障碍也就越大。

7. 知识管理模式差异。知识管理模式距离是指不同企业的知识管理模式的差异。每一个企业都有自己不同于其他企业的知识管理模式。知识管理模式之间的差异化程度，决定了知识转移的难易程度。知识管理模式相似的企业，积累知识和使用知识的方式也相似，知识更容易在这些企业之间转移。反之，知识管理模式差异化越大，则越不利于知识的转移。

（四）知识特性

知识本身的特性，如内隐性、模糊性、嵌入性等也会影响知识在联盟企业间的转移程度。众所周知，现实世界中存在的知识形式多种多样，其内隐性、模糊性及嵌入性等方面也各不相同。

1. 内隐性。内隐性是指知识的不可编码、不易表达性。隐性知识受个人化、情境限定等方面的影响，很难将其形式化、格式化，以至于造成沟通、保存或转移的难度增加。反之，显性知识表达则非常容易，可以通过媒体（如报纸、声音、图像等方式）传播，但是我们所知道的知识却远多于我们所能够表达的知识。因此，只有通过感觉、接触才能真正地体会到什么是隐性知识。

2. 模糊性。知识模糊性是一种特定的属性，用来描述"知识转移困难"，指知识对于拥有者具有一定的黏附性，知识转移的过程中可能会产生障碍。知识所具有的这一特性恰恰保证了企业的核心优势不易被模仿，因此对于组织来说，存在知识模糊性的悖论。一种知识越是模糊，在知识转移时就越需要依赖特定的情境，如为了有效地转移企业的核心技术，那么就要同时转移掌握此知识所嵌入的研究及相关人员。因此知识转移难度非常大。

3. 嵌入性。将知识嵌入人的感知能力和概念能力中，其中某些嵌入性知识是行动导向的，依赖于个体物理层，通过各种方法（如信息感知、特质线索或相互讨论等）表征。这些知识不同于一般的知识，它们需要特定的情境，只有实践才能获取它们。

（五）联盟的情境特性

1. 转移环境。联盟为实现知识转移而投入的资源、提供的学习机会、营造的学习环境统称"转移环境"。知识转移需要依靠配置的资源才能实现，因此，要保证知识转移的效果，确保资源的数量要多、质量要高。联盟中的学习渠道是知识转移的通道，不仅可以实现知识转移，也是参与者交流的平台。学习渠道通常包括人员培训、参观、会谈、轮岗等，这需要相应的制度、协议以便于管理，使知识转移的实现成为可能。联盟知识转移的另一个重要方面就是营造适宜的组织环境，一个好的组织环境是知识转移顺利进行的必要条件。

2. 转移通道。知识转移需要通过媒介或是传递通道才能进行。知识转移的通道分为正式的和非正式的、个人的和非个人的。面对面的沟通交流是进行知识转移的最好方法。随着科学技术的日益发展，无论是声音还是图像都能很容易地进行完整的保存，因此知识转移的内容得到了进一步的丰富。

3. 联盟的经历。联盟经历包括已有合作伙伴的关系和联盟管理的经验。企业自身的阅历以及知识不仅可以帮助企业开发潜在的知识，还能促进企业的知识转移。

联盟的管理经验能有利于企业从伙伴那获取额外的知识，企业自身原有的联盟经验同样有助于提高企业对新的联盟经验的吸收。因此，企业的联盟经历有利于企业之间的知识转移。

第二节　基于 ISM 模型的影响因素关系结构分析

产业集群知识联盟的知识转移是一个通过多种影响因素共同作用的复杂过程，这些因素彼此之间相互影响、相互联系，构成了十分复杂的递阶因素链。应用解释结构模型（Interpretive Structural Model, ISM）进行分析，可以从影响知识转移的众多复杂因素中找出影响产业集群知识联盟中知识转移效果的直接层影响因素、中间层影响因素以及深层次影响因素，还可以得出各因素之间的关联关系，帮助企业制订更有针对性的有效实施方案。ISM 法只需要专家对各影响因素进行直观的两两比较，经过数学运算便可得出各因素之间的关联关系。专家工作量不大，只需在进行两两比较后，由技术人员通过软件进行运算，便可直接得出结论。

一、确定各因素之间的关系

为了便于分析产业集群知识联盟的知识转移影响因素之间的关系，首先要确定各影响因素两两之间的关系。通过上面对产业集群知识联盟的知识转移影响因素的分析，并结合前人的研究成果，本书确定了产业集群知识联盟的知识转移影响因素之间的关系，可参考表7-1。

表7-1　　　　　　　　　产业集群知识转移影响因素的逻辑关系

表7-1中的符号表示意义如下：

① $S_i \times S_j$，表示 S_i 与 S_j 相互影响，即形成回路，对应关联矩阵 $R_{ij} = R_{ji} = 1$；

② $S_i \bigcirc S_j$，表示 S_i 与 S_j 相互之间没有直接影响，对应关联矩阵 $R_{ij} = R_{ji} = 0$；

③ $S_i \wedge S_j$，表示 S_i 对 S_j 有直接影响，对应关联矩阵 $R_{ij} = 1$，$R_{ji} = 0$；

④ $S_i \vee S_j$，表示 S_j 对 S_i 有直接影响，对应关联矩阵 $R_{ij} = 0$，$R_{ji} = 1$。

3	4	5	6	7	8	9	10	11	12	13	14	15	16	17	18	19	S_j \ S_i
○	∧	○	○	○	○	∧	∧	○	○	○	∧	∧	∧	∧	○	∧	1
	○	○	○	○	○	○	○	○	○	∧	∧	∧	○	∧	∧	○	2
		○	○	○	∧	○	○	○	○	○	○	○	○	○	○	○	3
			∧	∧	○	∧	∧	∧	○	∧	∧	○	∧	∧	∧	∧	4
				∧	○	○	○	∧	○	○	○	∧	∧	○	∧	∧	5
					○	○	∧	∧	∧	∧	∧	○	∧	∧	∧	∧	6
						×	×	∧	∧	∧	∧	∧	∧	∧	∧	×	7
							×	∧	∧	∧	○	○	∧	∧	∧	∧	8
								∧	∧	∧	∧	○	∧	∧	∧	∧	9
									○	○	∨	∧	○	∧	∧	∧	10
										○	○	∧	○	∧	∧	∧	11
											∨	○	∧	○	∧	∧	12
												○	∧	○	∧	∧	13
													○	∧	○	○	14
														○	○	○	15
															×	×	16
																×	17
																	18
																	19

根据表 7-1 可得到关联矩阵 R。根据可达矩阵的运算过程，在本书中，先计算 R 加上单位矩阵 I，再计算 $(R+I)^k (k=1,2,3,\cdots,n)$，直至 $(R+I)^k = (R+I)^{k+1}$，则此时的 $(R+I)^k$ 为可达矩阵 M。通过软件计算得到 $M=(R+I)^4 = (R+I)^{4+1}$，即得可达矩阵 $M=(R+I)^4$。

$$
M = \begin{array}{c|ccccccccccccccccccc|c}
 & 1 & 2 & 3 & 4 & 5 & 6 & 7 & 8 & 9 & 10 & 11 & 12 & 13 & 14 & 15 & 16 & 17 & 18 & 19 & \\
1 & 1 & 0 & 1 & 0 & 0 & 0 & 1 & 1 & 1 & 1 & 1 & 1 & 1 & 1 & 1 & 1 & 1 & 1 & 1 & 1 \\
2 & 0 & 1 & 0 & 0 & 0 & 0 & 1 & 1 & 1 & 1 & 1 & 1 & 1 & 1 & 1 & 0 & 1 & 1 & 1 & 2 \\
3 & 0 & 0 & 1 & 0 & 0 & 0 & 1 & 1 & 1 & 1 & 1 & 1 & 1 & 0 & 1 & 0 & 1 & 1 & 1 & 3 \\
4 & 0 & 0 & 0 & 1 & 1 & 1 & 1 & 1 & 1 & 1 & 1 & 1 & 1 & 1 & 1 & 1 & 1 & 1 & 1 & 4 \\
5 & 0 & 0 & 0 & 0 & 1 & 1 & 1 & 1 & 1 & 1 & 1 & 1 & 1 & 1 & 1 & 0 & 1 & 1 & 1 & 5 \\
6 & 0 & 0 & 0 & 0 & 0 & 1 & 1 & 1 & 1 & 1 & 1 & 1 & 1 & 1 & 1 & 0 & 1 & 1 & 1 & 6 \\
7 & 0 & 0 & 0 & 0 & 0 & 0 & 1 & 1 & 1 & 1 & 1 & 1 & 1 & 0 & 1 & 0 & 1 & 1 & 1 & 7 \\
8 & 0 & 0 & 0 & 0 & 0 & 0 & 1 & 1 & 1 & 1 & 1 & 1 & 1 & 0 & 1 & 0 & 1 & 1 & 1 & 8 \\
9 & 0 & 0 & 0 & 0 & 0 & 0 & 1 & 1 & 1 & 1 & 1 & 1 & 1 & 0 & 1 & 0 & 1 & 1 & 1 & 9 \\
10 & 0 & 0 & 0 & 0 & 0 & 0 & 0 & 0 & 0 & 1 & 0 & 0 & 0 & 0 & 0 & 0 & 0 & 0 & 0 & 10 \\
11 & 0 & 0 & 0 & 0 & 0 & 0 & 0 & 0 & 0 & 0 & 1 & 0 & 0 & 0 & 0 & 0 & 0 & 0 & 0 & 11 \\
12 & 0 & 0 & 0 & 0 & 0 & 0 & 1 & 1 & 1 & 1 & 1 & 1 & 1 & 0 & 1 & 0 & 1 & 1 & 1 & 12 \\
13 & 0 & 0 & 0 & 0 & 0 & 0 & 1 & 1 & 1 & 1 & 1 & 1 & 1 & 0 & 1 & 0 & 1 & 1 & 1 & 13 \\
14 & 0 & 0 & 0 & 0 & 0 & 0 & 0 & 0 & 0 & 0 & 0 & 0 & 0 & 1 & 0 & 0 & 0 & 0 & 0 & 14 \\
15 & 0 & 0 & 0 & 0 & 0 & 0 & 0 & 0 & 0 & 0 & 0 & 0 & 0 & 0 & 1 & 0 & 0 & 0 & 0 & 15 \\
16 & 0 & 0 & 0 & 0 & 0 & 0 & 0 & 0 & 0 & 0 & 0 & 0 & 0 & 0 & 0 & 1 & 0 & 0 & 0 & 16 \\
17 & 0 & 0 & 0 & 0 & 0 & 0 & 1 & 1 & 1 & 1 & 1 & 1 & 1 & 0 & 1 & 0 & 1 & 1 & 1 & 17 \\
18 & 0 & 0 & 0 & 0 & 0 & 0 & 1 & 1 & 1 & 1 & 1 & 1 & 1 & 0 & 1 & 0 & 1 & 1 & 1 & 18 \\
19 & 0 & 0 & 0 & 0 & 0 & 0 & 1 & 1 & 1 & 1 & 1 & 1 & 1 & 0 & 1 & 0 & 1 & 1 & 1 & 19 \\
\end{array}
$$

二、确定级间关系

根据定义：

$$R(n_i) = \{ n_j \in N \mid m_{ij} = 1 \}$$
$$A(n_i) = \{ n_j \in N \mid m_{ji} = 1 \}$$
$$T = \{ n_i \in N \mid R(n_i) \cap A(n_i) = A(n_i) \}$$

其中，$R(n_i)$ 是由可达矩阵中第 n_i 行中所有矩阵元素为 1 的列所对应的要素集合而成；N 为所有节点的集合；m_{ij} 为 i 节点到 j 节点的关联（可达）值，$m_{ij} = 1$ 表示 i 关联 j。$A(n_i)$ 是由可达矩阵中第 n_i 列中所有矩阵元素为 1 的行所对应的要素集合而成。以上两者的交集定义为共同集，用 T 表示。由可达矩阵 M 得出要素集合表如表 7－2 所示。

表 7－2　　　　　　　　　　　　　　要素集合

要素	$R(n_i)$	$A(n_i)$	$R(n_i) \cap A(n_i)$
1	1, 3, 7, 8, 9, 10, 11, 12, 13, 14, 15, 16, 17, 18, 19	1	1
2	2, 7, 8, 9, 10, 11, 12, 13, 14, 15, 17, 18, 19	2	2
3	3, 7, 8, 9, 10, 11, 12, 13, 15, 17, 18, 19	3	3
4	4, 5, 6, 7, 8, 9, 10, 11, 12, 13, 14, 15, 16, 17, 18, 19	4	4
5	5, 6, 7, 8, 9, 10, 11, 12, 13, 14, 15, 17, 18, 19	5, 6	5, 6
6	6, 7, 8, 9, 10, 11, 12, 13, 14, 15, 17, 18, 19	4, 5, 6	6
7	7, 8, 9, 10, 11, 12, 13, 15, 17, 18, 19	1, 2, 3, 4, 5, 6, 7, 8, 9, 12, 13, 17, 18, 19	7, 8, 9, 12, 13, 17, 18, 19
8	7, 8, 9, 10, 11, 12, 13, 15, 17, 18, 19	1, 2, 3, 4, 5, 6, 7, 8, 9, 12, 13, 17, 18, 19	7, 8, 9, 12, 13, 17, 18, 19
9	7, 8, 9, 10, 11, 12, 13, 15, 17, 18, 19	1, 2, 3, 4, 5, 6, 7, 8, 9, 12, 13, 17, 18, 19	7, 8, 9, 12, 13, 17, 18, 19
10	10	1, 2, 3, 4, 5, 6, 7, 8, 9, 10, 12, 13, 17, 18, 19	10
11	11	1, 2, 3, 4, 5, 6, 7, 8, 9, 11, 12, 13, 17, 18, 19	11

续表

要素	$R(n_i)$	$A(n_i)$	$R(n_i) \cap A(n_i)$
12	7、8、9、10、11、12、13、15、17、18、19	1、2、3、4、5、6、7、8、9、12、13、17、18、19	7、8、9、12、13、17、18、19
13	7、8、9、10、11、12、13、15、17、18、19	1、2、3、4、5、6、7、8、9、12、13、17、18、19	7、8、9、12、13、17、18、19
14	14	1、2、4、5、6、14	14
15	15	1、2、3、4、5、6、7、8、9、12、13、15、17、18、19	15
16	16	1、3、16	16
17	7、8、9、10、11、12、13、15、17、18、19	1、2、3、4、5、6、7、8、9、12、13、17、18、19	7、8、9、12、13、17、18、19
18	7、8、9、10、11、12、13、15、17、18、19	1、2、3、4、5、6、7、8、9、12、13、17、18、19	7、8、9、12、13、17、18、19
19	7、8、9、10、11、12、13、15、17、18、19	1、2、3、4、5、6、7、8、9、12、13、17、18、19	7、8、9、12、13、17、18、19

存在：T = {1,2,3,4,5}

三、分析级间关系

定义第0级为空级，即 $L0 = \Phi$，则可列出级间划分的迭代算法：

$$Lk = \{ni \in N - L0 - L1 - \cdots - Lk-1 | Rk-1(ni) \cap Ak-1(ni) = Rk-1(ni)\}$$

其中：

$$Rk-1(ni) = \{nj \in N - L0 - L1 - \cdots - Lk-1 | mij = 1\},$$
$$Ak-1(ni) = \{nj \in N - L0 - L1 - \cdots - Lk-1 | mji = 1\}。$$

根据表7-2，得出 L1 = {10,11,14,15,16}；再由 $N - L0 - L1$，即去掉L0，L1，进行第二级划分，得 L2 = {7,8,9,12,13,17,18,19}；再由 $N - L0 - L1 - L2$，即去掉L0，L1，L2，进行第三级划分，得 L3 = {2,3,6}；再由 $N - L0 - L1 - L3$，即去掉L0，L1，L2，L3，进行第四级划分，得 L4 = {1,5}；再由 $N - L0 - L1 - L2 - L3 - L4$，即去掉L0，L1，L2，L3，L4，进行第五级划分，得 L5 = {4}。

按级间顺序排出 M_0。

$$M_0 = \begin{pmatrix} 10 & 11 & 14 & 15 & 16 & 7 & 8 & 9 & 12 & 13 & 17 & 18 & 19 & 2 & 3 & 6 & 1 & 5 & 4 \\ 1 & 0 & 0 & 0 & 0 & 0 & 0 & 0 & 0 & 0 & 0 & 0 & 0 & 0 & 0 & 0 & 0 & 0 & 0 \\ 0 & 1 & 0 & 0 & 0 & 0 & 0 & 0 & 0 & 0 & 0 & 0 & 0 & 0 & 0 & 0 & 0 & 0 & 0 \\ 0 & 0 & 1 & 0 & 0 & 0 & 0 & 0 & 0 & 0 & 0 & 0 & 0 & 0 & 0 & 0 & 0 & 0 & 0 \\ 0 & 0 & 0 & 1 & 0 & 0 & 0 & 0 & 0 & 0 & 0 & 0 & 0 & 0 & 0 & 0 & 0 & 0 & 0 \\ 0 & 0 & 0 & 0 & 1 & 0 & 0 & 0 & 0 & 0 & 0 & 0 & 0 & 0 & 0 & 0 & 0 & 0 & 0 \\ 1 & 1 & 0 & 1 & 0 & 1 & 1 & 1 & 1 & 1 & 1 & 1 & 1 & 0 & 0 & 0 & 0 & 0 & 0 \\ 1 & 1 & 0 & 1 & 0 & 1 & 1 & 1 & 1 & 1 & 1 & 1 & 1 & 0 & 0 & 0 & 0 & 0 & 0 \\ 1 & 1 & 0 & 1 & 0 & 1 & 1 & 1 & 1 & 1 & 1 & 1 & 1 & 0 & 0 & 0 & 0 & 0 & 0 \\ 1 & 1 & 0 & 1 & 0 & 1 & 1 & 1 & 1 & 1 & 1 & 1 & 1 & 0 & 0 & 0 & 0 & 0 & 0 \\ 1 & 1 & 0 & 1 & 0 & 1 & 1 & 1 & 1 & 1 & 1 & 1 & 1 & 0 & 0 & 0 & 0 & 0 & 0 \\ 1 & 1 & 0 & 1 & 0 & 1 & 1 & 1 & 1 & 1 & 1 & 1 & 1 & 0 & 0 & 0 & 0 & 0 & 0 \\ 1 & 1 & 0 & 1 & 0 & 1 & 1 & 1 & 1 & 1 & 1 & 1 & 1 & 0 & 0 & 0 & 0 & 0 & 0 \\ 1 & 1 & 0 & 1 & 0 & 1 & 1 & 1 & 1 & 1 & 1 & 1 & 1 & 0 & 0 & 0 & 0 & 0 & 0 \\ 1 & 1 & 1 & 1 & 0 & 1 & 1 & 1 & 1 & 1 & 1 & 1 & 1 & 1 & 0 & 0 & 0 & 0 & 0 \\ 1 & 1 & 0 & 1 & 0 & 1 & 1 & 1 & 1 & 1 & 1 & 1 & 1 & 0 & 1 & 0 & 0 & 0 & 0 \\ 1 & 1 & 1 & 1 & 0 & 1 & 1 & 1 & 1 & 1 & 1 & 1 & 1 & 0 & 0 & 1 & 0 & 0 & 0 \\ 1 & 1 & 1 & 1 & 1 & 1 & 1 & 1 & 1 & 1 & 1 & 1 & 1 & 0 & 1 & 0 & 1 & 0 & 0 \\ 1 & 1 & 1 & 1 & 0 & 1 & 1 & 1 & 1 & 1 & 1 & 1 & 1 & 0 & 0 & 1 & 0 & 1 & 0 \end{pmatrix}$$

由 M_0 可得，{7，8，9，12，13，17，18，19} 属于强连通块。以 n7 为代表，即可得到求得缩减可达矩阵 M'。

四、解释结构模型

根据最终确定的可达矩阵以及缩减可达矩阵 M_0、M'，将对应的影响因素代入其中，即得到产业集群知识联盟的知识转移的解释结构模型，如图 7-2 所示。

图 7-2 所建立的 ISM 模型直观展现了产业集群企业知识联盟中知识转移效果的主要影响因素之间的层次关系。这种层次关系形成了有一定逻辑关系的影响

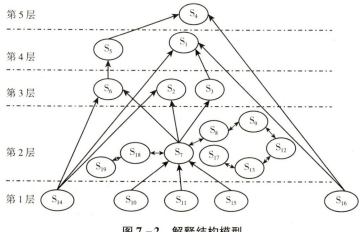

图 7 - 2　解释结构模型

因素链。该模型的建立将有助于联盟管理者深刻认识这些影响因素，并积极主动地去调整相应的策略。

由该递阶结构模型可以看出影响因素及相互关系：最基层的是知识本身的特性（知识的复杂性、知识的专用性和知识的有用性）以及联盟企业间的关系特性（组织差异、文化差异）；最高层的是知识接收方的特性（知识吸收意愿）；中间层有知识转移的一些制度保障，如激励机制、信任机制、沟通机制等。

因此，要提高产业集群知识联盟中知识转移的效果及效率，最根本的是企业要努力寻求适合本企业需求的知识，而并非所有的外部知识都主动去吸收和利用，从而影响转移的效率；此外，知识联盟在选择合作伙伴的时候，要重点考虑成员企业的组织模式、文化差异等因素，尽量选择组织结构或制度、组织文化相近的合作伙伴，有利于促进组织间的知识转移。

从图 7 - 2 中还可以看出，影响产业集群企业知识联盟知识转移的最主要因素就是企业是否有意愿接收外部传递的知识，即知识吸收意愿的强烈程度。本书认为，只要联盟内成员企业有某方面的知识需求，而且该成员企业又有主观意愿要在联盟内获取这种知识来源，则联盟一定可以满足其需求。

第三节　提升产业集群企业知识联盟的知识转移效果的对策

由以上分析可知，知识联盟中知识转移的效率受到多种因素的影响，如联盟的特性、企业自身特性和知识的特性等方面因素。所以，如果从这些关键因素入手，就能够很好地提高知识转移的效率。结合这些因素之间的关系，本书构建了一个提升产业集群企业知识联盟的知识转移效果的三维结构模型，如图 7 - 3 所示。

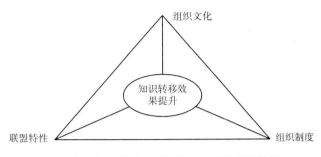

图7 - 3　知识联盟中知识转移效果的三维结构

一、培育有利于企业间知识转移的组织文化

（一）加大知识投入的力度

企业需要加大对自身知识和能力的投入力度，以增强企业的知识存储、技术基础及学习能力。企业的学习能力在知识获取的过程中起着至关重要的作用。企业获得知识的能力以其认知、吸收和运用新知识的能力为基础，企业知识积累的方式和知识结构的形成与企业确认和理解新知识的能力相关，企业对于一定领域的基础知识掌握越多，新知识就更容易吸收沉淀。企业的吸收能力决定了其知识获得能力，而企业知识转移能力的高低则表现出企业知识共享水平的高低。

（二）建立共享与竞争并存的学习氛围，增强企业间文化的融合

以共享与竞争的学习氛围为主的企业文化强调共同进步，鼓励合作，崇尚竞争，开发利用企业内部和外部知识，保持各方利益均达到最大化。这些为知识转移的进行提供了一个很好的平台。不同企业间的文化融合还可以降低联盟企业中知识转移的风险。所以，为了解决文化冲突问题，达到文化交融，需要建立这种学习氛围，让联盟中有不同文化背景的企业可以相互尊重，允许文化差异的存在。

具体来说，文化融合可以从两方面来理解：①文化包容。企业必须认识到，由于联盟企业成员各自的成长环境和背景不同，其知识积累、思维模式、行事风格及语言沟通方面势必存在差异。联盟企业需要认同其他联盟成员的文化，并通过广泛而频繁的交流和沟通，逐步形成良性互动关系，进而达到文化包容。②文

化创新。联盟建立后，各个企业文化的差异不能完全消除，文化与文化之间会产生碰撞，从而产生新的联盟文化，实现文化创新，进而促进文化融合。知识共享和组织学习是知识转移的最有效途径。在这种开放和包容的文化氛围下，知识转移和共享会逐渐沉淀，内化到各个联盟成员的企业文化中，并指导联盟成员的行动，最终促进知识转移的实现。

（三）建立规范化的知识转移体系

建立规范化的完善的知识转移体系，能够使团队和员工开发和共享外部知识资源的积极性得到提高。其体系主要包括组织体系、制度体系、技术体系等。其中，组织体系是主体部分，制度体系是法制保证，技术体系是基础设施支持。知识转移过程的规范化程度在某种意义上对企业进行外部知识再应用和转移的效率都起着决定性的作用。

二、完善有利于企业间知识转移的组织制度

（一）建立长期的信任机制

信任是联盟合作的基础，相互信任、相互交流有助于伙伴的相互理解和支持，同时也能促进企业对学习的投入。尊重联盟各成员文化之间的差异性，允许差异的存在，但可以采取一定的措施来减少因文化差异而产生的分歧。例如，联盟企业之间可以加强交流，或者定期互派人员主动了解合作伙伴的文化，避免因文化差异而造成相互不信任。联盟之间通过人员交往、知识转移等方式进行的交流与合作，是成员建立、维持良好关系的基础和前提，也是联盟进行二次合作的基本保障。通过交流可以加深彼此的认识，从而缩短彼此的文化差距和知识差距，使供求双方的合作关系得以进一步深化和巩固，转移在此基础上便得以顺利的开展。

知识转移是一个相互学习与促进的过程，需要建立在企业双方充分信任的基础上。通过对以往案例的研究，本书认为，企业间的相互信任和承诺是社会资本运转的关键性要素，是构成集群运行机制的基础。它们不仅可以推动产业集群的运转，也有利于进行知识转移。知识发送方企业与接收方企业之间的信任可以缩短彼此的距离，进而提高知识转移的效率。一旦企业间的信任度非常高，则机会主义的发生概率会大大降低，甚至没有。企业间越是信任，则关系越密切，知识转移的效果也就越好。

（二）形成良好的沟通机制

保持联盟成员间充分的沟通，让知识在联盟企业之间畅通地流动，是联盟知

识转移成功的保证。沟通的作用不仅仅是提高企业成员的个体能力，更重要的是可以带来联盟整体能力的提升，远远超过个体简单相加能力的总和。由于成员企业间存在或多或少的差异，让联盟双方在知识积累、文化理念等方面完全一致并非易事，故进行必要的双向交流，可以有效地打破理解的障碍，使知识转移更容易进行。

企业员工之间的交流沟通可以很好地促进信息的流动，有助于相互了解、信任，是联盟企业合作的基础。一个高效沟通联络机制的建立和顺利实施是必要的，它能够解决联盟建立初期因考虑不周所带来的突发情况。机制建立的双方都要腾出一定的实践来加深相互的认识，加强双方交流，使对方更了解并赞同共同的需求和决策。企业双方通过积极的沟通，明确自己的动机和行为模式，消除对方的猜疑心理，增加双方的信任程度。

在联盟的各个层次上也需要进行沟通。除了一般的保证专业人士之间可以直接交流外，在中层管理人员之间也需要一个良好的交流平台，这样能够保证这些中层骨干相互信任，作出正确的决策，是联盟成功的必要条件。联盟更需要提高双方最高管理层之间的信任程度，只有保证高层之间的良好关系，才能一致地解决联盟中遇到的突发情况。

（三）建立有效的组织学习机制

知识转移的过程也是组织间学习的过程。实践表明，一个企业参与联盟学习的人数越多，单位时间获得知识的效率提高得越快，即知识转移的效率越高。但知识从学习到吸收内化再到应用和创新，每一个阶段都有其复杂性，知识转移要想成功，就需要建立健全学习机制，创造良好的学习气氛，营造优越的学习环境，为最大限度地获得联盟方的技术和知识创造条件。建立健全学习机制应把个人学习和组织学习紧密结合起来。一个有效的学习机制包括：主动学习知识的氛围，系统的思维，知识的获取、转移、创造和应用，共享心智模式，等等。学习机制的建立，可以增强知识接收方的学习意愿，增强其知识吸收能力。

组织学习的本质是通过组织构建的组织学习机制与氛围，在组织的成员与团体间扩散、传播、学习、认同、加工最终运用知识的过程，成功地将信息转化成知识，同时根据知识的产生建立本企业的相关情景，并更新组织惯例，最终达到知识转移目的，而不是仅仅为了组织成员获取更多的信息。组织学习是一个较为长期的发展历程，它是一个关于有效地处理、解释、反映组织内部的各种信息，进而改进组织行为的过程，有一系列有效的活动程序，不是一朝一夕就能完成的。

（四）建立完善的激励机制

社会交换理论认为，每个人在进行社会交换的过程中，都有一种寻求最大奖赏、快乐并尽少付出代价、避免痛苦的倾向。因此，人的特定行动受奖赏越多，就越会表现出这种行为。可见，建立完善的学习激励机制，能对企业的学习及知识转移施加重要影响。学习的激励机制可以增强员工学习知识的努力程度和相互接触水平。企业可以积极地鼓励自己的员工从企业外部获取知识，使他们有学习的动机，提高企业员工学习的努力程度。员工也会分配更多的时间和资源进行交流，进一步促进知识的转移，形成良性循环。

一个好的激励机制可以在很大程度上促进知识转移的发生。知识转移对企业双方起着不同的作用，从接收方企业的角度，知识就是财富，知识转移后，其知识资本必然得到增加，企业的工作绩效也会随之增高。从发送方企业的角度，知识转移会使发送方企业利益受损，所以需要建立知识转移激励机制，对其进行补偿，弥补因知识转移而带来的损失，使知识源企业有继续进行知识转移的动力。根据激励理论，联盟企业在进行转移显性知识的过程中有相对较强的可订约性，隐性知识没有这个特性。所以，本书认为，一个成功的激励机制要将外在激励和内在激励两种方式融合运用，才能解决更多的实际情况。

三、建立并维护联盟成员间良好的互动关系

（一）选择合适的联盟形式及合作伙伴

从资源与能力理论的角度看，企业对联盟伙伴的选择主要基于企业自身资源和能力的互补性。合作者只有将各自不同而又处于知识链不同环节的、相互依赖的资源引入联盟，才能使知识在知识链的不同环节相互融合，产生协同效应，才能让组合后的联盟资源更具有稀缺性、独创性和难以模仿性，使联盟自身的存在更有意义。联盟本身就提供了一个可以让成员企业相互学习和交流的平台。成员企业通过这个平台挖掘和吸收知识，合适的联盟形式可以提高知识流通的速度，使知识转移取得满意的效果。因此，在建立联盟时，需要结合考虑所转移知识的性质以及双方的需要，根据实际情况选择最适合发展的联盟形式，并采用科学的方法对联盟成员的知识能力进行评估，以利于知识在组织间转移。

根据上面的论述可知，知识转移主体间的组织距离、知识距离、关系距离越长，则知识转移的效果越差，过程就越复杂。因此，一方面，知识源企业在选择伙伴时，应尽可能选择那些组织距离、知识距离和关系距离相对比较小的知识接受企业。对于知识接受企业来说，同样的，在寻找知识源企业时，也要选择与之组织距离、知识距离和关系距离相对较小的企业。另一方面，如果联盟内有共同战略利益和对等经营实力的企业伙伴时，为了实现共同拥有市场、共同使用资源的战略目标，应通过双方签订的协议或契约来达成资源共享、风险共担的合作形

式，并维持良好的伙伴关系，提高知识的转移效果，尤其是隐性和嵌入性知识。

（二） 选择合适的知识转移通道

利用各种有效的手段使知识便于转移。在所转移的知识中，既有显性知识也有隐性知识。在建立联盟时，选择恰当的知识转移通道需要考虑所要转移的知识的特性以及双方的实际情况。就显性知识而言，有效表述、统一编码后通过网络传播是一种很好的知识交流方式。而隐性知识很难被复制，是企业形成核心竞争力的基础和源头。要想充分发挥隐性知识的价值，企业要通过各种手段共享伙伴的诀窍和经验，促进隐性知识转移。所采用的手段可包括面对面的交流、人员轮换、跨职能团队、知识的编码、共同研发或互派技术人员和电子网络等。在知识转移通道的选择过程中，可视具体情况混合选取几种转移通道，并非只能拘泥于一种通道模式，多种模式的联合运用更有利于知识在组织间有效转移。

（三） 重视关系资本的不断积累

联盟企业在个人层次上的信任、尊重和友谊统称为关系资本。知识转移，尤其是隐性知识的转移，其转移过程是知识传递者在吸收联盟中伙伴的知识后，对知识进行操作，如加工、过滤、整理，转移等移植到本企业内部。因此，无论是企业员工之间的交流程度、信任程度还是企业间的友谊，都影响联盟中的知识转移。通常，各企业的员工之间的关系资本与知识转移过程中的知识保真度呈正相关。关系资本是一种以社会为依托的资本，如企业自身信用、以往联盟合作经验及知识积累等。从关系资本的内涵可以看出，信任是其关键要素；就一般情况而言，联盟成员之间合作时间越长，信任程度就越高，积累的关系资本也就越多。

（四） 构建基于信任的合作关系

信任对隐性知识的传递会降低知识转移过程中的复杂性，企业双方如果能充分信任，那么其获取隐性知识就会变得相对容易，高度的信任可以降低隐性知识转移过程中的复杂性。同样，知识隐性程度越高，这种基于能力的信任作用就会显得越突出，越强的信任关系就越有利于对隐性知识传递的推动。一般来说，知识源企业与知识接收方企业的信任关系有两种：①知识源企业与知识接收方企业之间的信任；②知识源企业与知识接收方企业的个体之间的信任。

在充分信任的大前提下，知识源企业势必会增大对知识的开放程度，同时帮助接收方企业解决所遇到的突发情况，指导接收方企业进行实践或是与接收方企业进行面对面交流等，从而成功地实现了隐性知识的转移。

第八章 产业集群企业知识联盟的
知识共享机制

知识联盟的一个显著特征是鼓励联盟伙伴之间频繁地进行面对面的互动式学习和交流，实现大量隐性知识的交互和转移，达到所需知识的有效共享。企业知识共享已经成为产业集群强大竞争力的重要来源，是决定联盟成败的关键因素。尽管产业集群内部各成员间是既竞争又合作的关系，但都非常重视加强知识共享，为集群内部知识共享创造有利的条件。因此，有效的知识共享在产业集群知识联盟中至关重要。

第一节 产业集群企业知识联盟知识共享的
动因和驱动机理

在技术创新不断升级的背景下，传统的产业集群也面临着产业优化整合，加强集群内部交流与合作、提高知识共享程度，将成为产业集群提升整体影响力的关键。因此，随着产业集群的进一步发展，集群内部纷纷组建知识联盟，提高核心竞争力以应对日益激烈的竞争环境。本章主要是从集群内企业间加强知识共享好处的角度，进一步分析了产业集群知识联盟企业进行知识共享的动因，并从理论上阐述知识联盟企业进行知识共享的机理。

一、产业集群知识联盟企业知识共享的动因

知识共享的本质是以打破不同知识拥有者之间的壁垒为基础，实现知识在一定范围内的自由流动和使用，使组织降低知识获取成本，并有利于知识的应用与创新，获取企业所追求的协同效应。本章阐述了产业集群知识联盟企业之间进行知识共享的主要动因。

（一）知识共享可以增强产业集群知识联盟企业获取知识的有效性

企业内部或外部的知识和技术可能给企业带来新的市场机会，仅仅依靠挖掘企业内部的知识是不够的。企业获取、利用外部知识的能力对保持企业持续的竞争优势越来越重要，因为外部的知识可能成为企业内部知识结构的有利补充，实现优势互补。在产业集群知识联盟内部将某个企业的最好做法转移到其他成员企业以增进知识的应用，是实现整个联盟绩效所必需的。尽管企业知识的内部转移比外部转移更少地受到保密性、合法性等制约，在其他条件相同的情况下，内部知识共享速度较快、复杂性较小，但是，在快速变化的市场竞争中，企业必然越来越求助于外部共享知识的能力。

（二）知识共享是产业集群知识联盟提高知识创新能力的重要手段和催化剂

知识联盟的知识可以分为两个层面：一个是联盟中各个成员企业拥有的知识；另一个是知识联盟作为整体拥有的知识。对于每个成员企业来说，只有通过知识共享，员工个人的知识才能成为企业层面的知识；对于整个知识联盟来说，只有提高成员企业参与知识共享的程度，才能提高整个知识联盟的知识存量与质量。每个企业的知识都有一定的局限性，通过相互交流，人们往往能产生思想的"火花"，创造出更好更新的知识。在知识联盟中，每个成员企业就好比企业中的每个员工，只有加强各企业间的知识共享，才能将各企业中成功的创意、技术或经验等知识上升为整个知识联盟的知识。只有通过不断的沟通和交流，企业才有可能创造出有价值的新知识。

（三）有利于提高各成员企业按不同知识类型转让和接受知识的能力

产业集群知识联盟知识共享对各成员企业按不同知识类型转让和接受知识的能力要求较高。为此，在知识联盟知识共享的过程中，各成员企业为实现组织的整体目标和自身的目标，都在努力提高按不同知识类型转让和接受知识的能力，以保证知识共享的效果。因而，在追求提高整个联盟知识共享水平的过程中，随着知识共享水平的不断提高，共享的效果日益显著，知识联盟中各成员企业按不同知识类型转让和接受知识的能力也会随之不断提高。因此，知识联盟知识共享有利于提高各成员企业按不同知识类型转让和接受知识的能力。

（四）有利于提高整个产业集群知识联盟及各成员企业的核心竞争力

在新经济时代，组织的核心竞争力首先来自持续不断的创新能力。当企业面对经济的全球化，与技术发展潮流保持同步的唯一方法就是充分利用集体知识优势。由于存在企业与企业之间的知识壁垒，如果一个企业能够整合比别的企业更多的创新资源，那么它的竞争力将会更大。在知识创造过程中，不同思想的交融和知识的再利用是基本的特征。在具有不同背景、观点和动机的人们之间进行知识共享是组织知识创造的关键步骤。在许多有形、无形的知识实现共享之后，围绕着组织的核心能力，创造出大量的知识资产，使得组织的核心能力得到提高。

二、产业集群知识联盟企业知识共享的驱动机理

知识共享是知识管理中的核心环节，是知识创新的基础和知识利用的前提。产业集群知识联盟是一种全新的组织联盟模式，企业间进行深层次协作的基础是相互了解和知识共享。在产业集群环境下，知识联盟中的任意两个节点企业都有可能发生联系和作用，在知识联盟之间的知识共享活动中，需求方可能发现自身所需要的知识为几个不同的知识源所有，如果有两个或两个以上的知识源同意参与共享，则产业集群知识联盟中多个节点企业之间的知识共享活动就会展开。

假设产业集群知识联盟由 M 个节点组织构成，共有 m 个知识源参加知识共享活动（$m \geq 2$，$m \in M$）。设需求方的初始知识量为 K_d，设第 j 个知识源的初始知识量（待共享的知识量）为 K_{sj}；定义第 i 次知识传播过程中需求方未能从第 j 个知识源吸收的那部分知识为 a_{ij}，定义 Δk_{ij} 为第 $i(i=1,2,3,\cdots,n)$ 次知识转移过程中需求方在吸收第 j 个知识源的知识的过程中增加的附加知识；在第 i 次知识反馈过程中，Δk_{ij} 由需求方流向第 j 个知识源；定义 β_{ij} 为第 i 次知识反馈过程中知识源未能从 Δk_{ij} 中吸收的知识量，K'_d 为知识转移后 j 个知识源的知识总量。则：

$$K'_d = K_d + \sum_{j=1}^{m} K_{sj} + \sum_{i=1}^{n}\sum_{j=1}^{m} \Delta k_{ij} - \sum_{i=1}^{n}\sum_{j=1}^{m} a_i \tag{8.1}$$

$$K'_s = \sum_{j=1}^{m} K_{sj} + \sum_{i=1}^{n}\sum_{j=1}^{m} \Delta k_{ij} - \sum_{i=1}^{n}\sum_{j=1}^{m} \beta_{ij} \tag{8.2}$$

从对各变量的定义中可知：

$$\sum_{i=1}^{n} \sum_{j=1}^{m} a_i \leqslant \sum_{j=1}^{m} K_{sj}$$

事实上，考虑到知识联盟的共享各方有较高的共享意愿，可以进一步推出：

$$\sum_{i=1}^{n} \sum_{j=1}^{m} a_i < \sum_{j=1}^{m} K_{sj}$$

而：

$$\sum_{i=1}^{n} \sum_{j=1}^{m} \Delta k_{ij} \geqslant 0$$

因此，式（8.1）一定大于 K_d。同理，$\beta_{ij} \leqslant \Delta k_{ij}$ 成立，并且由于附加知识 Δk_{ij} 是需求方和知识源在知识转移过程中共同学习的产物，知识源作为该部分知识的直接实践者和源知识的提供者，完全有能力吸收附加知识的绝大部分，因此可以推出：

$$\beta_{ij} < \Delta k_{ij}$$

由此推出式（8.2）大于 $\sum_{j=1}^{m} K_{sj}$。也就是说，在需求方与多个知识源进行知识共享后，需求方的知识量增加，m 个知识源的知识总量增加，并且知识转移和共享后每一个知识源的知识量也相应得到了增加。

综上所述，在经过知识共享后，知识联盟的共享各方在知识总量上都有了更高的起点，各个节点企业和整个产业集群知识联盟的知识创新及知识质量也更有可能得到提升，此为产业集群环境下知识联盟成员进行知识共享的内在驱动机理。

第二节　产业集群知识联盟企业的知识共享过程模型

综合前面的分析可知，联盟成员间的知识共享与企业内部的知识共享相比较，要复杂和困难得多，本节通过建立知识联盟企业间的知识共享过程模型，说明产业集群知识联盟企业间知识共享的过程和所要达到的目的。整个联盟知识共享过程可分为知识战略联盟层、知识过滤层、共享知识库和知识应用层四个层次，如图 8－1 所示。

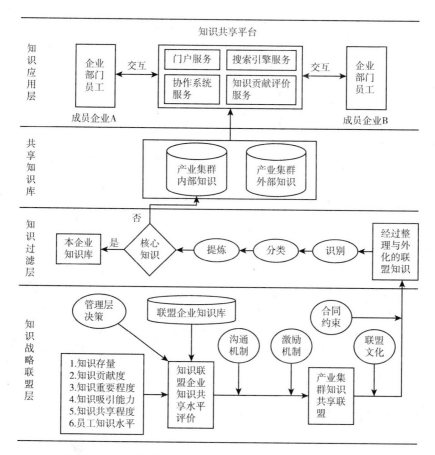

图 8-1　产业集群知识联盟企业的知识共享过程的层次模型

一、知识战略联盟层

在知识共享水平评价基础上，产业集群知识联盟企业形成知识共享的共识。核心企业在组建知识联盟时，把知识共享能力水平纳入产业集群战略合作伙伴选择的标准中，并建立起一套企业知识共享水平评价体系。影响企业知识共享能力的因素包括知识存量、知识贡献度、知识重要程度等。通过对这些指标进行综合评价，比较企业知识共享水平的高低，在沟通机制、激励机制、联盟文化等因素的共同作用下形成产业集群知识共享联盟，然后以契约的形式将企业间的知识共享行为进行确认与约束。最后，经过沟通与交流，将联盟内的一些隐性知识进行外化，构成整个知识联盟的知识，供所有企业进行共享。

二、知识过滤层

对共享知识进行筛选过滤，将价值程度高，使用频率大的知识重点归类；将不易于转化的知识通过技术手段进行外显转化。先把在联盟成员中经过选择和汇总、排列组合后的集体知识罗列出来，再进行分类和提炼等工作。对于企业的核心知识，企业需要进行保护，使其保留在该企业的知识库中，否则进入产业集群知识联盟的共享知识库。

三、共享知识库

产业集群知识联盟共享知识库中所涉及的知识主要包括以下两个方面：一是来自知识联盟成员的企业经过筛选、可以编码和描述的显性知识；二是来自其他集群联盟的非核心知识和与产业集群外部吸收的有利于提高产业集群知识联盟整体竞争力度和创新能力的公共知识和市场知识，如竞争对手状态、市场行情等，这些知识主要是明示化和易于传播的显性知识。知识联盟的共享知识平台应该建立在共享知识库基础上，所有针对共享知识的搜索、查询等操作都要在共享知识库范围内进行。

四、知识应用层

该层的主要功能是为知识联盟的成员企业提供各种知识服务，包括知识的获取、传递以及使用等，以确保企业能够在合适的时间从共享知识库的合适位置获得适合企业需要的知识以及向共享知识库的合适位置传送知识。共享知识门户可以为企业提供个性化的用户界面和动态的交互程序，每个用户通过不同的个性界面来显示该用户需要获取的知识和其他用户的提问，方便用户进行实时知识交流，这也是知识联盟企业间员工进行知识（主要是隐性）共享的主要途径；搜索引擎服务提供多种方式的知识检索，帮助企业和员工快速查找并定位知识；协作系统服务是以电子社区、专家系统、讨论组等的形式实现基于共享知识门户的同步和异步交互；知识共享评价服务让企业认清自己在产业集群知识联盟中的作用。

第三节　产业集群企业知识联盟的知识共享模式

知识联盟鼓励联盟伙伴之间的各层次人员进行知识学习和交流，为知识的交流和渗透提供平台，实现知识的有效共享。知识共享会使企业创造的知识数倍增加，是实现知识价值最大化的有效途径。越来越多的学者研究企业的知识共享并尝试提出各种模型，以帮助企业建立知识共享的完整体系。本节从产业集群构成及知识共享途径等角度，提出了基于产业集群的企业知识联盟共享框架模式。

一、产业集群知识联盟企业的知识共享途径

产业集群知识联盟的知识共享途径主要有三种，如图 8 - 2 所示。

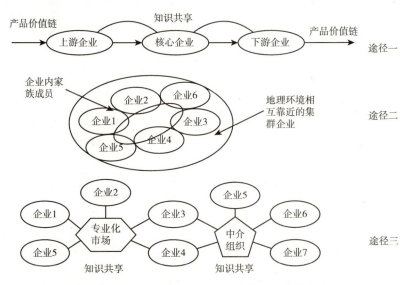

图 8 - 2　产业集群知识联盟知识共享的三种基本途径

（1）以产品价值链为依托，纵向的企业之间进行传播与共享。
（2）在产业集群内，靠得更近的企业知识共享越便利。
（3）在产业集群的企业内，相近的成员之间共享更便捷。

二、产业集群知识联盟企业的知识共享框架

在分析产业集群知识联盟知识共享途径的基础上，本文整合出了基于产业集

群的知识联盟成员企业知识共享的基本框架，如图8-3所示。

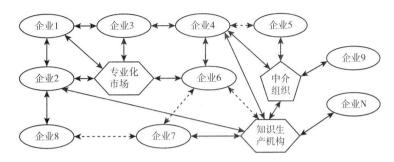

图8-3　产业集群知识联盟企业内部知识共享基本框架

图8-3中，双向箭头表示知识共享，虚线表示应用信息技术实现网络化共享，包含了产业集群知识联盟内的主要行为主体：企业、中介组织（含政府机构、行业协会和服务部门）、知识生产机构（主要指大学和科研院所）和专业化市场。产业集群知识联盟内部知识共享的模式主要有5种：对等共享模式、中介共享模式、链状共享模式、动态共享模式以及虚拟共享模式。

第四节　产业集群企业知识联盟知识共享的博弈分析

在产业集群企业知识联盟中，联盟企业的知识共享一般可分成两类：一是在成员组织内部所开展的知识共享；二是在成员与成员之间所开展的跨组织的知识共享。第一种情况同传统企业内部的知识共享问题相同，因此本节主要针对第二类即联盟成员组织间的共享进行研究。

一、产业集群知识联盟知识共享的博弈模型

产业集群知识联盟中的组织以获取利益作为进行知识共享为目的。就一般情况而言，联盟成员在进行知识共享的整个过程中，对于知识的积累有两种：直接吸收共享合作对象的原有知识价值；通过联盟合作者对知识的相互使用和实践过程获得知识创造价值。知识创造价值包含两种类型：一是协同增效价值，指通过知识互补，使联盟组织创造出的知识价值大于合作双方知识的简单加总之和；二是倍增效应价值，也成为杠杆效应价值，指的是知识接收者利用共享获得的知识来提高自身的知识能力——对知识的吸收消化，从而获得的新知识。

知识共享需要付出相应的共享成本。首先，共享双方都要付出时间、金钱和精力；其次，知识接收方需要付出一些机会成本，知识提供方则要为知识共享可

能带来的竞争优势削弱付出代价。知识联盟成员同时扮演着知识提供者和知识接受者两个角色，双方在知识共享过程中需要付出共享成本，也会获得相应的知识补偿。在共享过程中，双方都希望付出最少的成本，获得更多的知识。然而，在知识被应用之前，共享双方之间都不能确定对方共享的知识是否有价值，信息不完全，只是一个先验概率。因此，共享双方需要在多次博弈过程中进行判断和分析，考虑共享策略。根据以上分析可知，产业集群知识联盟的知识共享过程是一个不完全信息动态博弈过程。

（一）博弈过程假设

对博弈过程的分析，作如下四个基本假设：

（1）假设产业集群知识联盟体中的知识共享过程中只有 1 和 2 两个参与者。

（2）假设联盟中知识共享参与的双方都可以选择通过共享或自我学习这两种方式来获取知识。双方如果选择自我学习的方式来获取知识，都会消耗一定的成本。而如果当双方通过知识共享的方式获取的收益比通过自我学习的方式来获取的收益大时，双方将会同时选择知识共享的方式获取收益，否则双方都会选择自我学习的方式来获取收益。

（3）假设双方都有利用对方的知识创造价值的能力。

（4）假设知识是否有价值的先验概率是预先存在的。

（二）博弈模型构建

假设设 Y 为参与者 1 和 2 进行知识共享的总收益，x 为参与者 1 的收益分配比例，则 1 − x 为参与者 2 的收益分配比例；参与者 1 通过自我学习的方式而获取的收益为 Y1，参与者 2 通过自身学习得到的收益为 Y2；参与者 1 的学习成本为 A1，参与者 2 的知识学习成本为 A2；参与者 1 的共享成本为 B1，参与者 2 的知识共享成本为 B2；P 为知识具有价值的先验概率（P 满足：$0 \leq P \leq 1$），则 1 − P 为知识没有价值的先验概率。产业集群知识联盟的知识共享的博弈模型如图 8 − 4 所示。

在图 8 − 4 中的第一阶段，参与者 1 面临了三种选择：一是选择自己学习知识，但是由于知识具有时效性，而且学习知识需要一定的成本，知识创新是否有价值还是一个概率事件。若知识有价值，则这一选择的结果是参与者 1 获得 Y1 − A1 的效用值；若知识无价值，则这一选择的结果是参与者 1 获得 − A1 的效用值。因此，存在选择自我学习知识付出的总成本大于收益的可能。二是选择与联盟组织进行共享知识，而共享知识的行为同样也需要付出相应的共享成本，而且需要冒着知识无价值的风险。若知识有价值，则这一选择的结果是参与者 1 获得 xY − B1 的效用值；若知识无价值，则这一选择的结果是参与者 1 获得 − B1 的

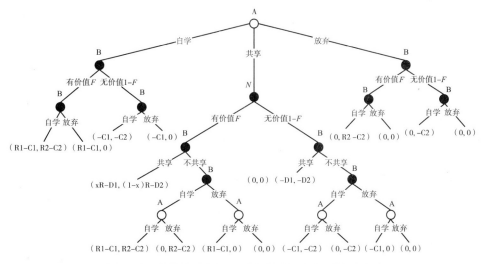

图8-4 产业集群知识联盟体中的知识共享博弈模型

效用值。因此，共享的成本也具有大于收益可能性。三是选择放弃知识创新，这一选择的结果是参与者1得到0的收益。

在第二阶段中，参与者2将根据参与者1的决策选择其决策方案。如果参与者1选择自我学习或放弃，参与者2则根据自己的知识需求情况作出自学或不自学的决策。参与者2选择自学时，将获得 Y2 - A2（知识有价值）或 - A2（知识无价值）的效用值；参与者2选择放弃则其能够获得的效用值为0。如果参与者1选择共享，参与者2可根据自己的实际需要以及共享知识收益分配比例来选择知识共享还是自学的方式来获取知识。若参与者2选择共享的方式获取知识，则参与者2将获得（1 - x）Y - B2（知识有价值）或 - B2（知识无价值）的效用值；参与者2选择自学的方式获取知识，则参与者2获得 Y2 - A2（知识有价值）或 - A2（知识无价值）的效用值；参与者2选择放弃知识的获取，则其可获得的效用值为0。

在第三阶段中，参与者1将根据参与者2的选择作出自己的进一步选择，自学的方式获取知识或放弃知识的获取。每种决策结果的情况在图6-5的博弈树中形象的展示出来。

（三）博弈双方效用值分析

1. 参与者1选择自学。参与者1的期望效用值为：$F \cdot (R_1 - C_1) + (1 - F) \cdot (-C_1) = F \cdot R_1 - C_1$

- 当参与者2选择自学，参与者2的期望效用值为：$F \cdot (R_2 - C_2) + (1 -$

F）·（$-C_2$）= $F \cdot R_2 - C_2$

- 当参与者 2 选择放弃，参与者 2 的效用值为 0；

2. 参与者 1 选择共享知识。

- 参与者 2 也选择共享，参与者 1 的期望效用值为：$F \cdot (xR - D_1) + (1 - F) \cdot (-D_1) = F \cdot xR - D_1$，则参与者 2 的期望效用值为：$F \cdot ((1 - x)R - D_2) + (1 - F) \cdot (-D_2) = F \cdot (1 - x)R - D_2$

- 当参与者 2 选择不共享，参与者 1 要进行进一步选择。

参与者 2 选择自学的期望效用值为：$F \cdot (R_2 - C_2) + (1 - F) \cdot (-C_2) = F \cdot R_2 - C_2$，当参与者 2 选择放弃参与者 2 的效用值为 0；参与者 1 选择自学，参与者 1 的期望效用值为：$F \cdot (R_1 - C_1) + (1 - F) \cdot (-C_1) = F \cdot R_1 - C_1$，参与者 1 选择放弃的期望效用值为 0。

3. 参与者 1 选择放弃。参与者 1 的期望效用值为 0，B 选择自学的期望效用值为：$F \cdot (R_2 - C_2) + (1 - F) \cdot (-C_2) = F \cdot R_2 - C_2$，当 B 选择放弃 B 的效用值为 0。

（四）共享战略选择分析

（1）参与者 1 的效用值有三个：$F \cdot R_1 - C_1$，$F \cdot xR - D_1$，0，分别对应自学、共享和放弃的期望效用值。

- 当参与者 1 的知识共享期望效用值和自学的期望效用值都小于 0 时，参与者 1 选择放弃：$F \cdot R_1 - C_1 \leqslant 0$ 且 $F \cdot xR - D_1 \leqslant 0$，即 F 的取值范围为 $[0, C_1/R_1] \cap [0, D_1/Rx]$。

- 当参与者 1 的自我学习的期望效用值大于知识共享的期望效用值并且自我学习的期望效用值大于 0 时，参与者 1 选择自学：$F \cdot R_1 - C_1 > F \cdot xR - D_1$，$F \cdot R_1 - C_1 > 0$，即 $R_1 - xR > 0$ 时，F 的取值范围为 $(C_1/R_1, +\infty) \cap ((C_1 - D_1)/(R_1 - xR), +\infty)$；当 $R_1 - xR < 0$，$C_1 - D_1 < 0$ 时，F 的取值范围为 $(C_1/R_1, +\infty) \cap (0, (C_1 - D_1)/(R_1 - xR))$。

- 当参与者 1 的知识共享期望效用值大于自我学习期望效用值并且知识共享的期望效用值大于 0 时，参与者 1 选择共享：$F \cdot xR - D_1 > F \cdot R_1 - C_1$，$F \cdot xR - D_1 > 0$，即 $xR - R_1 > 0$ 时，F 的取值范围为 $(D_1/Rx, +\infty) \cap ((D_1 - C_1)/(xR - R_1), +\infty)$；$xR - R_1 < 0$，$D_1 - C_1 < 0$ 时，F 的取值范围为 $(D_1/Rx, +\infty) \cap [0, (D_1 - C_1)/(xR - R_1)]$。

（2）参与者 2 的期望效用值有三个：$F \cdot R_2 - C_2$，$F \cdot (1 - x)R - D_2$，0，分别对应自学、共享和放弃的期望效用值。

当参与者 1 选择自学或放弃时：

- 当参与者 2 的自学期望效用值大于 0 时，参与者 2 选择自学：$F \cdot R_2 -$

$C_2 > 0$，F 的取值范围为（C_2/R_2，$+\infty$）；

- 当参与者 2 的自学期望效用值小于等于 0 时，参与者 2 选择放弃：$F \cdot R_2 - C_2 \leqslant 0$，即 F 的取值范围为 $[0，C_2/R_2]$。

当参与者 1 选择共享时：

- 参与者 2 的共享期望效用值大于自学期望效用值且共享期望效用值大于 0 时，参与者 2 选择共享：当 $F \cdot (1-x)R - D_2 > F \cdot R_2 - C_2$，$F \cdot (1-x)R - D_2 > 0$ 即 $R_2 - (1-x)R > 0$ 时，F 的取值范围为（$D_2/R(1-x)$，$+\infty$）$\cap$（（$D_2 - C_2$）/（$R_2 - (1-x)R$），$+\infty$）；当 $R_2 - (1-x)R < 0$，$D_2 - C_2 < 0$ 时，F 的取值范围为（$D_2/R(1-x)$，$+\infty$）$\cap$ $[0，(D_2 - C_2)/(R_2 - (1-x)R)]$。

- 参与者 2 的自学期望效用值大于共享期望效用值时，参与者 2 选择自学：$F \cdot R_2 - C_2 > F \cdot (1-x)R - D_2$，$F \cdot R_2 - C_2 > 0$，即当 $(1-x)R - R_2 > 0$ 时，F 的取值范围为（C_2/R_2，$+\infty$）$\cap$（（$C_2 - D_2$）/（$(1-x)R - R_2$），$+\infty$）；当 $(1-x)R - R_2 < 0$，$C_2 - D_2 < 0$ 时，F 的取值范围为（C_2/R_2，$+\infty$）$\cap$ $[(0，C_2 - D_2)/((1-x)R - R_2)]$。此时参与者 1 进一步进行选择，$F \leqslant C_1/R_1$ 时选择放弃，否则自学。

- 当参与者 2 自我学习期望收益值和共享期望收益值都小于 0，参与者 2 选择放弃：$F \cdot R_2 - C_2 \leqslant 0$ 且 $F \cdot (1-x)R - D_2 \leqslant 0$ 即 F 的取值范围为 $[0，C_2/R_2]$ $\cap$ $[0，D_2/R(1-x)]$ 时。此时参与者 1 进一步进行选择当 $F \leqslant C_1/R_1$ 时选择放弃，否则自学。

二、联盟中组织的共享博弈结果

根据上面的博弈分析过程，剔除参与者 1、参与者 2 效用都为 0 即参与者 1、参与者 2 都放弃知识创新这一没有实际意义的战略选择，最后得到联盟中知识共享的不完全信息动态博弈的精炼纳什均衡：

（1）参与者 1 选择共享，参与者 2 选择共享，且参与者 1，参与者 2 的期望效益为 $[F \cdot xR - D_1，F \cdot (1-x)R - D_2]$。需要满足以下条件：

- 当 $R_2 - (1-x)R > 0$，$xR - R_1 > 0$ 时，F 的取值范围为（$D_2/R(1-x)$，$+\infty$）$\cap$（（$D_2 - C_2$）/（$R_2 - (1-x)R$），$+\infty$）$\cap$（D_1/Rx，$+\infty$）$\cap$ $[(D_1 - C_1)/(xR - R_1)$，$+\infty]$。

- 当 $R_2 - (1-x)R < 0$，$D_2 - C_2 < 0$，$xR - R_1 > 0$ 时，F 的取值范围为（$D_2/R(1-x)$，$+\infty$）$\cap$ $[0，(D_2 - C_2)/(R_2 - (1-x)R))$ $\cap$（D_1/Rx，$+\infty$）$\cap$ $[(D_1 - C_1)/(xR - R_1)$，$+\infty]$。

- 当 $R_2 - (1-x)R > 0$，$xR - R_1 < 0$，$D_1 - C_1 < 0$ 时，F 的取值范围为（$D_2/$

$R(1-x)$, $+\infty$) $\cap$ ((D_2-C_2)/($R_2-(1-x)R$), $+\infty$) $\cap$ (D_1/Rx, $+\infty$) $\cap[0,(D_1-C_1)/(xR-R_1)]$。

- 当 $R_2-(1-x)R<0$, $D_2-C_2<0$, $xR-R_1<0$, $D_1-C_1<0$ 时，F 的取值范围为（$D_2/R(1-x)$, $+\infty$) $\cap[0,(D_2-C_2)/(R_2-(1-x)R))\cap(D_1/Rx$, $+\infty$) $\cap[0,(D_1-C_1)/(xR-R_1))$。

（2）参与者1，参与者2都选择自学，参与者1和参与者2的期望效用值为（$F\cdot R_1-C_1$，$F\cdot R_2-C_2$）。需要满足以下条件：

- 当 $R_1-xR>0$ 时，F 的取值范围为（C_1/R_1, $+\infty$) $\cap[(C_1-D_1)/(R_1-xR)$, $+\infty$]$\cap(C_2/R_2$, $+\infty$)。

- 当 $R_1-xR<0$，$C_1-D_1<0$ 时，F 的取值范围为（C_1/R_1, $+\infty$) $\cap[0,(C_1-D_1)/(R_1-xR)]\cap(C_2/R_2$, $+\infty$)。

- 当 $xR-R_1>0$，$(1-x)R-R_2>0$ 时，F 的取值范围为（D_1/Rx, $+\infty$) $\cap((D_1-C_1)/(xR-R_1)$, $+\infty$) $\cap(C_2/R_2$, $+\infty$) $\cap[(C_2-D_2)/((1-x)R-R_2)$, $+\infty$)]$\cap(C_1/R_1$, $+\infty$]。

- 当 $xR-R_1<0$，$D_1-C_1<0$，$(1-x)R-R_2>0$ 时，F 的取值范围为（D_1/Rx, $+\infty$) $\cap[0,(D_1-C_1)/(xR-R_1)]\cap(C_2/R_2$, $+\infty$) $\cap[(C_2-D_2)/(1-x)R-R_2)$, $+\infty$]$\cap(C_1/R_1$, $+\infty$]。

- 当 $xR-R_1>0$，$(1-x)R-R_2<0$，$C_2-D_2<0$ 时，F 的取值范围为（D_1/Rx, $+\infty$) $\cap((D_1-C_1)/(xR-R_1)$, $+\infty$) $\cap(C_2/R_2$, $+\infty$) $\cap(0,(C_2-D_2)/[(1-x)R-R_2])\cap(C_1/R_1$, $+\infty$)。

- 当 $xR-R_1<0$，$D_1-C_1<0$，$(1-x)R-R_2<0$，$C_2-D_2<0$ 时，F 的取值范围为（D_1/Rx, $+\infty$) $\cap[0,(D_1-C_1)/(xR-R_1)]\cap(C_2/R_2$, $+\infty$) $\cap(0,(C_2-D_2)/[(1-x)R-R_2])\cap(C_1/R_1$, $+\infty$)。

（3）参与者1选择自学，参与者2选择放弃，参与者1和参与者2的期望值为（$F*R_1-C_1$, 0），需满足以下条件：

- 当 $R_1-xR>0$ 时，F 的取值范围为（C_1/R_1, $+\infty$) $\cap((C_1-D_1)/(R_1-xR)$, $+\infty$) $\cap[0,C_2/R_2]$。

- 当 $R_1-xR<0$, $C_1-D_1<0$ 时，F 的取值范围为（C_1/R_1, $+\infty$) $\cap(0,(C_1-D_1)/(R_1-xR))\cap[0,C_2/R_2]$。

- 当 $xR-R_1>0$ 时，F 的取值范围为（D_1/Rx, $+\infty$) $\cap((D_1-C_1)/(xR-R_1)$, $+\infty$) $\cap[0,C_2/R_2]\cap[0,D_2/R(1-x)]\cap(C_1/R_1$, $+\infty$)。

- 当 $xR-R_1<0$, $D_1-C_1<0$ 时，F 的取值范围为（D_1/Rx, $+\infty$) $\cap[0,(D_1-C_1)/(xR-R_1))\cap[0,C_2/R_2]\cap[0,D_2/R(1-x)]\cap(C_1/R_1$, $+\infty$)。

（4）参与者1选择放弃，参与者2选择自学，参与者1和参与者2的期望效用值为（0，$F*R_2-C_2$），需满足以下条件：

- $[0, C_1/R_1] \cap [0, D_1/Rx] \cap (C_2/R_2, +\infty)$。
- 当 $xR - R_1 > 0, (1-x)R - R_2 > 0$ 时，F 的取值范围为 $(D_1/Rx, +\infty) \cap ((D_1 - C_1)/(xR - R_1), +\infty) \cap (C_2/R_2, +\infty) \cap ((C_2 - D_2)/((1-x)R - R_2), +\infty) \cap [0, C_1/R_1]$。
- 当 $xR - R_1 < 0, D_1 - C_1 < 0, (1-x)R - R_2 > 0$ 时，F 的取值范围为 $(D_1/Rx, +\infty) \cap [0, (D_1 - C_1)/(xR - R_1)) \cap (C_2/R_2, +\infty) \cap ((C_2 - D_2)/((1-x)R - R_2), +\infty) \cap [0, C_1/R_1]$。
- 当 $xR - R_1 > 0, (1-x)R - R_2 < 0, C_2 - D_2 < 0$ 时，F 的取值范围为 $(D_1/Rx, +\infty) \cap ((D_1 - C_1)/(xR - R_1), +\infty) \cap (C_2/R_2, +\infty) \cap (0, (C_2 - D_2)/[(1-x)R - R_2]) \cap [0, C_1/R_1]$。
- 当 $xR - R_1 < 0, D_1 - C_1 < 0, (1-x)R - R_2 < 0, C_2 - D_2 < 0$ 时，F 的取值范围为 $(D_1/Rx, +\infty) \cap [0, (D_1 - C_1)/(xR - R_1)) \cap (C_2/R_2, +\infty) \cap (0, (C_2 - D_2)/[(1-x)R - R_2]) \cap [0, C_1/R_1]$。

从以上博弈计算过程得到的结果中可以看出来，知识共享要在参与双方同时满足共享的相应条件的情况下才能进行，任何一方的一厢情愿都不会也不能导致联盟中知识共享行为的发生，只有在当双方的共享知识的期望效用值都高于自学知识的期望效用值时，而且还需要相应的期望效用值都是大于 0 时，知识共享才能够有效进行。这就是产业集群知识联盟中期望达到的最佳状况。而参与者要做出知识获取方式的决策与知识价值的先验概率的判定 P 和知识共享收益的分配比例 x 有着密切的关系。

联盟组织要想维持联盟各参与者之间的长期合作关系，促进参与者双方知识共享活动的开展需要采取一定的措施，帮助联盟企业准确地识别先验概率的大小，合理地调整共享收益的分配比例，降低知识共享的成本；并且要在联盟组织内部达成共识，使这些信息成为共有信息，才能促进知识共享的活动在产业集群知识联盟组织中有效开展。

具体表现为两方面：一是制定可参照的统一标准来确定知识是否有价值的先验概率，供产业集群知识联盟中的组织进行参考，加强引导知识联盟企业之间的知识共享行为；二是确定知识共享的过程中的共享收益分配比例，要让知识联盟中的参与双方都明确自己通过知识共享能够得到的预期收益情况，帮助减少参与者决策知识共享进行与否的不确定性。当知识是否有价值的先验概率和收益分配比例明确了以后，根据上面的博弈分析结果，联盟企业可以很快确定和了解知识共享的要求，找到共享知识得到共享价值的调整步骤，从而最终确定知识共享的战略决策。

第五节　产业集群企业知识联盟知识共享的障碍分析

产业集群环境下知识联盟企业的知识共享具有开放性、动态性、跨组织性、虚拟性、交互性等特点。知识联盟中的知识共享与传统的单个组织知识共享相比要复杂得多，相应地，在实施共享过程中遇到的困难和障碍也比较多。基于产业集群的知识联盟企业知识共享的障碍因素如图 8-5 所示。

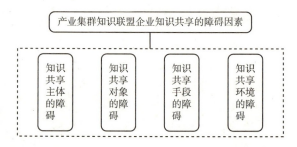

图 8-5　产业集群知识联盟企业知识共享的障碍因素

一、知识共享主体的障碍

（一）联盟成员的组织结构和企业文化差异

知识联盟内知识共享所要克服的最大障碍是组织上的障碍，因为联盟内有许多企业的组织结构还是传统的"金字塔"式的等级制管理结构，管理层次多、信息传递速度慢，信息失真现象非常严重，极大地阻碍了知识在联盟成员间的流动与转移。因此，组织结构的障碍会阻碍知识在联盟企业间的传播与共享。

促进知识共享，要求整个联盟必须具备协调的、共性的、可促进知识共享的联盟文化，建立有利于知识共享的环境，提供多种知识共享交流流程和层级网络，是知识共享有效性的必要前提保证。没有文化做支持知识共享的基础，即使再好的组织结构和技术支持平台，企业间的知识共享也难以有效地实现。而产业集群知识联盟中各个企业有自己的实际情况和企业文化，这在一定程度上影响了企业联盟的知识共享。因此，必须围绕知识联盟的特点建立知识共享的联盟文化，提供产业集群知识联盟有效传播知识的软环境。

（二）联盟企业内部员工知识基础差异

联盟内企业的员工来自不同的领域、不同的阶层，员工的专业领域和知识结构往往存在很大差异，员工对知识的领悟力也参差不齐，对知识共享的内容和共享方式也有不同的适应程度，给企业推行知识共享带来了很大的难度。在联盟知识共享过程中，常常是知识拥有者需要花费许多时间、精力向知识需求者解释，而知识需求者仍然无法理解或发生理解偏差。知识拥有者如果发现自己的努力没有效果，继续转移知识的积极性就会受到影响。

二、知识共享对象的障碍

（一）知识形态本身造成的共享障碍

产业集群知识联盟企业中显性知识是可以通过正常语言方式传播的知识，是有形的、结构化的知识，容易理解和交流，易于进行共享和传播。而隐性知识是高度个体化的知识，它存在于隐性知识拥有者的潜在素质中，虽然能被拥有者自如运用，却不能直接与成员进行有效的交流和共享，因为其不容易大规模积累、存储和传播。因此，知识联盟企业中隐性知识的存在是进行知识共享的障碍之一。

（二）知识表示、存储和交流的障碍

产业集群内部的企业活动涉及的内容广泛，如从研究设计、制造资源、市场营销到客户服务都会涉及。这些企业具有不同的背景，知识的存在形式和表现形式也各不相同，因而进行知识共享有一定的障碍。要克服这一困难，必须能够支持多样性知识的表示、存储、交流和增值，使不同背景的企业能够在统一的规则指导下，建立一个自由、开放的知识共享平台，从而激发整个知识联盟的创新能力，为联盟带来更大的竞争优势。

三、知识共享手段的障碍

（一）技术手段薄弱

技术支持是构建知识联盟企业知识共享机制的基础和前提，也是知识共享活动得以进行的重要手段，如数据采掘技术、群件技术、知识地图、新型检索技术、计算机网络技术等。

（二）交流手段不足

沟通机制是联盟成员进行知识共享的催化剂和加速器。因此，加强联盟成员间的知识共享就要有必要的交流手段，或者叫交流方式或交流平台，诸如经验交

流会、讨论会、团队学习等。离开了这些交流手段，自然会影响知识共享活动的顺利进行。然而，在传统的"金字塔"式的层级管理结构中，这些交流手段却难以立足。因为在"金字塔"式的层级管理结构中，信息和知识的流向是单向的，无须进行交流和讨论，极少存在信息反馈和知识反向流动，像经验交流会、讨论会之类的交流手段或交流平台也就很难产生。而此类交流手段的不足，自然会妨碍知识共享活动的正常进行。

四、知识共享环境的障碍

（一）知识共享的诚信问题

由于知识联盟的动态性和开放性，企业成员可能在获取所需知识后，退出产业集群知识联盟，甚至加入另外一个知识联盟中去，这势必会造成联盟企业的知识损失，影响到联盟企业内的切身利益。另外，企业成员为了谋求自身的利益最大化，可能背弃联盟的知识共享规则，从而对企业成员间的相互信任造成破坏，干扰知识共享的过程。

因此，在产业集群知识联盟环境下进行知识共享，需要逐步建立信任机制。首先，鼓励成员企业之间的交流。充分的交流会增强相互的了解，带来有效的沟通，从而建立基于个性的信任。其次，要在组织制度上予以保证。如果在知识共享活动中某一成员出现违约行为，则必须予以有效的惩罚。最后，要在成员企业间建立共同的愿景。如果在企业成员之间建立起共同的愿景和价值观，就会得到信任，获得长期合作的机会。

（二）激励机制的不完善

由于联盟内部企业间往往缺乏足够的信任，缺乏相互信任的文化氛围，成员间总是相互提防，都不愿意将本企业的知识与其他成员企业共享。企业间又存在一定的竞争关系，出于对本企业利益考虑，都不愿意或有保留地转移自己的知识。所以知识联盟的知识共享活动包含着一定的利益风险。

因此，必须建立完善的联盟知识共享激励机制，这样，知识联盟成员才会积极参与知识共享活动。激励机制不完善，就难以调动知识拥有者参与知识共享活动的积极性，从而成为知识共享活动的障碍因素。对于知识拥有者，可以通过提高其知识共享的认同感、责任感等方面来进行激励，同时满足其互惠的需要。对于知识获取者的知识共享行为的激励，则应着眼于其渴求知识的根源，对其进步进行适时的鼓励，从而促进知识共享活动的进行。

（三） 知识共享利益分配问题

产业集群知识联盟的构建是以核心企业为中心进行的，在网络构建和知识共享过程中投入了很大的成本。其中，核心企业在构建联盟时投入的成本相对更多，获取的收益却是整个知识联盟的。如何合理分配共同利益是维持知识联盟稳定的重要因素。

第六节 基于信任机制的产业集群企业知识联盟的知识共享机制

随着产业集群的不断发展，集群内各员工之间以及企业与其他机构之间的频繁交流，形成了较为稳定的人际关系网络，这种以信任关系为核心的关系网络为集群内企业知识联盟的形成奠定了基础。企业知识共享可以为集群提供源源不断的强大竞争力，甚至成为决定联盟成败的关键因素。因此，如何构建产业集群企业知识共享机制对于提升联盟内各成员企业的知识共享效果至关重要。

一、产业集群企业知识联盟的知识共享机制构建

知识联盟的知识共享是在集群内某种机制框架下进行的，它对知识共享的效果和效率产生了直接的影响。机制的作用就是要保证公开、透明和畅通的知识流动，降低知识的获取和交易成本。知识共享机制阐述的是进行知识共享的内在机理和实现知识共享的外在途径。可以把它看成一个知识过程，也可以看成企业调控的一种手段和方法。本节构建的产业集群企业知识联盟的知识共享机制具体包括知识共享的信任机制、学习机制，激励机制、技术机制以及沟通机制，其中整个知识共享过程都是在联盟内部成员互相信任的基础上进行的，如图 8 - 6 所示。

信任是实现知识交流、应用与共享的充分条件，只有联盟成员之间彼此信任，知识的过程才可能形成良性循环，并向着知识转移和共享的目标螺旋式上升。否则，就会导致知识的过程出现恶性循环，朝着知识保护和封闭的方向而螺旋式下降。要打破以往按部门划分的组织结构，让企业内各部门之间能够相互学习和交流。构建产业集群企业知识联盟内知识共享机制的关键环节是学习机制，它可以对知识共享起到支撑支持和促进作用，并使参与企业在相互信任的基础上充分发挥共享能动性。知识共享是不可能自发进行的，联盟需要制定相应的激励机制，以确保共享的有效进行。另外，还需要选择共享方式，如交流、沟通等，它们是知识共享的渠道。

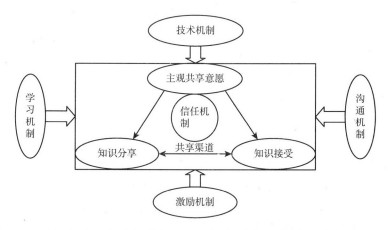

图8-6　基于信任机制的产业集群知识联盟企业知识共享机制

二、产业集群企业知识联盟的知识共享机制分析

（一）主观共享意愿

在知识转移的过程中可能出现很多干扰因素。对于接收方来说，接受途径是影响转移效果最重要的因素，如果找不到接受知识的地点，就无法进行知识转移。

然而，要求提供方向外界明确其所擅长与不擅长的领域，会使其暴露自身的弱点，从而在与其他企业竞争中处于不利位置。因此，一般企业不会向其他企业明确自身的知识领域。但是这样会导致信息不对称，接收方不了解谁才是真正掌握知识的人，可能会导致接受错误的知识。

（二）信任机制

信任的存在促进了整个联盟内各成员企业间的知识共享。其作用在于激发企业参与知识共享的动机，并且给企业减少知识共享过程中的顾虑。信任促使参与企业坚信知识联盟组织对本企业的发展是有好处的，知识共享是互利的。此外，信任还可以提高参与成员进行交流的积极性和主动性，通过这种能动的交互可以让参与者获得更多的共同知识。因此，信任对知识共享的实施至关重要，也使企业得以更快、更好地发展，并获得更多的竞争优势。

基于信任对知识共享的重要作用，要鼓励企业积极参与整个产业集群知识联盟内的知识共享，营造和培养联盟内部的一种互相信任的氛围，即让信任扎根于联盟之中。根据对知识联盟内部信任影响因素的研究，本文认为产业集群知识联盟内部信任机制的建立可如图8-7所示。

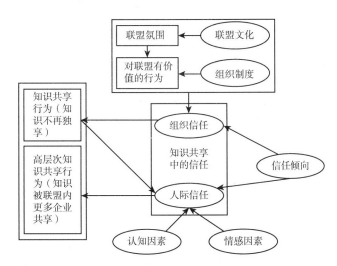

图 8 - 7   产业集群知识联盟内知识共享的信任机制模型

从图 8 - 7 中可以看出，影响组织信任的因素包括联盟文化（工作团队的凝聚力、相互间友谊程度等）、联盟氛围（企业间合作关系、沟通程度、联盟形式、合作持续时间等）和组织制度（激励制度、奖惩措施、决策方式、信息分享制度等）。其中，联盟文化是联盟成员在长期适应外界环境、整合内部组织过程中形成的一系列相互依存的价值观念和行为方式的总和，是整个联盟哲学与行为准则外化的总体体现。联盟氛围主要包括联盟成员间的关系特质。组织制度主要包括一些制度保障和制度安排，在一定程度上对组织成员有约束和规范的作用。联盟可以根据这些影响因素，有针对性地建立内部信任机制，以确保整个知识联盟知识共享的有效进行。

（三）学习机制

产业集群知识联盟成员之间通过关系网络形成的互动引起知识流动，间接地增加了联盟成员的知识存量，提高了知识质量，从而适应了本企业或整个知识联盟的创新与发展需要。根据钻石模型的描述，构建产业集群知识联盟学习机制的前提条件为：产业集群内部已经形成的广泛的可接受与认同的规则和程序；由于地理位置上的相近而形成的共同语言、相近的企业文化背景；区域的社会关系基础和相关的经济联系。从知识流动的视角，分析产业集群企业中知识的存储、转移、使用、创新的循环过程，可将学习过程分为三个阶段：知识转移、知识转换及知识收获（见图 8 - 8）。

产业集群知识联盟内企业自身的学习过程分为模仿和复制、结合、创新三个阶段，最终实现知识溢出并应用于企业本身。联盟知识库内的知识主要是隐性知

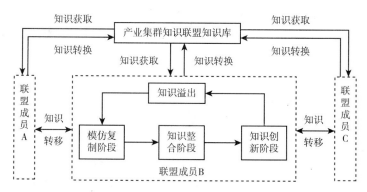

图 8 - 8　产业集群知识联盟成员企业学习机制模型

识，互相之间的知识传递具有连贯一致性和动态关联性，具体是指时间上的连贯一致的知识内容是动态关联性。

（四）激励机制

联盟应当通过激励机制挖掘各成员企业的隐性知识，因为企业在参与知识共享的过程中是要激励的。联盟需要建立起激励机制，满足隐性知识拥有者的利益要求，激发他们把自己独有的知识贡献出来与其他企业共享的热情。联盟可以从物质和精神两个方面采取平衡高效组合激励措施来调动企业的积极性。一方面，应该承认各企业内部隐性知识的独创性和专有性修正考核指标，建立"按知识贡献分配"的激励制度，将企业与其他企业分享隐性知识的质和量纳入考核体系，把企业参与联盟知识共享的程度与利益分配挂钩，用物质利益驱动企业内隐性知识的交流与共享。另一方面，除了物质激励外，精神激励也很重要。精神激励能满足企业的创造欲、成就欲、尊重欲和参与积极性，这对推动企业隐性知识的交流与共享十分重要。

支持知识共享的联盟用各种激励方法来表明他们对知识共享很重视，如各成员企业向联盟知识库提供的知识内容的数量和质量。激励手段必须褒扬那些直接与其他企业共享知识的联盟成员。在知识共享中，通过建立奖励、威望或承认的回报是必要的，因为他们让共享主体感受到了一种实现自我的成就感。激励机制的存在确实可以激发企业参与知识共享的意愿，在信任环境中，企业联盟所采取的激励机制是公平的，从而又进一步鼓励成员企业进行知识共享。

（五）沟通机制

建立有效的沟通机制既是实现知识共享的一种制度保障，又是提高知识共享参与者之间信任程度的有效途径，良好的信任机制能够改善企业内部上下级双向沟通渠道与企业之间正式、非正式的沟通渠道，如交流会。如果企业有意愿参与联盟组织的正式或非正式的活动，则可以有效地促进企业间的知识共享。只有通过充分的交流与良好的沟通才能顺利地实现知识转移。

这种不拘形式的做法使知识交流和传播的条件变得更简单，让很多实用的新知识和经验在联盟成员内得到有效的传播和推广，并且激励了创新和坦诚的交流。有效的知识转移正是在这种非正式的交流中实现的。不过采用这种知识共享渠道，关键是建立企业间良好的人际关系。这种人际关系增进了彼此的信任和了解，保障了知识共享的各方在非互惠的原则上共享知识。因此，联盟需要为各成员企业营造一种良好的人际关系的氛围，找寻企业之间见面交流的平台。

（六）技术机制

联盟中的企业存在信任，能够本着共同进步的原则，把隐性知识逐步编制成合作规范或业务指南等工作文件，从而加快联盟内成员企业的隐性知识交流与共享的速度以及扩大交流与共享的范围。根据具体情况，可以考虑用语言或文字、数据图像以及计算机信息处理工具等，对隐性知识进行编码，使隐性知识外在化。此外，借助于企业间建立起的信任关系，联盟可以鼓励成员企业员工言传身教来推广与分享隐含知识。建立知识库可以将成员企业的隐性知识汇总集中，并采用一定的技术将隐性知识编码化，把各成员企业的隐性知识都分类存储下来，联盟内其他企业如果需要，可以很容易地从联盟的知识库中查找到本企业所需的相关知识。

第七节　集群企业知识联盟的知识共享案例

一、案例简介

永通集团是一家以外贸、纺织、印染为主业，兼有服装、化工等多种业务的外向型企业集团。该企业总资产 8.217 亿元，职工 5600 多人，占地面积 50 多万平方米。主要产品是各种印花染色及植绒、涂层面料、服装、化工染料等。公司自营出口位列浙江省第三、绍兴市自营出口第一。在永通集团的企业集群中形成过程中，始终贯穿着集群企业的知识共享，集团已成为集群企业知识联盟。在联盟中，大量的染织产—供—销企业集聚成为集群企业，选择性地与其他企业和机构构建稳定互惠的战略关系。在该染织企业集群中，各种面料、纺织、印染等信息似乎是公开的，如果一个企业有了一种新思想，就会被别的企业所采纳，并与其他的意见结合起来。对于知识的快速流动和共享，永通集团中的各种正式的交流是功不可没的。

二、案例分析

永通集团产业集群之所以能打破企业边界，形成方便、宽松的知识共享环境主要得益于以下几个方面。

（一）基于产业链高度的专业分工，达成共享意识

永通企业集群中的各中小企业的专业化程度很高，织布、印染、外贸包装等分属不同的企业完成，在企业周围还有银行、保险公司、运输公司、进出口公司等，共同形成了集生产—销售—服务—信息网络为一体的功能齐全的产业链。企业要在产业集群中生存和发展，就需要不断提高自己的专业化水平并发展核心技术，使自己能在产业集群中找到自己的位置，为产业的发展作出贡献。正是由于产业集群内企业间息息相关的生产经营关系，使产业集群内企业能主动把技术、产品等知识与其他企业共享。从而打破了市场经济中的知识产权障碍，有利于技术进步与产品的更新换代。

（二）地理环境和人文环境造就高度信任

永通集团位于绍兴市绍兴县钱清镇钱清村，地理环境靠近，使知识交流和共享十分方便。由于各企业文化都源于同村人民共同的价值观的沉淀，有利于知识共享的联盟文化容易形成。集群内企业间不仅空间距离近，而且企业主往往存在着同宗、同族等关系，企业之间存在着高度的"信任"与"承诺"，这种高度的信任消除了知识共享过程中本企业知识被联盟内其他企业利用而带来的威胁感，使信息和知识在集群内快速流动，大大降低了集群内各中小企业的经营风险。如果集群内某一企业违背"承诺"而失去"信任"，就会造成严重的后果，最终将导致无法在集群内生存。因此，集群内企业有"一荣俱荣，一损俱损"的理念，激发了企业参与知识共享的动机，使组织快速地成长，获得更多的竞争优势。

（三）良好的沟通机制，提高了学习能力

信任的存在使上下级双向沟通渠道以及企业之间的沟通渠道多样化。在永通集团内，无论是正式的合同关系，还是非正式的信息交流形式都为企业间提供了有效的交流平台。不拘形式的交流方式降低了知识交流和传播的门槛，不仅激发了隐性类经验知识的彼此分享，更使许多重要实用的新思想在联盟内得到有效的传播，激发了新的创意。由于联盟成员相互之间的学习成本很低，而通过联盟企业学习、掌握的新颖知识创新力量又是强大的，当联盟企业彼此都感觉到交流和学习带来的利益时，就会进一步加强知识共享的程度，使集群内的知识流动形成良性循环。

第九章 产业集群企业知识联盟的知识创新体系

知识联盟是指若干企业通过知识分享和知识集成等互动学习来掌握合作伙伴的知识技能，是与合作伙伴共同创造新知识的动态联盟过程。它是战略联盟的高级形式，以学习和创造知识作为联盟的中心目标。在知识联盟中，为了学习、创造新知识，加强专业能力，参与者的范围更加广泛，合作关系也更加密切。因此，参与知识联盟的知识创新，可以帮助企业扩展和改善其基本能力，从战略上提高其核心竞争力。

第一节 产业集群企业知识联盟的知识创新

知识已成为企业的核心资源。如何实现知识创新增值就成为企业保持持续竞争优势的关键。产业集群知识联盟的知识创新是一个螺旋上升的过程。本部分从一般企业到产业集群以及基于产业集群的知识联盟，逐步阐述了各自的知识创新原理，并在此基础上总结了产业集群知识联盟的知识创新的特征。

一、知识创新的原理

（一）单个企业的知识创新原理

知识创新指的是人类在认识、改造客观世界与主观世界的实践过程中，获得新知识、新方法的过程与结果，如科学发现与创造、技术发明与商业价值实现等一系列的活动。企业知识创新涉及的内容比较模糊，难以用准确的定义来界定，通常指企业利用知识管理，在知识获取、整合、共享的基础上不断地追求新的发展，探索新的规律，创造新的学说，并将知识不断地应用到新的领域，促进企业核心竞争力的不断提升，使企业获得经营成功。

从知识产生的角度看，知识创新从一个启示开始，经历新思想、新设计、新实验或观察，获得初步知识；初步知识经过科学共同体的检验和接受后，成为知识体系的新成员；新知识首次成功应用后，成为认识和改造世界的新工具；知识创新实质是首次引入新知识。这就是知识创新原理。如图 9-1 所示。

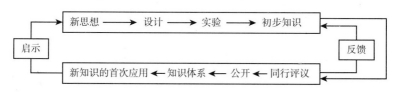

图 9-1　单个企业的知识创新原理示意

（二）产业集群的知识创新原理

产业集群是由相互关联（包括互补与竞争）的企业和相关机构（包括科研机构、中介机构与服务机构等）在一定区位集聚形成的从原材料供应到销售渠道甚至到最终用户的上、中、下游结构完整，外围产业体系完备，具有资源共享、生产灵活等特点的有机系统，其具有很强的知识创新整体性和协同性。一般来说包括两个层次：集群主体组织间的知识创新与处于集群环境中的企业内部知识创新。

产业集群会通过社会化、外部化、组合化和内部化等过程，将吸取到的知识与自身相融合，从而实现知识累积与创新，如图 9-2 所示。

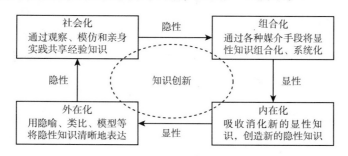

图 9-2　产业集群的知识创新原理

（三）知识联盟的知识创新原理

知识联盟是战略联盟的高级形式，是指企业以获取其他组织的技术、可供创新的知识与能力为目的而自愿达成的一种联盟形式。企业利用知识转移、分享和整合等多种方式，掌握联盟成员的知识技能，并共同创造新知识。企业科研机构、科研院所、大学以及将知识转化为产品的生产企业，不可替代地成为创新知识系统中的核心主体，并结成了一个目标主要是知识创新的利益联盟体。其中，主体是产、学、研等组织机构，它们承担知识创新系统中知识的生产、转移、扩散、推广和应用的任务。知识联盟的知识创新过程如图9-3所示。

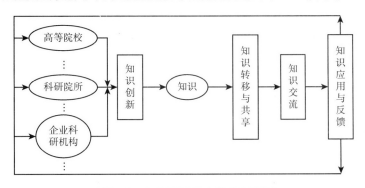

图9-3 知识联盟的知识创新原理

由图9-3可知，知识联盟的知识创新是来自企业、科研院所、高等院校等的创新主体的共同合作，具有协作性、系统集成性及网络化显著的特征。

二、知识联盟的知识创新特征

传统的创新理论是线性的思维模式，认为创新产生于企业内部，这种观点在现代已经慢慢显现其狭隘性。当今时代，创新的复杂程度远胜于从前，是非线性的创新模式。企业的创新已经扩散到了企业价值链的各个环节，并进一步覆盖到整个知识联盟，从而构成了多企业的协作创新。知识转移过程与动态的知识创新过程已融为一体。

知识联盟中的知识创新具有以下五个特征。

（一）多维的动态集成性

从创新主体的构成角度来看，知识创新系统的构成是多个要素的动态有机整合，而不是孤立的企业或高校科研院所。通过充分发挥各自的功能，各个创新主体达到优势互补，并使集成后的系统整体功能倍增；从知识创新的过程角度来看，从个体新理念的产生到最终新知识的价值，知识的创新转化经历着一个由知识创造、知识转移、知识演化、知识应用以及知识反馈构成的不断重复演进的过程。因此，知识的创新是缺少任何一个环节都无法实现的，它是创新各个环节的有效集成。

（二）创新的聚合效应

随着社会经济的快速发展，任一单一企业都无法构建一个全新的技术系统或者平台，只有利用多组织知识进行整合才能完成。在组织层面上，许多创新并非发明而是协作所导致，利用外部知识的能力目前已是创新能力的主要组成部分。企业创新的潜力要么源于内部研发，要么源于合作企业的创新溢出。而创新溢出与企业的学习能力、企业之间的公共知识及知识联盟紧密度密切相关。

（三）知识创新的协作性

知识联盟的知识创新不是知识创新，更不是个体知识的创造。它最主要的特征是创新主体之间利用有效方式使知识的协同创造与创新得以实现，只有以市场需求为主导，以政府政策为引导，通过企业对高等院校的基础研究、科研院所的应用研究的实际检验，协同研发实践，才可使知识的创新机制不断完善。

（四）创新的低成本和低风险

由于创新建立在互惠与信任基础上，企业知识联盟各方在专用性资产上就能放心投资，创新也具有高成功率。而所有成员分担创新的成本与风险使整个知识联盟的创新效率大大提高了。

（五）知识创新的网络化

作为开放式的网络系统，知识创新系统由与知识的生产、扩散、转移和应用相关的机构与组织构成，具有网络化的特征。生产企业、科研院所、高等院校等创新主体则是网络上的知识创新节点。在知识联盟中，该特征是知识的协同创造、创新必不可少的前提条件。

第二节 产业集群企业知识联盟的知识创新过程

知识联盟的参与主体是产业集群，而不再是单一的企业成员。由于该联盟具有动态集成性、开放性以及网络化等特征，知识创新过程较为复杂，并且决定了影响联盟知识创新的因素也是多方面的。

一、产业集群知识联盟的知识创新流程分析

（一）产业集群知识联盟的知识创新主体

产业集群内的高校、科研院所、企业科研机构和将知识转化为产品并创造价值的生产企业，成为知识创新系统中不可替代的核心主体。构建知识创新体系的

目的是为了建立一个与外部知识实体共享知识、协同创新的环境。企业知识创新平台中创新主体之间的关系如图9-4所示。

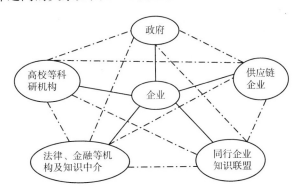

图9-4 产业集群知识联盟的知识创新主体间的关系

（二）产业集群知识联盟的知识创新流程

在知识创新流程中，主要分为以下几个阶段，如图9-5所示。

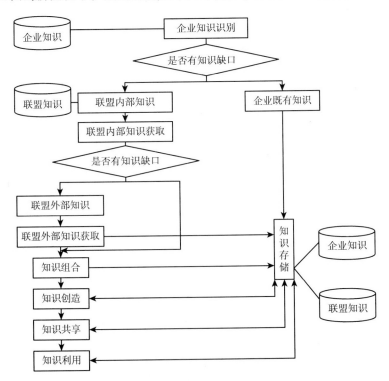

图9-5 产业集群知识联盟内部的知识创新流程

首先，联盟企业通过对企业内部、联盟内部和联盟外部的知识进行识别，明确自己的知识需求与知识缺口，了解其自身、联盟内部及联盟外部存在哪些重要的知识，并通过联盟内部和外部的各种渠道来进行知识获取。

其次，成员企业通过某种必然性和相关性将本企业已有的知识和从外部获取的知识关联起来，进行加工整合。此时，虽然联盟企业表面是将问题搁置起来，实际上是通过对知识的整序归类等操作，最终实现对自身隐性知识的激活。

再次，成员企业通过学习培训自身的创意或直觉以及相互的讨论产生了新的企业隐性与显性的知识和技能，这一阶段完成了知识创新的过程。

最后，成员企业通过与联盟内部和外部组织之间的知识共享与知识利用，检验企业自身的知识创新是否有效，是否达到了既定的效果。还有一个流程——知识存储应该贯穿于各个阶段之中，成员企业在进行知识识别、知识获取、知识组织、知识创造、知识共享和知识利用时都应该及时地将知识存储到本企业知识库和联盟知识库中，以便于后期更为便利、快速地检索，更好地保存知识的价值。

二、产业集群知识联盟企业知识创新过程中的障碍

基于产业集群的特点，产业集群知识联盟在进行知识创新时不可避免地会遇到一些困难和障碍，主要表现在以下一些方面。

（一）成员企业间的沟通和协调的障碍

知识联盟成员的文化差距、距离和文化不对称等因素会影响企业间知识的交流和学习。由于知识表示机制上的缺陷而无法认识和理解一致的信息，难以全面地了解合作伙伴的知识，因此造成知识创新的障碍。

（二）成员企业的组织文化形成的障碍

组织文化可以反映知识联盟的企业对环境的态度和观念，其反映和行为模式会影响企业的知识创新过程。如果企业的组织文化中缺少鼓励知识交流与共享、相互合作与相互信任等内容，那么很难想象企业之间会进行知识的流动与转化。

（三）联盟成员之间的信任障碍

在产业集群环境下，信任是实现隐性知识交流与共享的关键，是成员之间协作的根本保证。只有隐性知识进行交流和共享，才能实现技术和知识的创新。隐性知识的性质决定其交流与共享的前提是自愿协作、互惠互利和相互信任，所以彼此信任程度越高，则隐性知识交流越充分；反之则越差。因此，知识联盟成员之间的信任程度是知识创新的一个障碍因素。

（四）知识固有的形态形成的障碍

对于知识联盟的知识创新过程来说，如何将隐性知识有效地转化为显性知识从而更好地加以应用是最重要的问题。产业集群知识联盟成员企业的运作有良好的信息技术平台的支持，但隐性知识是个人经验、技巧和能力的综合体现，往往很难用编码形式的语言来表述。因此，隐性知识的非正式化与难以形式化以及难以沟通和表达等特性都构成了联盟知识创新的障碍。

针对产业集群知识联盟的知识创新过程中存在的一些障碍，可以采取一些相应的策略来解决。

第一，加强企业成员之间的交流和沟通。隐性知识的传播与共享是企业知识创新的关键，而正式化的传播渠道对难以编码化的隐性知识交流不太适用，因此，企业成员相互之间应多交流和沟通，通过一些商务聚会、专题研讨会等形式来交流和分享彼此的经验和技能。

第二，创建有利于知识创新的组织文化。企业的组织文化有利于形成企业成员间相互信赖的关系与统一的价值观，而成员间的信赖和价值取向的一致则是隐性知识流动共享以及知识创新的基础。企业组织文化必须支持和鼓励企业合作伙伴间的交流与合作，以促进隐性知识的显性化过程，批判地继承以往的经验规则，鼓励知识联盟的成员积极进行知识共享和创新活动。

第三，创建企业成员知识合作的共同愿景。产业集群知识联盟的构建是以成员的协作意愿为前提的。成员的关系是建立在共同利益基础上的一种协作关系，成员的合作不依赖于行政命令和道德说教，而是受共同的协作意愿所支配。因此，创建知识合作的愿景可以将企业的个体活动融入整体之中，激发成员交流和共享知识的意愿，为知识创新提供内在的激励。

第四，制定知识创新的激励机制。企业要制定有利于知识创新的激励机制。企业应激励员工在知识交流、知识共享以及知识创新方面的行为。具体可采用物质激励和精神激励相结合的手段。在物质激励方面，可以采取直接的实物奖励，或将员工的知识贡献转化为期权，用期权来达到激励的效果，当然将两者结合使用也可。而精神激励则是通过宣传报道、提升等方式来满足员工的荣誉欲望和成就欲望，同样也可促进知识创新的进行。

第三节　基于知识转移的产业集群知识
联盟企业的知识创新体系

产业集群知识联盟的知识创新是一个既包括成员企业自身的知识创新，也包括整个知识联盟的知识创新以及二者互动关系的复杂过程。联盟成员的个体学习即是企业层面的知识创新，企业知识创新是联盟知识创新的基础和源头。联盟层面的知识创新即是指组织间的知识创新，它是包括知识传送、知识采用、知识创造、知识审核与修正及其互动关系的过程。

一、知识转移和知识创新的互动关系

（一）知识转移促进了知识创新的发展

知识的创新过程既是知识创造的过程，又是知识转移的过程。可以说，知识转移与创新密不可分。知识转移可以促进知识创新的发展，知识创新过程也为知识转移带来更丰富的知识内容，同时也带来了知识转移的复杂性。知识创新与知识转移的关系表现在以下几个方面。

1. 知识转移以知识创新为目的，知识创新以知识转移为基础。知识转移的目的就是将自己的知识与他人进行分享和利用，特别是隐性知识到显性知识的转移，导致知识创新的面更为广泛。同时，知识转移为知识创新提供了便利的条件。这从知识转移的途径上可以看出来，如在隐性知识到隐性知识的转移中，传统的传道授业、言传身教的影响，现代的知识沙龙讨论与在线交流等，可以使更多人分享到隐性知识。在共同的劳动与协作中，人们也可以相互分享对方的隐性知识。可以说，这种转移体现出最直接的知识创新。

另外，正是通过知识的传递、汇集、整合的过程，知识体系的改变和创新得以实现。而新知识的创造，也是建立在知识转移基础上的。组织在创造新知识的过程中，首先必须从多种渠道汇集相关知识，这本身就是知识的学习和转移过程。其次还要对所获得的知识进行转换，从而实现社会化、外部化、结合化及内部化的过程，而这些过程和知识的转移都是密不可分的。

2. 知识转移是知识创新的必要条件。知识创新过程和知识转移过程合二为一，知识创新过程其实就是知识转移过程。知识转移意味着知识所有权与使用权程度不同地发生转移和变化，而知识所有权与使用权的转移和变化一定会造成知识为新的所有者及使用者所分享，可以说，知识转移的过程体现了知识创新，而知识创新的过程融入了知识转移。知识转移就意味着知识的转移和流动，这就为知识创新提供了条件。另外，知识转移还意味着知识的利用和价值实现。在这个过程中，通常伴随有新知识的"发现、发明、创造和应用"，这就是知识创新。所以，知识创新是在知识转移的过程中以知识转移作为必要条件而实现的，知识转移和知识创新是一个完整的知识流动、知识增值的过程。

3. 知识转移促进了企业知识创新的扩散。出于互惠互利、共同发展的目标，缔结知识联盟的企业在已建立的相互信赖的基础上，为了消除联盟企业间知识转移的障碍和缺陷，愿意让合作伙伴了解自己拥有的知识及在法律和经济许可的范围内转移与分享自己的知识，大大地提高了知识在企业间直接流动和扩散。另外，联盟企业可以通过知识的互换，有效地迅速地获得其他方式难以获得的短缺知识，突破联盟外的知识壁垒，从而实现知识创新的突破。

（二） 知识创新提高了知识转移的效果

知识创新的途径很多，但从知识管理的角度来说，最主要的途径就是知识转移。成功的知识转移，有助于知识创新的实现，二者的关系如下。

1. 知识创新提高了知识流动效率。知识联盟注重发展新产品与提高合作成员的学习和创新能力，通过知识要素的流动实现各方核心能力的连接与融合，并在交互学习中提高各自的创新能力。这就要求联盟企业尽快地在联盟内部传播知识，并将知识转化为市场价值。在知识创新过程中创造出来的新知识，进一步丰富了知识转移的内容，提升了知识转移的广度和深度，提高了知识转移的效率。

2. 知识创新的成果有利于在企业间传递和扩散。由于联盟中企业之间存在着经济活动的相互依赖性和资源的互补性，通过分工，联盟企业将各种分散的创新资源集中，实现资源的共享和优势互补，从而加强了联盟整体解决知识创新中日趋复杂的技术难题的能力。由于各成员企业在合作创新中都贡献了各自的知识专长和知识资源，并承担了一定的成本投入，因此也就可以共享知识创新成果的收益，大大地提高了知识的使用效率。

二、产业集群企业知识联盟内的知识价值链

（一） 知识联盟的知识存在形式

知识联盟的知识根据思考问题的角度的不同，可以采用两种分类方法，形成知识存在的转化维度和层次维度，如图9-6所示。

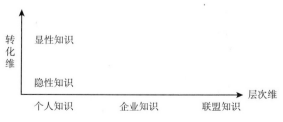

图9-6　产业集群知识联盟的知识存在形式

从知识是否明晰的角度，联盟知识可以有两种存在形式：隐性知识和显性知识。隐性知识是个人主观的经验性、模拟性、具有个别情境特殊性的知识，通常无法直接辨认，难以通过文字、程序或图形等具体形式向外传递，此类知识传递较为费时。显性知识是客观的理性知识、顺序性知识与数字知识，可以清楚地辨认，保存于产品、程序、手册等具体形态中，而且是可以通过正式形式及系统性语言传递的知识。联盟所拥有的知识中，有一部分是从自己所有的经验中体会出来的，那种可以用确切语言表达出来的知识只是占其整个联盟知识体系的一小部分。

知识联盟的隐性知识与显性知识并不是完全孤立的，它们处在一个共同体内，相互补充，在人们的创造性活动中相互作用、相互转化。这种转化不是仅限于某个人自身，而是在人与人之间进行，是一种社会化的过程。知识联盟的知识创新也就是隐性知识和显性知识之间一种转化的、连续的、动态的过程。

从知识所存在的层次来分，可以分为个人知识、企业知识与联盟知识。个人知识是个人通过有意识、有目标的学习，然后对知识进行创新应用而获得的。成员企业知识则是由其成员企业的员工个人产生的，离开了个人，企业无法产生知识。个人只可获得与产生专门领域的知识，而企业在生产和项目研发中需要综合各种知识，形成企业的知识。对企业的知识进行管理可以提高企业知识智商、减少重复劳动。并可以避免因一个人的离职将资料和知识带走而造成组织的知识失忆。联盟知识是联盟成员在相互作用的过程中获取的，其中包括与客户交往所获取的知识。

（二）知识联盟的知识价值链

迈克尔·波特认为，企业每一生产经营活动都是其创造价值的活动，企业中所有互不相同但又相互关联的生产经营活动，便构成了创造价值的一个动态过程，即价值链。同样，一个企业的知识创造和流动也存在这样一条价值链。知识是企业的财富，企业的知识随着企业的成长而积累沉淀下来，企业知识管理的实质就是对知识价值链进行管理，使企业的知识资本在运动中不断增值。

知识价值链模型是一个整合模型，由彼得·德鲁克提出的学习型组织理论、迈克尔·波特的价值链理论以及日本野中郁次郎的知识螺旋理论所推演而成。根据该模型，本书将知识价值链界定为：知识联盟为成员企业、供应链企业、政府、高校与科研机构以及知识中介单位等相关利益集团为创造价值所进行的一系列知识管理活动的总称。知识价值链反映了组织中知识管理流程的全生命周期过程，主要包括知识的获取、知识的转化、知识的创造、知识的应用和知识的扩散五个依次相互连接的核心环节，其构成了一个闭合的循环过程，在知识管理流程的过程中完成知识的价值实现和知识的增值创新，如图 9-7 所示。

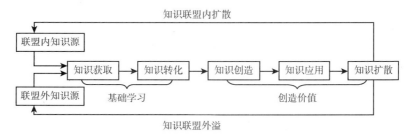

图 9 - 7　产业集群知识联盟内的知识价值链

由图 9 - 7 可以看出，知识价值链是形成企业竞争优势的源泉。通过对知识价值链核心环节的详细阐述，可以对产业集群知识联盟创新的内在机理和创新过程给予科学且综合的分析。产业集群知识联盟的知识创新是建立在联盟内知识流动、共享、创新和应用基础上的，因而知识价值链是支撑创新知识管理体系的重要组成部分。

三、产业集群企业知识联盟的知识创新体系的构建

构建产业集群知识联盟中的知识创新体系，就是要以知识创新为目的，构建面向供应链企业、知识中介机构、同行竞争企业、高校、政府等知识创新主体的知识交流与共享的平台。本书研究的知识联盟的知识创新体系，是指基于联盟内部的知识创新过程，在联盟内外部创新动力机制约束下的一种创新框架。知识创新过程包括知识的转化、知识的创新以及知识的扩散三个核心环节，如图 9 - 8 所示。

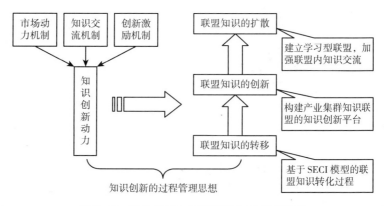

图 9 - 8　产业集群知识联盟的知识创新体系

在图 9 - 8 中，促进产业集群知识联盟知识创新的动力来源主要有三个方面：

市场动力机制、联盟内部知识交流机制以及联盟内的知识创新激励机制。在这三大动力的推动下，知识联盟内部不断地进行以社会化、外部化、组合化、内部化这种螺旋上升的转化模式为主的知识转化过程。经过这一阶段的知识转化，联盟内部的知识创新主体就可以通过共享交流等途径，进行新知识的整合和创造，最后在整个集群内建立学习型联盟，加强联盟内部的知识交流，使新知识在整个联盟迅速推广和使用。

（一）产业集群知识联盟的知识创新动力

根据图 9-8 可以知道，以市场动力机制、联盟内部的知识交流机制以及知识创新机制为主的产业集群知识联盟的知识创新动力机制，对联盟知识创新既是一种约束，也是一种制度上的保障。其中，市场动力机制是原动力，是知识创新的发动机；交流机制与激励机制则是"燃料"，是推动产业集群知识联盟知识创新的催化剂。由此，本书构建了产业集群知识联盟知识创新的动力模型，如图 9-9 所示。

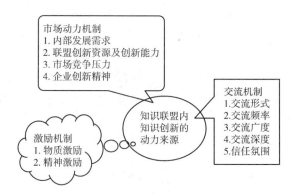

图 9-9　产业集群知识联盟知识创新的动力模型

1. 知识创新的市场动力机制。从知识联盟企业知识创新的动力来源来看，知识创新的市场动力主要有内在动力与外在动力两个方面。从市场方面来说，外在动力包括市场的知识需求拉力与市场竞争压力，内部动力是企业内部发展需求。企业知识创新是这些内外部动力因素共同作用的结果。

2. 知识创新的交流机制。在知识联盟条件下的知识交流障碍主要存在于组织制度、信任程度以及组织形式中。如果联盟组织不在制度上给予支持和保证，只是激励成员要学会彼此分享知识，那么联盟组织的知识共享很难会成功。联盟成员要彼此分享和吸收知识，一个很重要的因素就是要有共同的语言。因此，建立正式的知识交流机制与培养共同语言成为知识联盟中进行知识创新的重要因素。另外一个重要因素就是建立非正式的知识交流的人际关系，即自发的、无组织的知识交流，这种知识交流是建立在一种相互信任的基础上的。

3. 知识创新的激励机制。知识创新的激励是知识创新活动开展、强化的力量源泉和保障，它决定创新速度和效果。知识创新的激励机制，指刺激和制约知识创新活动的方向、强度、频率和效果的动力传导机制及其作用机理。制定有利于知识创新的激励机制，不但要鼓励成员企业在集群内部进行知识交流与共享，还要鼓励成员企业注重学习集群外部的知识。对积极参与知识交流、知识共享以及知识创新方面的成员企业及其行为进行奖励，奖励可以分为物质奖励和精神奖励。

（二）基于 SECI 模型的产业集群知识联盟的知识转化过程

知识转化是指将获取的新知识融合到先验知识体系中，是知识联盟内部企业或个人显性知识和隐性知识之间的相互转化过程。通过促进知识的共享和交流，以达到提升自身知识存量，优化知识结构的目的。联盟内的知识按照知识拥有主体的不同可以分为个体显性知识、组织显性知识、个体隐性知识和组织隐性知识。根据野中郁次郎的知识转化模型，产业集群内个体和组织之间的隐性知识和显性知识之间的转化可以分为四个阶段。

图 9 - 10 表示产业集群知识联盟内部成员企业和联盟知识转化过程。个体或组织从社会化阶段获得隐性知识经过外在阶段、整合阶段，再内在化升华为隐性知识，从而提高了整个联盟的知识存量，并优化了知识结构。在知识转化的环节，个人和组织的先验知识体系螺旋上升，为知识创新和知识价值的实现奠定了基础，成为企业获得竞争优势的重要知识资源。

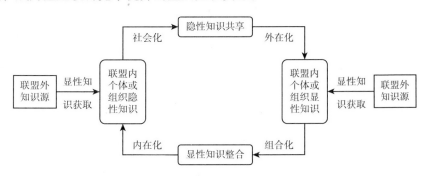

图 9 - 10　产业集群知识联盟内个体和组织知识转化过程

（三）产业集群知识联盟的知识创新平台

产业集群知识联盟是指合理组合拥有不同核心资源的企业、政府、高校和科研机构、知识中介以及相关机构，以便借助以网络技术为中心的集群环境，使集群内的合作伙伴形成虚拟运作的一种知识共有整体。在集群环境下，应充分利用网络和协同手段，使整个产业集群知识联盟或联盟之间进行各种广泛的合作，不仅允许企业内部员工和部门之间，而且要在相互协作的企业之间进行充分的知识交流和知识共享。通过这种学习交流与知识共享达到知识创新的目的，以便对市场的需求和变化作出迅速的响应，提升联盟的整体竞争优势。知识联盟的成员在进行知识转化和知识共享的时候，需建立一个共同的知识平台，并且通过这样的知识平台来进行实时交互。

为了满足产业集群环境下知识联盟的知识创新需要，针对知识联盟的特点，本书提出了基于产业集群知识联盟的知识创新平台（见图9–11）。产业集群知识联盟内的成员企业主要通过这个知识创新平台来进行彼此间的知识创新活动。

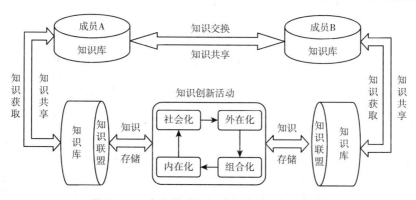

图9–11　产业集群知识联盟的知识创新平台

1. 知识库。知识库是集知识的获取、分类、组织、存储、传播、维护、共享于一体的智能知识处理系统，包括知识联盟内的各成员子知识库及整个知识联盟的知识库。该系统能自动或通过人工的方式获取针对某一组织主题的知识并按一定的模式进行分类、编码，能对各种结构和类型的知识进行集中或分布存储，能为用户提供良好的知识共享环境并能动态地对其中存储的知识进行即时的更新和维护，知识库应尽可能地包含与企业有关的所有信息和知识。各子成员知识库之间可以进行一定范围的共享和转化，子成员知识库和联盟知识库之间也可以互相获取新的知识，进行知识共享。

2. 知识创新活动。知识创新活动主要是以SECI模型的四个转化过程为参照。一般认为，知识创新就是显性知识与隐性知识之间的互相转化，企业在进行知识转化过程中要实时将转化时获取的新知识进行存储，以便充实整个联盟的知识库。这个转化过程在前面已有详细的阐述，如图9–10所示。

（四） 构建学习型企业联盟体

知识创新的扩散过程是一个复杂的学习过程，知识联盟企业间的知识扩散效果就取决于联盟成员间的学习。因此，构建集群式的学习型组织，可以有力地促进产业集群知识联盟内的知识扩散，提升知识创新效果。

第四节　集群企业知识联盟的知识创新案例

一、案例简介

硅谷（Silicon Valley）是位于美国加利福尼亚州的旧金山经圣克拉拉至圣何塞近 50 公里的一条狭长地带，是美国重要的电子工业基地，也是世界最为知名的电子工业集中地。

今天的惠普已成为美国也是世界上知名的信息技术领导者之一，它的年营业额超过 400 亿美元。惠普公司的资金、技术、信息、服务和解决方案均在同行业中处于领先地位，拥有最全面的 IT 产品线，产品涵盖了计算机及成像设备的产品服务和技术支持。惠普打印机、服务器、个人电脑等产品均处于全球领先地位，客户遍及电信、金融、政府、交通、运输、能源、航天、电子、制造和教育等部门。惠普成功的诸多因素之一是该公司在行业中的不断创新。特别是它抛弃了传统的竞争理念，与硅谷中同行业的公司创立知识联盟，创立了一种新的研发模式——联合研发，共同进行技术创新。该集群知识联盟成员企业包括惠普公司、Octel 通信公司、3COM 公司、Weitek 公司、Informix 公司等，它们的特点是能够提供彼此互补的技术，从而构成硅谷地区相互依存并相互加强的知识网络。

传统的竞争理念总是重视内部 R&D 活动的封闭式技术创新，企业通过用比竞争对手更多的 R&D 投资，试图垄断相关领域核心技术，而且为了防止技术外泄不愿同外部合作。而惠普公司认为，在信息技术飞速发展的今天，没有公司能独立地进行先进技术的研制，所以有必要通过与知识联盟伙伴的合作来创造新优势。在惠普公司的带领下，以惠普为主体的集群知识联盟在技术开发过程中广泛利用联盟的内外资源的开放式技术创新模式。一方面，通过公布某些技术标准，极大地促进了集群经济的灵活性、专业化和多样性。另一方面，积极利用外部创意和技术，通过创新源泉多元化来加速创新。

基于产业集群企业知识联盟的联合研发模式让惠普受益匪浅。一直以来，惠普不断发布一系列面向消费大众、商务人士与企业的新品，在定义市场与行业竞争中抢得先机。惠普的客户在获得最高价值的同时享受到顶尖的设计、创新的特性与易用的体验。从全球第一款低价位色彩超真显示器、领先的触摸界面技术、不断扩充的超便携笔记本电脑系列（UMPC）与上网本（Companion PCs）到无可比拟的高性能计算机，惠普提供了行业中范围最为广泛的产品，满足了各类客户群的需求。2009 年 2 月，当一个又一个全球显赫的科技公司陷入盈利神话被打破的新闻漩涡中时，惠普在全球权威商业媒体、美国最负盛名和最具影响力的商业杂志《Fast Company》公布的 2008 年度全球最具创新公司的 50 家公司名单中，惠普位于第 12 名，相比去年 18 名上升了 6 位。

二、案例分析

现代企业所取得的创新成就已不是单个企业封闭式技术创新，单个企业间歇性的创新成果已经无法应对市场竞争压力和市场的知识需求，只有结成知识联合体，不断发现新的市场和投资机会，增大有效知识技术的出现和捕捉新的机会，创新才具有持续性。惠普神话的创造，正是知识联盟知识创新优势的体现。

（一）优势互补，形成创新的聚合效应

随着技术的迅速发展，构建一个全新的技术系统或平台已经超出了单一企业的知识和能力范围。单个企业的资源有限，技术突破具有个体局限，即使取得技术突破也往往在开拓市场、经营管理方面受到自身能力和资源的限制。而以惠普为主体的知识联盟成员之间能够提供彼此互补的技术，克服了单独个体的局限性，整合多种知识技术资源和技能，产业链和创新配套条件得到优化，从而增大了创新成功的概率，降低了技术创新的风险和成本。这种共同的利益驱动使得联合研发成为必然，同时，也使硅谷地区相互依存并相互加强的知识网络的构成成为可能。

（二）提倡沟通，营造有利于创新的交流氛围

惠普将鼓励创新、勇于冒险、提倡沟通的组织文化渗透到以惠普为主体的集群知识联盟中。通过公布某些技术标准，不仅有效地促进了集群经济的灵活性、专业化和多样性，同时以实际行动激励了联盟组织间的知识交流和共享，使知识的交流与共享建立在自愿协作、互惠互利和相互信任的基础上。这种高度的信任使成员企业中的隐性知识得到充分的交流，知识在交流扩散的过程中进一步完善、提炼与改进，从而显示出在知识互动学习基础上的协作、重组与创造过程。

（三）搭建平台，提升联盟整体的竞争优势

产业集群知识联盟通过信息与网络技术将具有不同核心资源的企业及相关机

构集成在一起，使集群内的合作伙伴形成虚拟运作的一种知识共有整体。因此，知识联盟的成员在进行知识转化和知识共享的时候，需要建立一个共同的知识平台，并且通过这样的知识平台来进行实时交互。由于硅谷地区以高技术的中小公司群为基础，而惠普公司与 Octel 通信公司、3COM 公司、Weitek 公司、Informix 等公司的知识联盟属强强联合，具有先进的网络技术和协同手段，这种得天独厚的优势可以将各企业知识库中的创新要素添加到先进的联盟知识库中，使各成员企业知识库与联盟知识库实现知识互动，技术创新的知识和信息在整个联盟内得以迅速传播，从而使该集群成为一个创新整体，具有创新整体优势。

（四） 互动学习，实现联盟的持续创新

一直以来，惠普在定义市场与行业竞争中均能抢占先机，这与知识联盟企业之间的不断学习密不可分。因为创新成功本身就要求企业在创新中进行互动学习、知识流动和组合，使得新技术、新知识、新思想、新经验易于获得与集成，易于求证和纠偏。显性知识、隐性知识都可以在其创生、构思阶段，就能通过网络关系而交流扩散，并在交流扩散中进一步完善、提炼与改进，进而持续的创造新知识，从而提升了单个组织乃至整个集群的竞争优势。

第十章 产业集群企业知识联盟的
风险及其防范

本章首先对知识联盟风险的驱动机制与影响因素两个方面进行了详细的分析，然后对如何识别知识联盟的风险进行介绍。只有了解风险如何生成及如何识别，才能更好地对风险进行防范，本章最后描述了防范风险的办法，并且提出几条关键的预防措施和方法。

第一节 产业集群企业知识联盟风险

随着技术变得越来越复杂，产品开发成本、技术与风险都在持续攀升，在某些经济领域当中，由一家企业单独完成市场竞争力最强的某一技术或产品的开发和研制工作已经不太现实。由于高技术市场路径依赖的现象不断显现，企业技术开发的时效性、更新速度的不断提高已然成为影响企业生死存亡的重要因素，而单个企业在时间和空间的范围内可获取的资源十分匮乏，尤其是精英的专业人才，因此，企业不得不想尽办法通过各种方式寻找最适合的知识联盟。

在当今知识经济的背景下，知识已经是企业取得成功的至关重要的资源。而知识联盟的兴起，满足了企业向合作企业学习知识、增强企业竞争力的目的，更顺应了知识经济的潮流。自 1990 年以来，知识联盟迅速发展，已经成为众多企业增强企业竞争力的一种重要战略选择。然而发展知识联盟具有很大的风险，一旦失败会导致企业面临市区客户、产品、市场、战略计划和其他的知识产权，使公司陷入全面的困境。以往知识联盟发展的实证研究表明，联盟的失败率大约为 50%～60%，联盟的一般寿命仅为 7 年。因此，识别联盟风险并且做好防范工作是产业集群企业在构建知识联盟的重点工作之一。

一、知识联盟风险的含义

关系风险产生于知识联盟内部，主要表现是隐瞒扭曲信息、躲避或不履行承诺、窃取合作伙伴企业的技术或者挖走关键人物、故意提供不合格产品。关系风险的产生主要是由于企业或者个人过分对自身利益的追求，是合作企业的机会主义行为。

绩效风险是在联盟企业内充分合作的背景下，由不确定的外部因素导致的风险，即排除关系风险之外的风险。其来源可能是来自联盟外部，也可能是联盟内部，主要有以下几个可能来源：内部因素，如公司风险，决策失误等；环境因素，如宏观经济波动，政府政策的变化等；市场因素，如消费者需求波动，市场竞争激烈等。

关系风险与绩效风险的产生方式不一样是它们的本质区别：绩效风险发生在"企业与环境之间"的互动；关系风险产生于"企业之间"的互动。因而我们把关系风险归为由联盟伙伴之间合作摩擦产生的不利条件，把绩效风险定义为因市场竞争性弱和不可预知性的联盟伙伴或者企业而导致的损失。但是，联盟中的风险是动态的，如刚开始可能体现为绩效风险，当企业各方的目标不一致时，关系风险可能会凸显其重要作用。换句话说，在知识联盟所有风险中，关系风险是一种最常见和显著的风险。联盟本质上是将各个企业和其他企业建立起一种关系，然后获取其中的优势条件，是一种关系租赁的过程。由于只依靠单个企业的实力不能达到双边相容的目标，所以企业便会结成联盟进行优势互补，体现为两个或多个企业间紧密的合作关系。嵌于关系网中的增补性资源或互补性资源是关系租赁或关系优势产生的主要来源。联盟首要考虑参加伙伴参与合作的不确定性是联盟与涉及单个企业的战略间的一个重要区别，联盟的关系风险与企业之间是紧密相关的，主要表现为企业间的合作水平，所以联盟可以说是风险战略的一种。企业之间的关系直接影响着联盟的成功与否，这说明"关系风险"在联盟中发挥着重大的作用。

二、知识联盟风险的特点

产业集群企业的自身利益在加入知识联盟后可能会受到损失，这种风险也影响着企业的运作，使其具备以下几种明显的特征。

（一）主观和客观的交互性

企业是承担联盟风险的主体，联盟风险可能和企业的目标不一致，对企业本身的利益造成损害。当然，这种风险不是企业主观愿意的，是发生于预料之外的，是企业本身所不能控制的自发事件。而对于企业，这种联盟风险的主客观性相互交织，互相渗透。例如，有一些企业为了获得对方企业的优势条件而加入联盟，但因为调研不充分（或其他可能性原因），容易受到欺骗，花费高价买了一套已经落后的设备。这是因为联盟风险受其主客观因素的影响，而企业高层的决策和认识错误也包含在联盟风险中。

（二）不确定性

产生联盟风险的主要原因是收集信息不够充分和随机性因素。随机原因导致的这种联盟风险是可以进行测度的，可以用概率分布来描述。然而信息不足造成的联盟风险不能测度，因为人们很难掌握体现客观事物规律性的全部信息，所以信息不足是永恒的、绝对的、无法避免的。也就是说，在联盟发展的决策中，收集信息不够充分始终存在于企业联盟中，而且这种风险也是很难被预测的，具有不确定性。这种不确定性对企业来说，可能是有利的，也有可能是不利的。对企业的有利影响就是使其得到更多的利益，即机遇。对企业不利的影响就是给其利益造成损害，即真正的风险。在技术联盟的实践过程中，国内的很多企业也常常遭遇风险。如新产品难以占领市场，开发的新产品不能够满足消费者需要；由于自然灾害的因素，知识联盟中的合作开发计划延迟开工；和外企的技术联盟因为两国关系恶化，因而外企放弃提供之前承诺的技术；等等。

（三）相对性

每个知识联盟在技术、资金、管理水平、信息渠道等方面，对事件的反应和承受能力各异，具有各自的特殊性。换句话说，不同联盟对同一事件的影响强度不同。很显然，联盟受到外部不可预测性因素影响而产生的不利条件同样是有相对性的。

三、知识联盟风险的产生原因及其影响因素

（一）知识联盟风险形成的根本原因

导致知识联盟发生风险有很多方面的因素，其中，包括各个企业之间的合作无法顺利进行，知识无法达到共享的作用。

1. 联盟伙伴利己动机和机会主义倾向。许多学者对知识联盟风险的形成原因进行了调查。达斯与滕（Das & Teng，1996）通过研究，把关系风险中可以预知到的风险归为决策者在合作中能够察觉到对方机会主义行为的程度。威

廉姆森的观点也大致相同：关系风险的主要原因是合作伙伴的机会主义行为。

威廉姆森将机会主义行为定义为以非法手段谋取自身利益的倾向，如通过歪曲信息和隐瞒信息而到达签署有利于自己的合同，即逆选择行为，体现为事先的机会主义倾向；再如故意找出合同中的缺陷甚至做出违反法律的事情，即败德行为，这表现为事后的机会主义。机会主义包括以下几个特征：首先，不惜放弃与交易伙伴的长期合作关系，只看见短期利益的投机行为。其次，追求自私自利的行为，表现为给联盟伙伴的利益造成损害而获取自身的利益。最后，与交易的契约要求在形式上相矛盾。不管这种契约是没有法律明确规定的非正式契约关系，还是有法律规定的正式契约。欺诈行为是机会主义最常用的手段。

在知识联盟中最讲究的是企业间的信任，信息的不对称是联盟始终存在的现象。联盟企业之间很难评定各方的贡献，也很难准确权衡各主体在合作中投入的努力程度，因为在此之前对对方的实际技术能力和知识、目标认定的调查不足。因此，合作契约在设计中存在一定的模糊性，使其发生很多欺诈行为。不完整的契约制度和与道德败坏的企业合作导致机会主义的出现。

实际上，联盟伙伴间存在着很大的隐患，如无形资产中的技能与知识的转换等，其中可能隐藏着很高的风险和潜在的机会主义。企业在合作中常常会感觉到联盟伙伴之间的关系风险很高，因为在彼此合作中经常出现"搭便车"、投机取巧和偷懒的现象，企业独有的技术与知识会受到机会主义的影响。而这种机会主义在联盟伙伴合作中是很常见的现象，它会破坏企业间的信任关系，降低合作关系。

2. 联盟伙伴的目标差异与利益冲突。企业结成联盟主要是为了实现利益的最大化，但是在实践中，企业常常为了实现各自的利益而使双方的矛盾激化产生分歧，这种分歧对联盟的协同作用产生了影响。联盟的合作关系是企业为了实现各自利益，通过联盟获取彼此间更大的利益，但当这种愿望无法达成，就会打击企业之间的合作积极性，甚至促使其另谋发展。

知识联盟中合作企业产生利益冲突的原因很多，由于联盟各方有所差异，一旦只考虑自己的利益，就会引发冲突。

（1）不同的目标。不同的企业加入联盟都有各自的理由，有的是为了学到更多企业管理的知识；有的是为了避免研发所带来的风险；有的是为了学习别人的先进技术等。

（2）投入的资源类型不同。联盟伙伴在投入技术资源方面更注重技术的保密性问题；在投入财力资源方面则关心投资回报。

（3）加入联盟动机不同。知识和利益分享是知识联盟主要目标，但对于企业来说，实现共同利益只是其进入联盟的部分目标。它们的主要目标是追求共同利益最大化,将市场"蛋糕"做大,同时追求自身利益最大化,获得最大的市场份额。在此动机的驱使下,出现利己行为的可能性很高。

(4)战略意图和目标的差异。战略意图是指企业在加入联盟时想要达到的战略目标。不同的企业会有不同的战略目标,有的看重在联盟中占主导地位,有的则看重自己的无形资产应该怎样保护而不被外泄。企业的战略目标体现了联盟成员今后的计划,通过这个计划制订出更具体的行动方案。所以,联盟成员成功与否就要看联盟企业和竞争对手之间的战略目标。

(5)行为策略各异。企业加入联盟的目的不一样,则会采取不同的方案。具有竞争性联盟企业是为了了解对方的核心知识,掌握关键技能;非竞争性的企业是想要通过对方的技能与知识来实现自己的目标。所以就会出现有的企业为了提防自己的知识与技能被偷取,会过分地保护自己,使合作的积极性不高。哈默尔也曾说过,某些企业专门通过联盟来获得对方的先进技能,一旦联盟合同发现疏漏,一方企业很容易剽窃另一企业的技术而不受到惩罚。

因此,知识联盟中的企业可能会相互提防,不信任感会增强,从而使关系风险变高。而联盟成员之间组织文化的差异性和不相容也会导致其合作的效率低下,关系风险增高。

导致联盟绩效风险的最主要原因是知识的黏性,它使企业难以进行战略变化,难以接受合作伙伴的技术和诀窍,阻碍组织学习;还使企业间知识不能进行有效的整合,导致合作绩效低。

(二) 知识联盟风险的影响因素

在知识联盟中,风险的影响因素主要包括以下几个方面。

1. 不当的伙伴选择。战略联盟失败的首要原因就是选错了合作伙伴,伙伴选择不当是导致联盟不稳定或者失败的重要原因,例如,伙伴目标的矛盾性会破坏合作的积极性,从而产生矛盾冲突。不当的伙伴是一个可怕的潜在竞争对手,因此恰当选择联盟伙伴,势将影响联盟的成效。

2. 联盟各方的收益分配不合理与贡献评价。战略联盟中的参与企业重视以公平来作为评价企业之间的关系。被公平对待的需要对伙伴关系会产生很大的影响。所谓公平,是指联盟各方都能获得相对公平的收益,双方的收入都能达到满意。依照公平原理,只要有一方觉得彼此间的收益不合理,就会有不公平的感觉产生,然后想尽办法改变这种关系实现公平。因此,如果有一方产生了不公平,就会采取行动,很有可能会危害企业之间的合作关系。获取最大的收益是每个企业合作的根本目的,所以联盟企业内利益的公平分配决定着它们之间的合作关系。一旦联盟的伙伴感知到不公平,或者遇见未来会有不公平待遇,它们对于合作的信息会被破坏,可能使联盟伙伴的合作关系产生瓦解。企业如果发觉在将来的合作中可能会产生一些不公平的事情，则会降低彼此之间合作的积极性，损坏合作关系。

3. 技术和知识的共享与外泄的冲突。在企业联盟过程中，企业经常会使自己的核心知识与技能泄露，而这些却是企业在激烈的竞争市场中制胜的法宝。哈吉多恩（Hagedoorn）认为，企业为了获取对方的优势技能与知识而选择加入联盟。而这些企业以学习为名义，在合作中偷取其他企业的知识与技能优势，使对方失去竞争力，从而使己方的竞争优势增强，结果，对手慢慢失去市场价值，最终使彼此间的合作关系逐渐被打破。这样，它们之间的合作与沟通就会产生困难，导致联盟面临分裂的危机。

4. 联盟伙伴管理机制的制约。联盟属于跨组织的关系，管理起来很不容易，不是一方所能控制的。首先，信息不对称因素使联盟企业管理制度发生疏漏。因为这个原因，企业在加入联盟时不能对其他合作者的能力、目标、其他资源等作出正确的认识，因而加大了契约管理的难度，也使管理中的激励与监督不力，使机会主义的行为经常发生。其次，信息不对称普遍存在，导致管理机制存在缺陷。由于信息不对称，无法预料到所有可能的情况，契约本身就是不完备的，这就导致联盟伙伴之间存在侥幸心理和投机空间，导致管理机制的不完全性。

5. 缺乏有效的沟通和相互信任。企业之间的信任与沟通联系对联盟的成功至关重要。企业间合作的未来发展方案就取决于彼此的承诺，这种承诺是在潜移默化中形成或是有明文规定。但在知识联盟中，合作企业在技术和知识分享与交流过程中，为了避免因企业机密被竞争对手泄露使自己的优势丧失，便会时刻警惕自己的技术不被偷窃，保守各自的商业机密，一般会采取一些防范和保护措施；同时，为了使自己在联盟中获取效益的最大化，它们希望对方能够毫无保留地进行合作。这种信息的不对称交流导致企业有保留地进行合作，把各自的利益放在第一位，使彼此之间的信任度大大减低，损害合作关系。提高企业合作的信任度就是要通过交流，但交流的不顺利会破坏企业间的合作，增加信息的不对称，使机会主义常常发生，大大地提高了失败的概率。

6. 文化的非相容性。文化是组织黏合剂，在组织中有几个重要作用：内部整合性、外部适应性、降低企业成员的不确定性感受和恐惧。因为企业联盟企业来自不同的地域、国度，有不同的文化、政策、经济实力，这就更加加剧联盟之间的复杂性。然而联盟企业文化、战略和组织的不相容常常使联盟解散。不相容性的文化一方面很容易阻碍企业间的交流，从而使彼此间的承诺与信任难以建立。另一方面，非相容性的文化容易使合作中的原则与相关规范不一致，因而发生摩擦，破坏合作关系。

第二节　识别产业集群企业知识联盟风险

一、识别面向生命周期的产业集群企业的知识联盟风险方法

产业集群企业的知识联盟很容易受外界的干扰，联盟的不同生命周期会有不同的目标和不一样的环境背景，这也使联盟有着不同的风险因素。虽然已有很多学者研究不同时期的知识联盟的问题，但依然缺少整体性和针对性，不能很好地针对自身特点。因此，为了动态地、有效地识别面向产业集群的知识联盟的风险，本书在以往研究的基础上，通过研究不同生命周期阶段的知识联盟的特点，分析产业集群自身的特点从而识别其面临的风险因素。

（一）传统识别风险的方法

识别战略联盟风险的方法包括财务报表法、专家调查法、流程图法、经验数据法、初始清单法和风险调查法、环境分析法、蒙特卡罗模拟法等。财务报表法是指控制整个过程中的财务风险因素，主要是从成本方面考虑财务的风险；专家调查法是指通过专业人士一起讨论开会或是问卷的方式，表达自己的主观意见，这全由专家自己的水平决定；流程图法是指以分析单位为流程模块，各个模块可能都隐藏着风险，且不同模块又很容易受到影响，常常会失去准确性，而且把每个系统具体到每个模块上是一件很困难的事情。环境分析法是指假象身处在不一样的环境背景中系统可能会面临的风险，在具体的背景中，可以让系统更准确的分析出来，更符合实际的运作。所以，本书通过环境分析法，不但结合面向产业集群的知识联盟生命周期，还将其生命周期模拟化成一个相对简单的流程图，并综合了环境分析法来弥补流程图法中相互割裂的缺点。

（二）风险识别产业集群企业知识联盟的生命周期

本书将面向产业集群的知识联盟风险通过环境分析法分为内部风险与外部风险两部分，来达到有效识别风险的目的。因知识联盟中每个企业的活动而产生的风险，是内部风险。其行为活动可以由联盟企业自身掌控，是联盟企业可以采取合适方式进行控制的。因外部环境发生改变随之而来的风险即是外部风险，这些外部环境是知识联盟不能掌控的，是独立于知识联盟意志的环境，主要包括市场风险、政治风险、金融风险等。一般可将风险分为三种：全程性风险指在知识联盟全部过程的生命周期都有风险，过程性风险是指因为联盟生命周期的不一样而

发生风险，伙伴间传递风险是指企业之间彼此作用而发生风险。因为联盟企业的不同生命周期过程的传递风险有不一样的特点，所以本书把风险归纳为阶段性与全程性风险。识别阶段性风险是通过企业不同生命周期阶段的知识联盟的一步步进行得出的，图 10 - 1 是具体分析的过程。

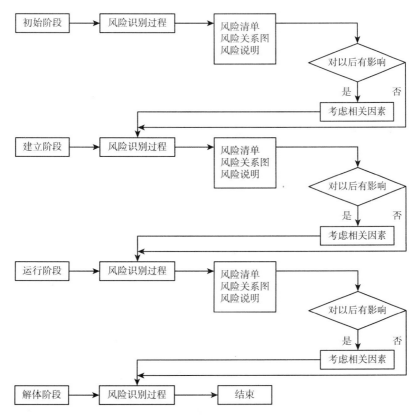

图 10 - 1　识别产业集群企业方向的知识联盟内部风险的过程

二、识别产业集群企业方向的知识联盟内部风险

阶段性和全程性风险是内部风险的两个方面。本书通过分析知识联盟的生命周期来辨别不同的风险，这些风险识别主要有初始阶段风险识别、组建阶段风险识别、解体阶段风险识别和运行阶段风险识别。以下论述风险识别的几个阶段。

（一）初始阶段风险识别

通过分析知识联盟的生命周期可知，企业建立知识联盟初始阶段主要是为了明确其核心能力和知识差距，此阶段风险识别的指标如图 10 - 2 所示。

图 10 - 2　初始阶段风险识别指标

1. 核心能力识别风险。一方面，联盟成员的生命周期很容易受不正确的核心能力的影响。知识创新和学习是知识联盟的目的所在，强强联合在联盟企业间虽然不强调，但是应当强调的是与其他联盟成员间的优势互补及联盟企业自己的核心优势。对产业集群企业核心能力的不正确认识有可能会使企业选择错误的合作伙伴。同时，错误的辨别会使联盟制定不正确的政策，阻碍市场竞争，从而会使核心能力的评估不准确，导致市场机遇实现模式不正确的选择而发生风险。

另一方面，作为一种知识体系的核心能力，企业的内隐知识是它的主要体现。为缩短自身的知识差距，企业加入知识联盟以学习对方的隐性知识，识别核心能力错误可能会使其核心能力在没有保护的情况下暴露给其他企业，致使企业丢失本身的核心能力。一旦企业失去了核心能力，联盟可能会有解散的风险。如果联盟被解体了，没有核心技能的企业在激烈的市场竞争中会遭遇淘汰，可能会被其他企业收购或兼并。

2. 知识差距把握风险。知识现状和预期状态是知识差距的两个部分，这两个差别就是知识把握风险的来源。预期状态或知识现状可能会被过低或过高地估计，不准确的评估会使知识差距产生变化，这些变化可能会带来意想不到的风险。如果过高地评估知识情况，可能会使差距变短。因此，在决定合作伙伴时会因不准确的评估使伙伴本身的优势条件跟不上集群企业所需的要求，则集群企业无法获得想要的结果，甚至会使联盟遭遇解体。同时，假设企业与正确的伙伴合作，彼此之间优势互补，互相实现目标，但是因为企业自己的知识状态被过高评估，进入正式运作过程的知识联盟，自身知识状态对于集群企业制定的学习方法和学习目标会产生差距，使企业的核心能力很难提高，使知识联盟的学习效率降低，从而影响了知识联盟发挥优势。

3. 基础培育风险。为使知识联盟的优势有效发挥，企业必须对自己所拥有的资源进行估计，取长补短。技术开发经验、技术开发能力、技术开发管理经验等方面的不足会对其他企业的合作产生负面影响。此外，对联盟来说，知识学习是非常重要的。隐性知识是联盟中学习的主要知识，需要通过与其他合作伙伴比较以及结合本身生产过程才能学习到。企业在成为联盟中的一员之前，需要提高企业本身的基础素质，而培养这些素质需要耗费大量的人力、物力、财力，因此必须有目标性地解决问题，对重点培育对象进行准确的分析。

（二）建立阶段风险识别

建立面向产业集群企业的联盟主要有以下几个过程，意向协议的签订、联盟伙伴的选择、可行性研究、盟约的签订、举行谈判等过程。图 10-3 是建立阶段风险识别指标。

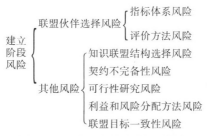

图 10-3　建立阶段风险识别指标

1. 联盟选择伙伴风险。联盟伙伴的选择一般可以分成两个步骤，即建立选择联盟伙伴指标体系和对指标体系的评估体系。本书所讲述的联盟伙伴选择风险是指标体系风险和评估体系风险。指标体系风险一般是指其非准确性或不合理性。联盟伙伴选择的参考指标是指标体系，有效地规避联盟伙伴所带来的风险可以通过建立合适的指标体系来实现，如机会主义行为风险。由于联盟盟友选择问题在供应链或产品联盟中都存在，所以学者研究较多的是指标体系。不恰当的联盟企业指标体系会导致企业对联盟伙伴作出错误的选择，使关系风险大大地提升。

2. 风险和利益分配方法风险。联盟成功的关键因素是合理的风险和利润分配方案，主要体现效率与公平的原则，使利益分配与风险的分担相对称，并使联盟方获得的利益比不参与联盟要多。因此应维持知识联盟收益的对称性：一方面是联盟中企业的总体回报与资源投入的对称性。如果联盟中企业的实际收益与所希望获得的收益不一致，它们就会产生消极的想法，有可能会退出联盟，破坏联盟的稳定性；另一方面是联盟共同利益和企业内各个收益的对称性。共享是联盟利益的一部分，其余则进行分配。有些企业只看重眼前利益，为达到分配利益部分更大而损害共同利益，使联盟的合作关系被打破，使双方合作破裂。不合适的风险分配和利益策略会大大降低企业之间的信赖程度，使联盟的关系风险提高，破坏企业的正常运作。

3. 知识联盟结构风险。联盟结构不同，会引起抗风险的性质和程度出现差异。有些联盟结构可以解决关系风险，但其他风险会增大；有的联盟则不一样。产业集群企业联盟可以归为四个部分：少数股权联盟、股份合资企业、单边协议基础联盟和双边协议基础联盟。

4. 联盟目标一致性风险。想要更好地管理好联盟内的关系，首先要增强企业之间的信任关系，要制定一个共同的战略目标。产业集群的企业加入联盟，有的是想要学习企业管理的有利经验，有的是想要规避企业研究开发的风险，有的是为了学习别人的先进技术。这些不同的目标使其自身拥有多样性的特点。有些企业为了不让自己的核心技术被其他企业偷窃，往往会过分地封闭自己，合作的积极性不高。合作性最强的就是具有追随动机的联盟成员，它们通过联盟不仅可以占据市场，还可以明了行业发展趋势或取得相关领域较先进的知识。多样性的联盟企业合作动机，存在联盟目标的冲突，应先在联盟建立的过程中加以处理，不然在实际运行过程中，会使联盟中各成员因追求个体利益而放弃联盟的共同利益，很容易引起机会主义行为，破坏诚信关系，最终导致联盟的失败。

5. 可行性分析风险。研究联盟可行性的科学方法就是可行性研究。可行性研究和分析为联盟的形成提供科学根据。知识联盟形成之前的最后一个检验步骤就是可行性研究阶段，对之前的联盟伙伴选择、市场机遇把握、联盟结构选择等经过最终的论证，对联盟成立的准备工作从一个整体角度进行考核。可行性研究需要专业的人员用专门的方法来实施，不具备相应技能的评估人员或不正确的分析方法，在知识联盟未来正式运作中会造成影响，有可能会疏忽在前阶段没有被发现的问题，这会给知识联盟的运作埋下隐患。

（三）运行阶段风险识别

运行阶段的风险是运行风险和关系风险。运行风险是指即使具有令人满意的联盟伙伴间的合作精神，但很有可能不能实现知识联盟的战略目标。联盟伙伴间的合作关系即关系风险，亦指联盟伙伴违反合作精神的可能性，包括阻止联盟目标实现的关系问题，如机会主义行为。来源不同是运行风险和关系风险的本质差别：环境或联盟之间的相互作用会导致运行风险；联盟伙伴间即企业与企业之间的相互作用会导致关系风险。因此我们将因联盟伙伴合作的问题而引起损失归为关系风险，把因市场不确定性引起的损失和联盟自身竞争力不足归为运行风险。

1. 关系风险。关系风险是联盟伙伴不符合合作精神的可能性，一种典型的关系风险是联盟伙伴的机会主义行为。机会主义行为的例子有隐瞒信息、不履行义务或承诺、挖走关键人物和剽窃合作企业的技术。

一方面，利润分配风险和机会主义是关系风险的根源。在面向企业的产业集群知识联盟中，很难衡量联盟企业的投入和努力，评定各方的贡献也很难绝对公平，所以在合作中很容易有偷懒现象，即投机行为很容易发生。在联盟共同体中，任何无形资源在联盟企业之间（如能力与知识）的转移和交换由于其具有的隐蔽性和模糊性都暗示具有较高的关系风险。哈默尔（Hamel，1991）认为，某些联盟伙伴可能打着研发的幌子来获得盟友企业的优势技术。所以，合作者之间良好关系的前提就是解决好公平问题。

另一方面，对伙伴的管理方式不合适会造成风险。存在着不完整性契约的风险，即不能预见到所有可能情况的发生，因而在契约中无法限制联盟企业的错误行为，侥幸心理在联盟伙伴中一直存在。所以联盟关系风险的一个重要来源是不完备性的契约。

2. 运行风险。本书研究以企业产业集群为核心的知识联盟的风险，在结合产业集群自身的特点和前人的研究成果的基础上，得出以下几种运行风险。

（1）人力资源风险。人力资源风险是人力资源管理风险和人才风险。这两方面的风险关注的是不同的方面。人力资源管理风险是指知识联盟中来自不同地区的员工，在吸收、文化背景等方面存在的差异，使员工招聘、开发、使用及升迁等问题显得更加复杂。这些问题的不当处理会降低知识联盟员工的积极性，使知识联盟的效率降低。人力资源管理中有如下几个问题需要注意：①因为在原来的联盟企业加入新联盟后，其原来的组织结构将会与新的结构有所不同，因此联盟员工及伙伴必须具有适应管理组织结构变化的能力。②要使联盟每个员工都了解建立联盟的目的，明白联盟目标，使联盟的凝聚力增强。③为联盟配备合适的技术及管理人员，一定要具有联盟成功所需的技术能力；同时他们要有心理准备做好联盟的长期工作。④绩效评估。这是对于员工晋升、留用和薪资等决策的根据，建立独特的绩效评估体系是联盟所必需的，对于成熟的联盟来说更加重要。⑤确定管理人员的经营职责或战略。⑥处理好员工对联盟的忠诚问题。员工在联盟中一般具有双重忠诚感，即对联盟的忠诚和对本企业的忠诚。员工个人的任务性质及联盟类型决定其忠诚程度。

（2）社会文化差异风险。本书通过社会文化和企业文化两个层次来讨论文化风险。社会文化影响着社会的每个角落，其中行为规范和企业经营哲学直接受到影响。在企业长期的经营过程中，其文化个性会渐渐形成，有自己的行为模式和价值观。多个企业结成联盟，势必会造成各个企业间的不同文化发生冲突。跨文化冲突不但使组织的效率降低，甚至使联盟瓦解。若彼此间有较大的文化差异，在日常沟通中则容易产生文化摩擦现象。如果不能恰当解决这些冲突，就造成企业选择退出联盟，导致联盟遭遇分裂，企业惨遭损失。

（3）战略导向差异风险。企业集群知识联盟的长久性取决于面对产业集群知识联盟的目标——"知识创新和知识学习"。知识联盟持续时间长，联盟的任务和目标是基于实际情况或分阶段性实施。因此，一旦达到了联盟的初始目标，各联盟成员企业的各个方面（如内部条件、外部环境和战略目标）都会随知识的创新和获取等而改变。这种情况是很常见的，尤其是在技术进步快、产业分散度高的知识联盟里。

（4）技术风险。无论是企业的开发还是研究，都需要大量的投资。如果成功了，则会带来巨额的收益；但如果失败了，对企业来说是一个巨大的打击，甚至造成企业的破产。企业之间构成知识联盟是为了进行预见性研究或技术创新，所以以研发为目的的联盟中，其面临的研发风险非常大，风险管理者应把其视为重点对象。通过集群企业的技术创新或研发特征，分析企业在面向产业集群的知识联盟中技术创新将会遭遇的风险。

技术成熟性的含义是进行技术创新的知识联盟所使用的技术中新需求与现有的设计研究的比重。包含两部分：①成熟的技术水平。一项成熟的技术可以规避由于技术问题而产生的质量偏差。②联盟伙伴使用某一技术的熟练程度。如果使用不成熟，会对进度造成影响，甚至留下质量隐患，导致后期的工作量加大。

（四）解体阶段风险识别

为了达到预期的战略目标，知识联盟在实施过程中需要随环境的改变，相应地对战略进行修正和检讨。一方面，环境的改变有时候会导致某个联盟伙伴转变其战略目标；另一方面，在环境发生重大变化时，有些联盟可能不再具有任何意义。如果发生了这两种情况，知识联盟及其伙伴应考虑联盟的转让、重建或者通过退出来降低损失。知识联盟的解体并不意味着失败。它应该是有计划的退出，联盟伙伴间在联盟形成阶段中关于处置方法的协议或投资终止将有利于达到无痛终止。

（五）全程性风险识别

面向集群企业的知识联盟在整个运作中会有各种各样不同的风险，那些在生命周期均存在的风险被称为全程性风险。在全程性风险中，每个都会影响知识联盟运行正常，其中成本风险影响最大。知识联盟的整个生命周期都围绕着成本风险，因为企业的运转需要资金的支持，一旦企业的生存受到影响，知识联盟也无法生存。所以企业的发展和生存取决于产业集群企业资金的高效利用和合理。

三、外部风险识别

外部风险指知识联盟生命周期中不受控制的风险因素，其主要来源于外部环境因素（如战争和经济波动、政府政策的变化、市场因素等）。

1. 市场风险。市场风险是知识联盟遇到的可能的市场变化。市场风险包括下面四点：竞争对手数量；竞争对手实力；市场信息准确程度；潜在的市场容量。

2. 金融、政策风险。不仅国际政策会对知识联盟产生影响，宏观经济的形势同样会对其产生一定的影响。国际政策变动和宏观经济形势改变很可能使联盟发展陷入困境。国家的政策导向、经济体制均有或多或少的差别，各个国家的经济实力也各有差异，这些对联盟有重要的影响，继而影响联盟的持久性，在地方保护主义的背景下，跨国界、跨地区的联盟更为显著。

四、风险清单与风险关系图

（一）风险清单设计

风险清单是经过对不同信息风险的汇总和收集来体现系统的各类风险或总风险的变化状况，是一种风险监控技术。风险清单以监控知识联盟风险为目标，具有两个功能：一是为知识联盟的风险防范机构提供联盟当前所面对的风险状况。二是风险防范机构在需要的情况下能及时提供知识联盟的某一类风险的详细信息。风险清单一般包括以下几个方面：风险来源、风险分类、条件、后果、结果、受影响部门，风险所有人（如表 10 - 1 所示）。

表 10 - 1　　　　　　　及时风险清单

风险分类	风险来源	条件	结果	后果	风险所有人	受影响部门
技术	技术变更	使用新技术	由于使用新技术而延长开发时间	推迟进入市场时间，从而导致市场占有率下降	技术人员	开发部门

把本章的风险识别结果记录在风险清单，得到表 10 - 2。

表 10 - 2 面向产业集群企业的知识联盟风险清单

风险分类		风险来源	条 件	结 果	后 果	风险所有人	受影响部门
内部风险	阶段性风险	核心能力识别	识别核心能力	核心能力识别不准确	选择错误的联盟的伙伴，延误市场机遇	管理决策者	知识联盟策划机构
		知识差距把握问题	需评定自身知识状态与预期知识状态的差距	评定的知识差距出现偏差	制订错误的知识学习方案，联盟目标难以实现	管理决策者	企业中的技术部门，或者其他通过联盟进行知识学习和创新的部门
		基础培育问题	考虑加入知识联盟	不具备加入知识联盟所具备的基础	导致知识联盟效率降低	企业中与知识联盟相关的所有事物	所有相关部门
		联盟伙伴选择问题	选择联盟伙伴	选择不到合适的联盟伙伴	导致关系风险和运行风险	联盟管理机构	整个联盟
		知识联盟结构风险	确定知识联盟所采用的组织结构	采用不同的组织结构	不同的组织结构带来不同的关系风险和运行风险	联盟管理机构成员和联盟伙伴成员	各个联盟企业
		利益和风险分配方法问题	决定利益和风险分配方法	不合适的分配方法	增加关系风险	联盟成员和联盟管理机构成员	联盟成员
		联盟目标一致性问题	确定联盟目标	难以达成一致性目标	导致关系风险、诚信破裂	联盟伙伴成员和管理机构成员	整个知识联盟
		契约不完备问题	签订相关契约	契约并不能预见所有事情的发生并对其进行约束	提高成本风险和关系风险	联盟伙伴和管理机构	整个知识联盟
		可行性分析问题	探讨知识联盟的可行性	忽略或者没有看到知识联盟存在的隐性问题	导致知识联盟失败	可行性专业分析人员	整个知识联盟
		关系风险问题	联盟伙伴合作出现不协调	机会主义行为，忽略集体利益	联盟关系的破裂和解体	联盟伙伴成员	企业中参与知识联盟的组织机构
		人力资源风险	人力资源管理出现问题或出现"跳槽"迹象	人才流失工作积极性降低	核心技术丢失或外泄，联盟效力降低	相关人才	人力资源管理部门，技术部门等参与知识联盟的部门
		社会文化差异	联盟伙伴拥有不同的价值观	工作中沟通出现问题或难以协调	降低知识联盟的运行效力、收益	不同的联盟伙伴成员	整个知识联盟

风险分类		风险来源	条 件	结 果	后 果	风险所有人	受影响部门
内部风险	阶段性风险	技术风险	技术能力受限	技术不成熟导致单个联盟企业进度滞后	影响联盟正常运作和联盟加入市场时机	相关技术人员	相关技术部门和其他与该技术部门相关的部门
		管理协调风险	组织沟通能力、学习能力、信息系统管理	沟通能力差、学习能力差、信息系统难以集成	运行出现问题,沟通不舒畅,影响整个联盟正常工作,导致联盟失败	联盟管理机构和联盟各伙伴企业的相关人员	联盟伙伴企业中各个需要沟通的部门
	全程性风险	成本风险	沟通成本、市场把握、伙伴选择、核心能力识别、协调、解体成本	成本过大	知识联盟或联盟企业面临资金问题	参与上述过程的每个人员	联盟伙伴
外部风险		市场风险	竞争对手实力、数量、潜在市场容量、市场信息准确程度	市场情况把握失误	知识联盟失去利润空间	知识联盟管理决策者	整个知识联盟
		金融、政策风险	联盟伙伴背景不一样	造成伙伴间沟通困难	影响知识联盟的运作效率	知识联盟中的每个成员	整个知识联盟

(二) 风险关系图

一旦获取风险清单,便可以从风险清单中得到不同风险因素之间的关系。无论是生命周期前阶段的风险因素,还是因为不当的行为而产生的风险,都会在很大程度上影响到生命周期的后阶段。通过分析风险因素的互相关系,并用风险关系图表示。

(三) 风险关系图的绘制

风险关系图的主要功能是:讲述联盟可能产生的风险因素之间的互相关系。由于风险因素较多,所以使用矩阵来找出不同风险因素的关系。

绘制风险关系图的主要方法是:首先,给风险因素标号;其次,分别用 N 和 Y 表示无关和相关;最后,因为知识联盟是一个动态发展的联盟,其生命周期分为4个阶段,其中运行阶段是重复运行的,另外三个阶段都是具有"一次性"特点,因此我们只需要关注同阶段因素之间或前阶段因素对后阶段因素的影响就足以。

标号:1——核心能力识别;2——知识差距把握;3——基础培育风险;4——

联盟伙伴选择；5——知识联盟结构；6——利益和风险分配；7——联盟目标一致性风险；8——可行性分析风险；9——关系风险；10——人力资源风险；11——社会文化风险；12——技术风险；13——管理协调风险；14——核心能力缺失。

表 10 - 3 　　　　　　　　　　　风险因素关系矩阵

	1	2	3	4	5	6	7	8	9	10	11	12	13	14
1	—	Y	Y	Y	N	N	N	N	N	N	N	N	N	N
2	—	—	Y	Y	N	N	N	N	N	N	N	N	N	N
3	—	—	—	N	N	N	N	N	N	Y	N	N	Y	N
4	—	—	—	—	N	N	N	N	Y	N	N	N	N	N
5	—	—	—	—	—	N	N	N	Y	N	N	N	N	N
6	—	—	—	—	—	—	N	N	Y	N	N	N	N	N
7	—	—	—	—	—	—	—	N	Y	N	N	N	N	N
8	—	—	—	—	—	—	—	—	N	N	N	N	N	N
9	—	—	—	—	—	—	—	—	—	N	N	N	N	N
10	—	—	—	—	—	—	—	—	—	—	N	N	Y	Y
11	—	—	—	—	—	—	—	—	—	—	—	N	N	N
12	—	—	—	—	—	—	—	—	—	—	—	—	N	N
13	—	—	—	—	—	—	—	—	—	—	—	—	—	N
14	—	—	—	—	—	—	—	—	—	—	—	—	—	—

综上所述，很容易明确分析出知识联盟风险因素间的相互关系，如图 10 - 4 所示。其中箭头代表相关，箭头的方向表示前后相关及前面对后面因素存在影响。

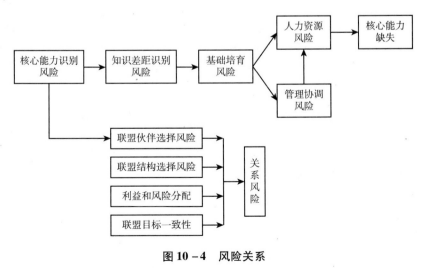

图 10 - 4 风险关系

第三节 防范企业产业集群的知识联盟风险措施

每个联盟都不可避免地面临许多风险，这些风险会导致联盟的知识创新存在不确定性，导致实际效果产生偏差。

企业十分注重如何预防联盟风险会给企业带来的影响。联盟风险防范对策的制定并不简单，一般的企业管理对策只是针对常规的问题，相对比较确定；而对于预防风险的规范对策来说，联盟难以提前预知所有的可能性。因此，只有尽可能地排除出现联盟风险的条件。

一、培育广泛的合作基础

联盟在从事技术开发过程中需要各方的积极配合，而各方的信任和友善对协调工作的效果起着重要的作用。通过研究，企业间的相互信任不仅能够提高对伙伴行为的宽容限度，降低冲突的概率，还有利于及时发现合作开发中的漏洞。不仅要在企业高层主管之间建立互信互利关系，同时也要对培养基层和中层管理人员合作意识给予关注。要努力消除企业间由于实力的差距而造成的受重视程度不同的问题，这需要联盟成员间多多了解彼此之间的意愿，尽量避免不必要的冲突，和平、公正地解决问题。

二、选择合适的联盟方式

知识联盟方式主要有下面几种方式：①研究开发伙伴关系；②许可证转让；③股权参与；④合资企业。一般来说，进行知识联盟方式的选择是从低程度参与到高程度参与的一种过程。所以企业间的相互信任是十分重要的。可按联盟不同的业务性质划分为纵向联盟方式、横向联盟方式和混合联盟方式三种方式。横向联盟是竞争对手之间的联盟。纵向联盟通常代表企业联盟伙伴在进行一项经营活动中的地位不对称。至于企业最终要采取哪种联盟方式，要通过足够的论证以及准确判断本企业自身的实力和地位，根据具体情况作出最合适的选择。

选择知识联盟的方式需要一定的策略。选择时要依据企业的战略目标，同时要注重实现目标的可行性，拿雷诺—日产联盟的例子来说，首先是进行股权参与，然后进行组建合资企业，即使雷诺已达到控股，却始终以"联盟"方式运作，这表现了雷诺后期整合的态度。

为了达到保证企业利益和避免重要资源的缺失的双重目的，企业在进行合作方式的选择时，要清楚地认知自己的筹码。例如，Snecma 公司与 GE 公司合资中，GE 以整套组装的方式对重要组建进行包装、交货，这样一来便成功地保留控制了其核心技术。

三、慎重寻找和选择合适联盟伙伴

知识联盟成功最重要的一步是恰当地选择联盟伙伴。因此企业管理者需要理性地评估和认识潜在合作伙伴。在选择伙伴的过程中，需要重视以下几种因素：

（1）相容性。指企业的领导人之间相处是否融洽，若企业的领导人之间无法相处或彼此间存在较大文化差异，彼此不能信任，则很难联盟成功。

（2）一致性。指联盟双方在经营理念、经营任务、管理、企业文化等方面的一致性，体现在当遇到问题时，可以很快达成共识。

（3）双赢性。指企业双方均获得利益。

（4）互补性。指企业间优势互补。

（5）整合性。指联盟后在组织或业务上能否精简，为协同竞争的整体能否集合。

（6）潜在伙伴的综合实力对等性。通常企业会选择综合实力相差不大的合作伙伴，尽量避免发生机会主义行为。

联盟伙伴的选择对于联盟的建立来说至关重要。企业应谨慎小心地选择合作伙伴，要有明确的战略目标。企业要明确其动机，努力做到共同获利。一般来说，按照这个方法来寻找，可以找到本企业所需求的有好的管理经验、精湛的技术、拥有进入新市场的机会优势、分担风险及文化上相似、相容的企业作为合作伙伴。通常选择知识联盟伙伴应当重视三个方面：能力、兼容性和承诺。

四、求同存异，文化整合

企业间的文化差异不仅可能导致联盟内部不协调，甚至可能破坏联盟的稳定性。一般来说，在技术联盟运作中，这些冲突是不可避免的。但是企业员工要努力减少这种纷争，同时承认多元文化并存的合理性，更要尊重和认可其他企业文化。此外，在联盟内应建立处理纷争的机制，如在企业主管间开通"热线"以处理纷争，或是互相在对方总部设立专门的高级人员。

知识联盟的很多研究发现，文化冲突具有客观性，要是企业能够足够重视，那么冲突是很容易解决的。

五、建立有效的约束和协调机制

（一） 建立有效的协调机制

在企业产业集群的知识联盟建立初期，每个联盟伙伴需要认真研究、制订详细的可执行的计划并加以实施。当然，还需注意知识联盟运作的协调管理，避免发生冲突。从以前的失败案例可以了解到，协调机制是保持联盟和谐相处的一个重要工具。要建立多样的决策体系，明确行使权力的界限、以便成员共同参与。总而言之，要保证联盟能够成功，就要做到承诺、信任、互相学习、协作以及拥有灵活的策略。即使是这样，依然存在着不合理的产权关系问题，因此，产权关系的理顺和现代企业制度的建立是知识联盟的正常运作的基础。

（二） 加强知识联盟的责任约束机制

对联盟成员来说，存在一条约定俗成的法则：严厉打击联盟成员所采取的投机行为，要以牙还牙严厉处置。尽管知识联盟建立时制定了责任约束机制，但仍有企业伙伴存在侥幸心理，做出机会主义行为。博弈论得出这样一种现象，就是在初始时开展合作，任何时候都和对手做相同的事情。实践表明，如果每个联盟成员都遵守此规则，将会使投机行为发生的概率降到最低。但是，开展这一简单规则要以每个联盟成员都制定一个共同的责任约束机制为前提。因为它是每个成员企业决定是否采用以牙还牙的方式的依据，通过这个共同责任约束机制来观察其余成员企业"违规"与否。

第十一章　成功的产业集群企业知识联盟的条件与完善

产业集群企业知识联盟的目的是以增进企业和产业集群核心能力不断地发展。在产业集群知识联盟的发展过程中，需要通过向组织中人的学习才能获得其核心能力，因此，联盟的组织学习管理才是知识联盟管理的重点。下面是对一些成功的产业集群企业知识联盟分析（包括需要的条件和如何完善）：

（1）企业知识联盟的成功所需要的必要条件。

（2）成功的企业知识联盟所选择的治理结构。

（3）建立企业知识联盟的关系资本。

（4）建立企业知识联盟的管理体系。

（5）建立企业知识联盟的学习型组织的构建和完善的企业学习机制。

第一节　产业集群企业知识联盟的成功条件

要探寻产业集群企业知识联盟成功所具备的条件，首先需要通过对影响产业集群企业知识联盟成功的因素进行分析，寻求集群企业知识联盟的可行性条件。前几章分别对知识联盟中知识转移、知识共享、创新体系、风险防范等进行研究。在此基础上可以看出，影响企业知识联盟的因素有投入、产出、管理和环境四个因素。

1. 投入因素。

①企业知识联盟共同目标的确定；②企业知识联盟进展的阶段性目标；③建立和控制预算；④明确企业知识联盟范围；⑤对企业知识联盟在文化方面的管理模式和相容性进行评价；⑥吸取过去企业知识联盟的经验并与紧密联系现有经营。

2. 管理因素。

①团队相互信任；②权责明确；③平等的利益分配；④各部门的紧密交流；⑤激励技术知识共享；⑥跟踪和反馈企业知识联盟的过程；⑦企业知识联盟具有

灵活性。

3. 环境因素。

①产品因素；②经济环境；③技术环境；④竞争环境状况；⑤政府部门的作用。

4. 产出因素。

①企业的快速创新；②核心技术的共享；③企业的良好声誉；④品牌知名度提高；⑤产品生产成本和销售成本降低；⑥设备能力、人员能力、信息能力、组织能力等企业技术能力的提高；⑦营销资源的共享（销售渠道、产品商标）；⑧对竞争者的影响；⑨市场/产业竞争性结构的影响；⑩经营风险的分散；⑪市场占有率提高；⑫对用户/客户的影响。

为了实现成功的集群企业知识联盟，必须合理的解决这四个方面因素。一般来说，集群企业知识联盟的有效开展应符合以下条件：

其一，正确选择集群企业知识联盟伙伴。关键是联盟企业间的互补性要强，各成员要有足够诚意，而且要充分信任。在技术能力方面，集群企业知识联盟者可以发挥各有的能力优势和弥补其现有能力的不足。

其二，组织要明确规定企业知识联盟的条件、利益和所应承担的责任。一个成功的集群企业知识联盟的基本原则是"共享利益、共担风险、相互平等"，尤其是在竞争者之间。通过企业知识联盟，产生的新知识应以制度、协议等方式保证大家共享。

其三，集群企业知识联盟要有与时俱进的治理结构。

其四，建立产业集群企业知识联盟管理体系。合理的管理应以相互信任为基础，大家进行日常交流，了解研究的进展，进行信息的沟通，共享获取的知识信息，增强各企业的技术能力。

其五，保护企业知识联盟的利益，对付其他企业进入市场。在这种条件下，企业知识联盟各方的目标需要统一，积极研制、开发具有国际竞争力的技术和产品。整个企业知识联盟的成功关键还是解决好成果共享的问题。

第二节　产业集群企业知识联盟的治理结构

产业集群企业知识联盟的治理结构是其成功的关键，这与产业集群企业知识联盟的收益有直接的关系。同样地，它对知识联盟网络知识的形成、收益的分配和知识流动与分享等方面都会产生比较大的影响。

一、产业集群企业知识联盟治理结构的分类

集群企业知识联盟按是否涉及股权为标准分为两类：①股权知识联盟；②非股权知识联盟。涉及产权转移而建立的联盟为股权知识联盟；不涉及任何产权关系变更的企业知识联盟治理结构，以及通过合约形式建立的关系均属于非股权知识联盟。非股权知识联盟通常建立在彼此之间的相互信赖、频繁交易的基础上。

二、产业集群企业知识联盟治理结构的主要特征

图 11-1 表示股权知识联盟和非股权知识联盟内部一体化程度的高低。

图 11-1 各种股权联盟与非股权联盟的内部一体化程度

图 11-2 分别按以下几个方面来表示不同知识联盟治理结构特点：①企业的影响；②知识联盟时间的跨度；③企业各方面的控制程度；④知识联盟关系建立的单位成本；⑤灵活性程度。

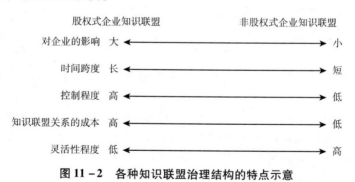

图 11-2 各种知识联盟治理结构的特点示意

三、风险对联盟治理结构的影响

知识联盟治理结构的选择在很大程度上受企业所感觉的风险分布情况影响。实际上，"企业专有技术扩散风险"是知识联盟企业关系风险的一种表现形式。某些意图不轨企业仅仅是为了获取知识联盟伙伴的技术或核心知识，而非为了实

现共有利益。为了控制与机会主义行为有关的风险，通常采用股权式企业知识联盟的治理结构。也就是说，企业为了保证知识联盟目标的实现，往往会选择低风险的治理结构（如股权式企业知识联盟）。股权式知识联盟能够建立明确的产权结构，可以通过产权安排来约束和规避机会主义行为。此外，股权式企业知识联盟对联盟中的人、财、物及信息的流动也能有效地控制。

在绩效风险远高于关系风险的情况下，大部分企业为了规避风险，通常会选择非股权式企业知识联盟，因为它有两个突出优势：①具有较高弹性和灵活性；②知识联盟关系的建立所需的成本相对较低，因而可以有效地避免投资损失。显而易知，企业的绩效风险是随着企业的投资的增大而变大。

在关系风险较低的情况下，企业通常会降低对知识联盟治理结构上的成本投入。下面两种情况会使知识联盟关系中的关系风险变低：①企业交易活动的内容复杂程度低，发生企业机会主义行为的概率较低以及信息的不完全性和不对称性低。②企业之间彼此高度信任，双方都重视知识联盟的共有利益，没有机会主义行为。但同时也会导致风险的不确定性比较高，因为存在的主观性大。知识联盟伙伴之间如果能够彼此信任，关系风险会大大降低。如果是这样一种情况，那么知识联盟更适合采取非股权的治理结构。因此，以非正式关系知识联盟治理结构的知识联盟企业间的信任程度相对较高。

总之，在关系风险高于绩效风险的情况下，企业知识联盟的治理结构采用股权式，企业选择内部一体化的治理结构来管理知识联盟行为；在绩效风险高于关系风险的情况下，尤其是在知识联盟活动中，绝大部分企业不会采取机会主义行为，此时，企业知识联盟治理结构更多采用非股权式。

四、成功的产业集群企业知识联盟治理结构的选择

知识联盟各方一般通过互动、筛选来确定集群企业间知识联盟治理结构，同时随着知识联盟目标和内容的改变而作出相应的改变。这是一个动态发展的过程，是知识联盟各方对各种行为变化的一种反应，也说明了其具有一定的能动性。虽然选择联盟治理结构时会受到很多客观因素的影响，但是企业和企业的高层管理人员可以选择大家满意的知识联盟治理结构。经过产业集群企业知识联盟的长久实践，知识联盟面临的关系风险和绩效风险的抉择在很大程度上受到知识联盟的内容、目标以及知识联盟伙伴等情况的影响，这种情况也会进一步影响集群企业所采用的知识联盟治理结构。

(一) 知识联盟目标

企业知识联盟目标有两种。①单一目标。为了获得某种特定的技术或共同完

成某一技术开发等，通常企业会采用非股权式作为其治理结构（如合作研究）。
②多元目标。多个目标建立于相对正式的关系，企业一般采取股权式的治理结构。但是，非股权式知识联盟在某种特定的情况下相对于股权式知识联盟更有利于信息的流动，如需要同时学习多种技术。总而言之，能够最好地实现企业知识联盟伙伴之间核心技术方法的交换和研究成果的分享，最终达到实现最大化的组织学习效应知识联盟治理结构的目的，其被大家所认可的方法就是合作研究。

（二）　企业知识联盟内容

在企业对知识联盟所涉及的核心技术方面非常了解的情况下，会采用一体化的知识联盟治理结构。如果企业对知识联盟非常了解，那么绩效风险会大大降低。如果某个企业填补其所缺乏知识（如缺乏技术知识或管理知识），这时采用非股权式治理结构会相对有利。非股权式企业同样也有利于降低绩效风险。一般来说，多数企业都存在着技术方面的依赖，而股权式企业知识联盟的治理结构恰好有利于降低这种关系风险，保证企业知识联盟正常运行。

（三）　与企业经营优势的相关程度

如果企业知识联盟围绕某个企业的核心技术展开，为了确保知识联盟能够成功，企业更倾向于采用更有控制力的企业知识联盟治理结构。如果企业为了在向其联盟伙伴提供本企业的核心技术的同时保证其核心技术的控制，企业通常采用合资的治理结构。如果企业知识联盟伙伴已经掌握知识联盟企业核心技术，为了保证获取核心知识，企业通常会采用知识联盟关系更紧密、时间跨度更长的知识联盟治理结构。为了尽量避免当企业知识联盟伙伴中断知识联盟时带来各种的损失，企业通常采用股权式企业知识联盟治理结构。

（四）　技术的生命周期

一般而言，在新技术和成熟技术的比较中，新技术的潜在市场拓展能力和不确定性都更高。如果知识联盟是围绕新技术所展开的，企业间发生机会主义行为的可能性较高，因为新技术知识的未编码程度较高，而且其市场垄断性也相对较高。但是，相比于成熟技术，新技术的潜在利益更高。反之，成熟技术的市场拓展能力较低，不确定性较小，关系风险较低。因此，如果知识联盟以新技术为主，企业一般会采用股权式企业知识联盟的治理结构（如合资）；反之，则采用非股权式企业知识联盟的治理结构。

（五）产品开发的不同阶段

通常在企业研发的早期阶段，其绩效风险会比关系风险高，并且两种风险都相对较高。绩效风险高的原因主要在于投入与产出都不甚明了，技术前景也不明确。关系风险高的原因主要在于研发的贡献难以明晰，而且技术的编码程度较低。在研发初期，一般企业会采用非股权企业知识联盟治理结构。因为在研发活动的早期，企业对专门性资产投入的比例更大，且这些资产有一去不复返的可能。而在研发后期（如商品化阶段），企业一般采用股权式企业知识联盟的治理结构来对此技术进行控制，因为此时技术相对稳定，不确定因素也相对较低。这时，企业间通常会采用合资的治理结构来促进技术的有效商品化，并应对市场开拓必要投入能力的缺乏。

（六）资产的专门化程度

资产的专门化程度可以在很大程度上反映企业知识联盟治理结构。资产的专门性和专门性资产通常呈正相关。一般来说，专门性资产的生产率高于一般性资产。在这种情况下，专门性资产投资风险会高于一般性资产投资风险。企业更愿意在那些规模经济效应显著的行业上持续在专门性资产上的投资，这样能够递增企业投资收益规模。这样的企业更适合股权式企业知识联盟。用合资的治理结构来控制专门性资产对企业来说有很大的好处。反之，如果企业之间能够高度地相互信任，则关系风险将会低于绩效风险，这种情况更适合非股权式知识联盟治理结构。因为非股权知识联盟治理结构的协调与管理成本明显低于股权知识联盟治理结构的成本，且其市场应变能力和弹性也更好。

在企业规模经济不明显的情况下，企业通常较多投资于一般性资产。这样可以降低绩效风险。关系风险则存在两种情况。一是在企业相互信任的情况下，可以采用松散的企业知识联盟治理结构。二是在企业之间存在着机会主义风险的情况下，其选择将会是以合约为基础的企业知识联盟。这样不仅能够充分利用一般性资产，还可以通过合约进行重复交易而降低成本，使企业生产与经营的柔性和效果得到一定的提高。

（七）知识的未编码程度

未编码知识是一个企业核心能力的重要组成部分。由于编码知识和未编码知识的特点不同，前者具有传递性，因此二者所处知识联盟也有差别。知识的未编码程度与其传递的成本通常呈正相关。同时，知识联盟中的关系风险也会随着知识的未编码程度的增高而变大。并且，未编码知识的贡献评价和价值衡量都含有的不确定性。综上所述，企业更愿意选择股权式企业知识联盟的治理结构以达到获取/扩散未编码知识的目的。实际上，一个企业如果能围绕未编码知识与技术诀窍进行知识联盟，那么其必定是在紧密、长期、利益一体的知识联盟中。未编码知识的获得是一种"干中学"的过程，没有一种有价值的未编码的知识是可以一次性地短期交易的，也没有一个企业会给第一次合作的企业去传授未编码知识。下面以图11－3来形象地表达知识的编码程度、知识传递的难度与知识联盟治理结构三者之间的关系。

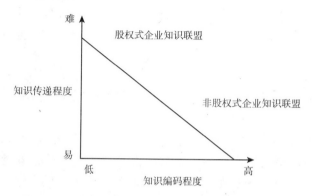

图 11－3　知识编码程度、传递难度与治理结构关系

第三节　产业集群企业知识联盟中专有资产的学习和保护

产业集群企业进行知识联盟是为了从联盟伙伴中学习技术和知识，当然与此同时也会分享自身的知识。因此企业也会考虑保护自己的核心资产专用性，防止被抱有机会主义思想的合作伙伴影响。在知识联盟内部，企业间的相互信任和沟通交流是关系资本，联盟企业以此为基础进行相互学习和技术转移。个人层面的信任和沟通为相互学习和技术转移创造条件。同时，相互信任的关系资本还能够抑制联盟成员的机会主义行为，防止企业关键技术泄露。

知识联盟内的企业在市场竞争中获得竞争优势，获取或使用新的技术，形成规模经济。由于联盟内的风险和不确定性是由整个联盟的所有企业一起共担，因此单个企业所承担的风险大大降低了。但是，知识联盟会遇到一个困境，就是企业为了学习使用，可能会失去其专有的核心资产，当合作伙伴是一个机会主义者，则会更为明显。

交易费用理论充分表达企业合作关系中的机会主义的关系。知识联盟的重要信息不仅可以帮助企业学习其他合作伙伴的核心技术，还能增加自己核心技术的缺失，但一般不能获得补偿。在这样的情况下，企业需要在"努力学习"和"技术保护"之间找到平衡点。本书认为，关系资本保护之间的矛盾有助于知识联盟企业掌握新技术的采集和现有资产。而且，关系资本不仅可以交流，促进联盟企业之间的相互学习。还能降低机会主义发生的可能性。

由上文可知，关系资本在知识联盟的底层非常重要，在知识联盟网络构架中的地位也是非常高的。一个好的企业人际关系可以增进企业间的相互了解。从这个方面来看，在基于人际关系的关系资本在创造更大的联盟网络方面起着不可忽视的作用。它不但可以在合作伙伴准备好的情况下，与其他企业的合作伙伴形成新的联盟。而且，一旦形成有更强大资本的联盟网络，便依托伙伴潜在的强大关系资本，不断发展。

本节试图解决这样的问题：什么样的方法可以使企业在不用担心自己的核心技术被窃取的同时，还可以学习联盟的关键技术。

信任是建立在个人层次的密切沟通和关系。这种存在于个体层次的联盟企业相互尊重，信任被称为关系资本。本书认为，关系资本对联盟企业起着重要作用。也就是说，本书认为在很大程度上这种关系资本影响着企业处理"学习"与"保护"的能力。

一、关系资本在知识联盟中的作用

学习知识联盟伙伴的知识一般分为两种：①容易组织知识，可无损传输。它包括命题和事实、象征性公理。②看不见的、黏性的、复杂的、很难组织的知识。密切和频繁的个人通信是一种转移或学习型企业组织黏性的、复杂的、无形的、很难组织的知识，这种交易和交换是以社会交换的方法的基础。关系资本越是深厚，越有利于联盟企业的密切交流，越是便于联盟界面的交换信息和技术转移。

如果知识联盟的企业透明度高，企业也可以更容易地互相学习。透明度低的主要原因是警惕和怀疑以及存在机会主义行为的心理。这会导致企业双方都不愿分享自己的信息和技术。本书认为，信任减少了对机会主义的担忧，从而增加了交易的透明度。在此基础上，关系资本可以基于联盟企业间的信任被认为可以让信息技术贸易更为自由，规模更大。因为这样可以大大降低机会主义行为，使决策者放心。反之，信息技术交易将会不完整，不精确，耗时更长。

综上所述，在知识联盟企业之间存在的深厚关系资本对联盟界面上较大规模的学习起着很大的促进作用。

（一）知识联盟企业间关系资本越深厚，学习成功的概率越大

在这方面，要营造积极的学习氛围，建立良好的关系。人类学家、社会学家和法律学者一直认为，正式的规则甚至被非正式的社会规则的补充所取代。关系资本创造一个相互信任的氛围，甚至如果有机会的话，也没有人会有机会主义行为。这种信任来自关系资本创造的社会规则。知识联盟会知道哪一个有企业独特的核心的东西，用正式和非正式的规则来限制那些可能导致这些资产转让行为。总之，关系资本以信任为基础，可以减少知识联盟企业的机会主义和自私的行为，从而降低被对方窃取资产的可能性，保证双方利益的最大化。

（二）知识联盟企业间关系资本越是深厚，企业保护自己核心资产的能力就越强

如何处理企业知识联盟之间的冲突是一个重要问题。由于知识联盟中固有的独立性，每一个知识联盟都难免存在着或多或少的冲突。如何处理这些冲突是非常重要的，因为冲突对企业关系的影响可能是积极的或是破坏的。要正确处理涉及诸多因素的冲突。双向沟通是处理冲突的方法成功的关键因素。在知识联盟中面对冲突时，有经验的管理人员轻松的和开放的沟通是重要的。

企业之间的组织和文化知识联盟之间冲突的差异是一个重要的冲突因素。要明确和彻底解决文化差异带来的问题，减少冲突，以提高知识联盟成功的可能性。

一个企业如果正确地解决冲突，会给员工带来程序公正的感觉，同时认为决策过程是公平的。这种感觉会不但令他们拥有更高层次的信任和责任，而且还会促进个人的积极发展。

频繁的接触和交流不仅有利于冲突处理，也有助于学习。要以企业为前提，从知识联盟伙伴那里积极学习。知识联盟处理问题和双向沟通是正确处理冲突的重要方面，也包含知识联盟界面密切的交流。首先，这有利于企业间的学习和传递重要信息和技术。其次，因为正确地处理冲突，知识联盟的企业之间的关系不仅会更加深刻，而且学习效果也会提高。冲突往往集中在投资和商业回报方面。频繁的沟通有助于为每一个企业获得投资回报确定一个临界线。频繁的接触机制也有利于企业消除潜在的冲突，以及消除存在的机会主义行为的心理。如前所述，权利冲突的处理可以产生一种司法程序，加强互信。总而言之，正确地处理冲突可以使知识联盟企业保护自己的核心资产。最后，一个企业保护核心专业资产能力的高低与企业是否能正确解决冲突总是紧密相关的。

二、兼容性和互补性对企业间的关系资本和学习产生积极的影响

在进行产业集群中企业间知识联盟的研究中，本书强调了企业之间的兼容性和互补性。后者指知识联盟的核心业务的相似性较低且重叠性也不高。一般来说，企业间的共性越少，则具有越强的互补性。为保证为企业知识联盟的利益作出贡献，企业需要有互补合作的能力。这也意味着企业在互相学习中获得更多。默里（Move）在 1996 年发现，互补程度越高，则知识联盟界面的企业学习越好。

知识联盟成功的另一个关键是企业的兼容性。格林杰（Geringer）在 1988 年关于 90 个合资企业的研究中阐述了企业知识联盟的兼容性和成功是呈正相关，论述了企业使用相关的指标从多方面来评估合作的兼容性。企业兼容性可以从企业文化、管理风格、企业战略、国籍，有时还包括企业规模等方面来评估。企业兼容性还具有有利于融合企业的差异，使贸易更加开放和方便。总而言之，企业的关系资本和学习之间的良好关系离不开兼容性和互补性

本书强调企业知识联盟需要以信任为基础。虽然信任本身很难被确定，但可以"企业间先前的联盟"来代替它。显然，企业更愿意接受并相信自己以前的联盟伙伴。通过这样的方法来提高企业间的信任，促进企业间高层次的相互学习以及信息技术的交流。

关系资本不仅在知识联盟的个人层面上有重大影响，在网络层中的重要作用也是不可忽视的。知识联盟网络的发展要以企业间紧密的个人纽带为基础。关系资本依赖于这一纽带使企业得到更多的信任，使它们在未来形成更多的知识联盟。这也有利于每个企业和其他企业知识联盟的合作。应根据各企业相互给予对方足够的信任，这同样来自企业间深厚的关系资本。因此，关系资本不仅为企业与其他公司的合作和联系提供更多的机会，而且加快其在知识联盟网络的形成。同时，关系资本越是深厚，越是有利于增强双方的学习潜力，关系资本和这些方面的学习都是随时间的推移不断发展的。

三、关系资本产生的机制

建立产业集群企业知识联盟的关系资本最重要的方面就是建立起一个能够促进关系资本产生的机制。

行为连续性决定了当前和未来的行为会在很大程度上受到过去行为的影响，所以只有保持长期持续且可靠的紧密关系，关系资本才能得到加强。知识联盟预

计双方关系的进一步发展会带来更大的相互作用，有助于联盟的发展，继续加强在知识联盟中的产业集群企业间的相互信任。这意味着关系资本通过联盟本身的创造而日益完整。

管理者需要精心呵护关系资本，特别是在知识联盟刚刚创建的时候，各方应充分显示在其高度的信誉并让它们知道它们的可信度。而且，管理者必须坚持"积极的经验重复强化"的原则。为此，知识联盟成员必须在它们相互交流的过程中不断提高透明度，这样做有两个优点：①使合作者了解其他各方的战略行为，确定自己对企业联盟的作用及在联盟中的地位；②确保能高效处理企业之间不一致的行为，避免给联盟带来脆弱性和不确定性等方面的问题。

如果企业知识联盟伙伴的沟通、交流得到很好的改善，能够关注更高级别的管理层职能的运作，以及提高个人关系的密切程度，则知识联盟的关系资本必将随时间的推移而增高。

一般来说，背景特征不同的企业知识联盟具有不同的特征，主要是企业文化的不同影响最大。如果联盟伙伴间的企业文化和社会背景大同小异，就有利于它们的思维和行为模式的一致性的提高，而且能够形成明显的特点，可以涵盖各方利益共享和策略，更能被大家所接收。这种共同文化可以减少矛盾和冲突，增加了企业内部的紧密联系，使关系资本更加巩固，不可摧毁。

有多种方法可以建立统一的联盟文化，其一就是令联盟成员的文化背景相差不会太大，这有利于更快形成企业联盟。跨文化的管理培训是一个非常好的方法。提高企业行为透明度可以更好地消除这种文化隔阂，使各种文化能够相互渗透、交融，最终在企业联盟里不断相互学习，取长补短，积极交流沟通，形成独具匠心的企业文化特色而又蕴含联盟本身特征和处事原则。这样，一个统一的、为企业各方所认可、所信赖的企业联盟就可以很好地建立起来。

对于单个企业来说，如果能在保证自己利益的同时也能保证其核心技术不会被窃取。那么它必然愿意全心全意加入企业联盟，给予充分信任。而要使每个企业做到这一点，就必须在知识联盟内部建立一套完善的规范机制来阻止相互欺骗的行为和机会主义行为。

这个规范机制要有以下两个方面内容：①提高欺骗的成本。首先要提高退出壁垒，不能让企业随意放弃知识联盟，要将它的资产和联盟紧密结合。换句话说，一旦企业试图发生机会主义行为，其带来的后果是严重的，必将给自己的企业带来惨痛的代价。正所谓"一荣俱荣，一败俱败"。②增加合作的收益。如果企业联盟的收益非常可观，那么企业就不存在为一己私欲而背弃企业联盟，这样才是从根本上解决了问题。

在产业集群企业知识联盟中，需要一种本着真诚的态度，对企业知识联盟负责，履行承诺，严格按章办事的信念，这才是产业集群企业知识联盟成功的最重要条件。

第四节 产业集群企业知识联盟管理体系的建立

尽管知识联盟对于企业应付全球化竞争至关重要，但如何进行知识联盟的管理却是摆在管理者面前的一个新课题。同企业内部管理相比较，知识联盟的管理更具有挑战性，联盟成员间的合作与竞争关系，更加大了知识联盟管理的不可确定性及复杂性。在经营实践中，我国许多企业通过联盟进行知识学习的效果并不理想，其中一个很重要的原因是在知识联盟的管理上存在很多问题。本节从以下几个方面对产业集群企业知识联盟管理进行了探讨。

一、联盟成员的选择

产业集群企业知识联盟能否获得成功，伙伴的选择是关键因素之一。联盟伙伴的选择是建立集群企业知识联盟的基础和关键环节，是联盟顺利发展的前提条件。

（一）联盟成员的选择原则

集群企业在选择知识联盟伙伴时，并不一定非要寻求与集群中一流的企业合作。合作当中如果有一方力量太强大，就有一种风险：它将可能拿走它想要的东西而忽视合作者的利益。产业集群企业知识联盟合作伙伴选择中，应遵循互补性与兼容性的原则，关键在于联盟能否产生优势互补或优势相长的效应。

1. 互补性原则。互补性是指知识联盟企业在彼此的核心业务上没有相似性和重合性。相似点越少，互补性就越强。如果联盟企业缺乏互补性，就会导致企业规模虽然扩大了但企业的体制却更弱了的后果。企业间的互补性让成员企业给知识联盟带来了不同却又有价值的商业能力，也意味着企业需要从对方那里学的东西更多。另外，知识联盟的合作伙伴在知识上应该具有互补性，应该拥有与企业自身知识具有共同基础但又是企业知识体系中所缺少的部分。同时，企业还要具备合作伙伴知识体系中没有但又是它加强资源优势所必需的知识。互补性的知识结构可以密切与合作伙伴的联系，而共同的知识基础和知识结构又使它们可以认识、理解联盟方的知识，并将其吸收进自己的知识体系之中。

2. 兼容性原则。兼容性是指企业之间通过事先达成的协议，建立互惠合作的关系，并使联盟内各成员在诸如战略、人员、文化、实力、财务、管理体制等方面达到一致性。兼容性使合作企业间发生了"化学反应"。它有利于企业文化及制度差异的融合，使交易更为公开和便利。企业兼容性实际上可以使企业充分利用由互补性产生的学习潜力。对产业集群企业知识联盟来说，联盟伙伴在企业文化和价值观、加入联盟的动机及目的、对未来的判断和期望以及管理方式、组织结构和经营模式等方面是否具有兼容性对自身而言尤为重要。因为知识联盟合作伙伴之间的关系比一般的联盟成员关系要密切得多。企业间如果存在过大的差异，会严重影响不同企业员工之间的协作与沟通，使知识难以有效地转移和扩散，从而达不到学习的目的。

（二）联盟成员的评价指标

在阅读大量相关文献的基础上，根据上面确定的联盟成员选择原则，本书认为集群企业知识联盟成员评价指标体系包含战略目标评价、资源优势评价与合作诚意评价。

1. 战略目标评价。集群企业在选择知识联盟伙伴时，应对自身及潜在合作伙伴的战略目标进行评估。产业集群企业知识联盟的目标就是为实现企业的战略目标而扩充知识，增强企业核心竞争能力，为在未来应对不可预知的变化和发展做准备。因此，联盟成员各方的目标必须一致。在进行战略目标评价时，各联盟企业应考虑几个方面：联盟伙伴的战略优势和弱点是什么；联盟伙伴的合作动机和目标是什么；联盟伙伴贡献的关键资源是什么；等等。

由于联盟中合作各方关系相对比较松散，联盟成员各方仍保持独立，要使其战略目标完全一致是不可能的，因而联盟成员之间的战略目标有时发生冲突是在所难免的。这就要求联盟成员经常接触和沟通，寻求缩短目标距离和消除目标冲突的途径，保证战略联盟的平稳发展。联盟战略目标还要有一定的弹性，即具有一定的适应性和可调整性。

具体来说，知识联盟作为一个开放的系统，多变性和动态性的特征非常明显。集群企业要能随时感知环境的变化，要顺应环境、驾驭环境。当外部环境有利于知识联盟的发展时，集群企业应抓住时机，大力发展；当外部环境不利于知识联盟的发展时，集群企业应收缩规模，集中力量维持现状。

2. 资源优势评价。集群企业在选择知识联盟伙伴时，应了解自己拥有哪些资源优势，也应清楚自己缺乏哪些资源优势，哪些可以通过自身努力去研发，哪些可以通过知识联盟来学习获得。只有这样，才能明确自己需要选择什么样的合作伙伴。从资源优势来看，联盟成员必须具有某种专长，且进行优势互补或整合后能够达到"1＋1＞2"的效果。因为知识联盟的核心思想就是要通过联盟这一方式发挥核心优势互补效应，给企业带来真正的战略利益，因此集群企业在合作前必须进行权衡。

如果联盟各企业在资源上不具备优势或优势不明显，甚至有明显的不足，又都想借助对方发展自己，那么这样的联盟很难会成功。在进行资源优势评价时，各联盟企业应该重点考虑其资源的交换性、模仿性和替代性。就资源的交换性来说，联盟企业的组织文化、人力资源、商标等资源是难以通过市场交易得到的；模仿性是分析联盟企业所需要的资源能否通过模仿的方法得到，专利技术就不能通过模仿得到；资源的替代性分析是要分析联盟企业所需要的资源是否可以通过利用别的资源来达到相同需要的目的。

3. 合作诚意评价。集群企业在选择知识联盟伙伴时，应了解各联盟合作伙伴的合作诚意。合作诚意评价包含合作态度评价与未来信用评价两个方面。合作态度主要靠集群企业从主观意识的角度来评价候选联盟合作伙伴的合作用意，这就要求参与联盟的企业对联盟结果的预期不是单个成员获利，而是尽可能达到各方多赢的效果。对联盟伙伴未来信用的判断在选择前是很难确定的。选择一方往往只能通过另一方以往一些与其他企业合作的记录来判断它的可信度。而候选企业往往会采取一些手段来掩饰和提高自己的可信程度。一旦选择了信用程度低的合作伙伴，对联盟今后的运作十分不利。

在进行联盟伙伴未来信用评价时，各联盟企业应考虑联盟伙伴合作信誉记录、合作愿望程度及同外界的交流情况等方面。联盟伙伴合作信誉记录需要通过对其以往合作经历的考察，得到过去候选企业与其他企业合作的记录，从合作能否履行相应的责任与义务、能否实现承诺等方面来评价；联盟伙伴合作愿望程度，可通过企业的积极性及做出的努力等方面来评价；联盟伙伴同外界的交流情况有可能影响联盟整体的效率，可通过了解候选企业是否已与其他企业建立了伙伴关系及其密切程度来评价。

（三）联盟成员的选择方法

在对集群中各联盟候选成员战略目标、资源优势与合作诚意进行评价的基础上，集群企业可以对各指标进行综合分析，依据各指标的重要程度选择出合适的联盟伙伴。联盟伙伴的选择可以从定性与定量的角度进行分析，方法比较多。如专家评议法、模糊综合评价法、整数规划法、数据包络分析法、层次分析法等。

但现有的联盟伙伴选择方法存在很多不足之处：一是指标体系不完善，不能反映真实结果；二是指标体系框架设计不合理，缺乏系统性，可操作性不强。基于知识联盟合作伙伴的层次结构及其动态发展过程的角度，本书对产业集群企业知识联盟合作伙伴选择的指标体系进行了分析和设计，并应用模糊多级评价模型对合作伙伴进行评估。

基于产业集群企业知识联盟的特点，本书建立如表 8-1 所示的指标体系，并给出了各项指标的具体含义。

表 11 - 1　　　　　　　　　产业集群企业知识联盟合作伙伴选择的指标体系

一级指标	二级指标	指标具体说明
战略目标（U_1）	企业文化（U_{11}）	反映产业集群企业知识联盟的企业合作氛围与环境
	组织愿景（U_{12}）	反映合作伙伴对未来发展的规划，以及战略的实施方案等
	企业规模（U_{13}）	反映合作伙伴的生产能力、营销能力、研发能力等综合实力
资源优势（U_2）	资金资源（U_{21}）	反映合作伙伴在筹资渠道、投资方向以及获利能力等情况
	人力资源（U_{22}）	反映合作伙伴员工素质、员工配备以及员工技能等水平
	关系资源（U_{23}）	反映合作伙伴在政府关系、客户关系等方面的资源情况
	设备资源（U_{24}）	反映合作伙伴的生产设备、运输设备以及后勤设备等资源
合作诚意（U_3）	信任水平（U_{31}）	反映合作伙伴的信任机制、信任氛围等情况
	沟通程度（U_{32}）	反映合作伙伴其他企业进行深入的交流与沟通的程度
	企业信誉（U_{33}）	反映合作伙伴在曾经合作经历中的信用记录及市场美誉度

建立合作伙伴选择的模糊评价的多级模型主要步骤如下：

（1）建立评价指标集。设知识联盟合作伙伴综合评价的一级指标集合为 $U = \{U_1, U_2, \cdots, U_m\}$，$U_i \cap U_j = \phi (i \neq j)$。设一级指标 $U_i (i = 1, 2, \cdots, m)$ 有 k_i 个二级指标，将这些指标记作 $U_i = (u_{i1}, u_{i2}, \cdots, u_{ik_i})(i = 1, 2, \cdots, m)$，其中 u_{ij} 表示 U_i 的第 j 个二级指标。

（2）确定权重分配。权重分配可以采用二元比较法、专家评分法，也可以运用 AHP 法。本书采用 AHP 法。设 U_i 的权数为 $a_i (i = 1, 2, \cdots, m)$，则一级权重集为：

$$A = \{a_1, a_2, \cdots, a_m\}(0 \leq a_i \leq 1), \sum_{i=1}^{m} a_i = 1$$

设二级指标 u_{ij} 的权数为 $a_{ij} (i = 1, 2, \cdots, m; j = 1, 2, \cdots, k_i)$，则二级权重集为：

$$A_i = \{a_{1i}, a_{2i}, \cdots, a_{ik_i}\}(0 \leq a_{ij} \leq 1), \sum_{j=1}^{k_i} a_{ij} = 1, i = 1, 2, \cdots, m$$

（3）确定评价结果等级。设联盟合作伙伴的每一个指标的评价结果分为 n 个等级，则 $V = \{V_1, V_2, \cdots, V_n\}$，$V_k (j = 1, 2, \cdots, n)$ 为第 k 级。这里我们取 $V = \{优, 良, 中, 差\}$ 四个等级为评语等级。

（4）对每一个级指标 U_i 做一级模糊综合评价。定出 U_i 的每个因素 u_{ij} 对于 n 个评语等级的隶属度（r_{ij1}，r_{ij2}，$\cdots$，r_{ijn}），k_i 个因素的评价结果可用 $k_i \times n$ 阶模糊矩阵 R_i 表示。确定 R_i 的方法为：由 s 个专家组成评判组，其权向量 $w = (w_1, w_2, \cdots, w_s)$，每人给 U_i 的每个因素 u_{ij} 评定一个等级，其评价矩阵为普通矩阵：

$$R_i^{(t)} = (r_{jk}^{(t)})k_i^{xn}, r_{jk}^{(t)} \in \{0,1\}(t = 1,2,\cdots,s)$$

对所有专家的评价矩阵运用下式进行加权处理:

$$r_{ijk} = \frac{\sum_{t=1}^{s} w_t r_{jk}^{(t)}}{\sum_{t=1}^{s} w_t} \tag{11.1}$$

由此得到模糊矩阵 $R_i = (r_{ijk})k_i \times n$ 为:

$$R_i = \begin{bmatrix} r_{i11}, & r_{i12}, & \cdots, & r_{i1n} \\ r_{i21}, & r_{i22}, & \cdots, & r_{i2n} \\ \vdots & \vdots & \vdots & \vdots \\ r_{ik_i1}, & r_{ik_i2}, & \cdots, & r_{ik_in} \end{bmatrix}(i = 1,2,\cdots,m) \tag{11.2}$$

R_i 为 U_i 的一级模糊综合评价的单因素评判矩阵,R_i 中第 j 行反映的是 u_{ij} 对于评价集中各等级的隶属度,第 k 列反映的是 U_i 中各因素分别取评价集中第 k 个等级的程度。综上所述,U_i 的一级模糊综合评价矩阵为:

$$B_i = A_i^o R_i = (a_{i1}, a_{i2}, \cdots, a_{ik_i})^o \begin{bmatrix} r_{i11}, & r_{i12}, & \cdots, & r_{i1n} \\ r_{i21}, & r_{i22}, & \cdots, & r_{i2n} \\ \vdots & \vdots & \vdots & \vdots \\ r_{ik_i1}, & r_{ik_i2}, & \cdots, & r_{ik_in} \end{bmatrix} = (b_{i1}, b_{i2}, \cdots, b_{ik_i})$$

$$\tag{11.3}$$

其中,^{o} 为合成运算,可采用不同的模糊算子,视实际情况和运算效果决定。这里采用 $M(\bullet, \vee)$ 模型。

(5) 对一级指标进行二级模糊综合评判。二级模糊综合评判的单因素评判矩阵 R 由一级模糊评判矩阵 $R_i(i = 1,2,\cdots,m)$ 构成,即:

$$R = \begin{bmatrix} B_1 \\ B_2 \\ \vdots \\ B_m \end{bmatrix} = \begin{bmatrix} A_1 \bullet R_1 \\ A_2 \bullet B_2 \\ \vdots \\ A_m \bullet B_m \end{bmatrix} = (b_{ik})_{m \times n} \tag{11.4}$$

故二级模糊综合评判集为:

$$B = A^o R = (a_1, a_2, \cdots, a_m)^o = \begin{bmatrix} A_1 \bullet R_1 \\ A_2 \bullet B_2 \\ \vdots \\ A_m \bullet B_m \end{bmatrix} = (b_1, b_2, \cdots, b_n) \tag{11.5}$$

其中，B 表示评判对象按所有各类因素评判时对评判集中第 k 级的隶属度，最后可以由最大隶属度原则或加权平均法得出最终评估结论。

二、联盟形式的选择

联盟能否获得成功，合作伙伴的选择是关键因素之一。从根本上说，选择合作伙伴的目的就是要能取得优势互补或优势相长的效应。具体说就是彼此在战略目标与宗旨、合作伙伴的潜在贡献、企业文化、业务类型与经营理念等方面要互相适应。此外，信任通常要比技术适合更重要，不存在完善的合作伙伴，重要的一点是要学会适应，要用开放的思维来协商。

（一）联盟形式分类

集群企业知识联盟形式的选择是影响企业知识联盟成功的关键因素，它对企业知识联盟收益的分配、联盟知识的形成以及知识联盟中知识转移与共享的范围、程度、层次等都会产生较为深刻的影响。由于知识联盟多变性和动态性的特征非常明显，集群企业对其形式的选择也是一个动态变化的过程，是知识联盟企业对外部环境和知识联盟伙伴行为的一种能动反应过程。以集群企业的知识联盟关系中是否涉及股权为标准，将企业知识联盟分为股权式知识联盟和契约式知识联盟两大类。股权式知识联盟是指两个或两个以上的企业通过置换股权互相持股，或通过股权投资新建、收购另外一个企业，联盟各成员拥有该企业部分股权而形成的联盟。契约式知识联盟是指那些非股权式并依赖已有企业展开的联盟，联盟的成员企业通过各种协议或契约结成知识联盟关系。由于契约式知识联盟是以虚拟治理结构结成的利益共同体，维系共同体的不是资产纽带，而是彼此之间的相互信任及社会联系，其在经营的灵活性、自主权和经济效益等方面比股权式知识联盟更有优越性。

（二）影响联盟形式选择的因素

在集群企业的知识联盟实践中，联盟中的不确定性、资产的专用性程度、集群企业的竞争力、集群企业对核心资产重视程度与产业集群中知识的特性都对集群企业知识联盟形式有着深刻的影响，如图 11-4 所示。

1. 联盟中的不确定性。联盟中的不确定性主要包括环境的不确定性与联盟伙伴行为的不确定性。环境的不确定性包括市场需求的不确定、技术标准的不确定、产业政策不确定、市场竞争程度的不确定等。这些不确定性源于环境的复杂性与多变性，并导致了企业整体战略的不确定性，要求企业制定灵活的战略和采取灵活的组织形式。一般情况下，随着环境的不确定性因素增加，企业对整个产

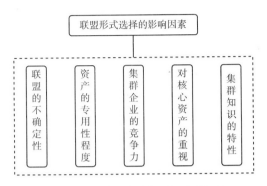

图 11 - 4　联盟形式选择的主要影响

业的未来发展方向判断不准确，那么股权式知识联盟只能使企业掌握某一发展方向的进程而丧失其他发展机会。

在不确定的发展环境下，如果股权式知识联盟并不能降低环境不确定带来的风险，那么契约式知识联盟则可以降低这种不确定性风险，因为契约式联盟可以提供给企业更多的合作机会和灵活的战略选择，同时企业对契约式知识联盟的投资相对较小，而且撤回资金相对容易。因此，当战略不确定性很大的情况下，企业应该采用契约式的知识联盟方式，因为契约式知识联盟较股权式联盟更加灵活，所需的资金更少。

联盟伙伴行为的不确定性主要是指联盟各方在合同执行过程中出现机会主义行为的可能性。机会主义行为的风险要求企业建立有效的合同监督执行机制。在这种情况下，内部组织较强的控制力有利于提高企业的效率。因此，如果合作方行为的不确定性越大，越应该采用股权式知识联盟这种控制力较强的联盟形式。

2. 资产的专用性程度。资产的专用性程度是影响企业知识联盟形式选择的一个重要因素。资产专用性是指在何种程度上耐用资本在可供选择的经济活动中所具有的价值。资产的专用性程度越高，其所需投入的专用性资产也就越多，相比一般性资产，这种专用性资产的生产率也会高一些。此时专用性资产的投资风险会高于一般性资产的投资风险。

如果所在行业的规模经济效应显著，企业持续在专用性资产上的投资能够为企业带来投资收益规模递增的可能。由于机会主义和道德风险的存在，要求企业采用较紧密的合作方式，以控制机会主义行为并降低管理成本。特别是当交易双方的互补利益都很小的情况下，采用契约式知识联盟这种倾向于市场交易的联盟形式对交易不利。而在这种情形下，倾向于组织内部具有较强控制力的股权式知识联盟就能发挥其作用。因此，资产的专用性程度越大，越应该采用股权式知识联盟这种倾向于内部组织的知识联盟形式。

3. 集群企业的竞争力。企业的竞争力包括企业的资源与学习能力。如果企业本身的资源较好，拥有全面且高质量的资源，其获取外部资源的欲望就不是非常强烈。即使企业所采取的是外部发展战略，企业同样需要以其内部的资金及管理经验这些资源作为基础。因此，联盟是企业用低成本迅速地获得特定资源的外部增长方式。契约式知识联盟相对于股权式知识联盟而言，所需的资金投入更少，只有资金雄厚的企业才会倾向于选择股权式知识联盟这种形式。

学习接受能力是影响知识联盟形式选择的另一因素。有时联盟中成员被认为在进行"学习竞赛"，成员企业谁的吸收速度快、学习效率高，谁就获利多。在联盟中如果一方较快地模仿和吸收了另一方提供的知识，那么对方就会丧失拥有知识资源的价值，进而导致该企业在联盟中地位的下降，使其无法完成联盟的任务，实现联盟目标。由于对资源有效的管理和较强的学习接受能力可以最小化合作过程中的风险，因此具有较强学习能力的企业，在"学习竞赛"中失败的风险较小，而且会偏好契约式知识联盟的方式。

4. 对核心资产的重视程度。企业的核心资产是企业竞争优势的资源保证，是其比较优势的来源，对企业的生存发展至关重要。当企业知识联盟以企业核心能力为依托展开时，出于保护核心能力的目的，企业往往会采取控制程度较强的股权式知识联盟形式以确保知识联盟的成功。之所以采用时间跨度更长、关系更紧密的知识联盟形式，是为了防止联盟终止合作时核心能力的丧失。当企业知识联盟涉及的知识以企业的非核心知识为主时，企业可能会采用成本低廉、弹性较大的契约式知识联盟。

另外，对联盟中核心资产保护的能力，还取决于交易的性质，特别是联盟中分享或转移资源的性质。因为，对该种资源专利和版权保护的有效程度直接决定了保护能力的强弱。如果企业对核心资产的保护能力比较弱或者较高的交易成本有利于核心资产的保护，那么就应该采用股权式知识联盟这种方式。

5. 产业集群中知识的特性。随着知识创新速度的加快，单个企业学习和运用知识的局限性越来越大，导致任何企业都不可能在知识技术上掌握绝对的优势。如果产业集群中知识比较分散，集群中任何一个企业都不具备开展某项新业务所需的全部知识，就要求联盟成员将各自不同的知识进行组合，共同进行研发。在这种情况下，由于契约式联盟不涉及长期的股权安排，能够在更短的时期内获得所需知识，所以比股权式知识联盟更有优势。

由于未编码知识的传递特点，未编码知识的知识联盟不同于编码知识的知识联盟。知识的未编码程度越高，知识传递的成本就越高。这是由于对未编码知识的接受存在较大困难（只有具备相似经验的企业才能较好地接受未编码知识，并将这些知识有效整合到自己的知识体系中，而不具有类似经历与经验的接收方则可能难以理解并有效吸收未编码知识）。同时，知识的未编码程度越高，相对而言知识联盟中的关系风险也就比较高。此外，未编码知识的价值衡量与贡献评价有相当的不确定性。综上所述，企业会偏好选择股权式知识联盟的形式来获取、扩散未编码知识。

三、知识联盟管理体系的建立

作为一种新型的组织形式，产业集群企业知识联盟必然会带来一些超越以往管理范围的问题，这对于不断创新的企业来说是一场严峻的挑战，同时更是一次全面提升管理的机遇。本书通过对知识联盟内部制度建设、组织结构调整以及外部的政府支持等角度，全面阐述知识联盟管理过程中的一些措施。

（一）成立有效的知识联盟管理系统

任何一个知识联盟都可能存在有两个或两个以上盟主的可能性，即使某一个合作者被赋予对日常管理事物全权负责的权力，就某些重大问题而言，其所作的决策仍然要征得各合作方的同意。这样，联盟各个成员企业在管理方式和组织结构上的差异性，容易使联盟内部产生责权不清、分工不明和决策迟缓等问题，降低联盟的效率，联盟的持久性不易保持，也不利于联盟各方的知识学习。另外，随着知识经济的不断扩展，企业在知识联盟的组合中涉及越来越多各种不同的目标、持续时间、资源的贡献以及价值组合。

显然，一种联盟管理模式不可能适用于众多不同的合作形式。特别是产业集群知识联盟中，集群企业出于扩张性的需要，联盟各方要通过运用合作各方母公司的核心技能去获取价值，这样的联盟要求各方母公司共同管理所有类型的风险，还有大量的资源流动，尤其是隐性知识和人员流动。因此，通过一个单独的机关、董事会或委员会来进行管理，对大多数知识联盟来说并不是一个很好的选择。更好的模式是建立一个管理系统，在该系统中，管理行为通过不同的决策层实现，这些决策层可能包括各方 CEO 会议、联盟董事会、指导委员会、执行委员会、联盟管理人员以及各种项目委员会等。

为了提高集群企业知识联盟的效率，在对其管理系统进行组织设计时应把它作为一个独立的企业来看待。一个知识联盟管理系统应该有自己明确的使命、具体的业务目标、完成任务的时间表、资源的控制系统以及必需的工作人员。在联盟管理系统中，许多因素都影响着企业知识联盟的管理模式，包括联盟组合中涉及越来越多的各种不同的目标、持续时间、资源的贡献以及价值组合等，联盟可以根据需要调整自己的管理风格。联盟管理系统还应对各个不同层次的管理者所扮演的角色作出明晰的规定，不仅正式地明确说明每一个管理层涉及哪些决策，还要明确各管理层参与不同决策的身份和责任。

（二）配备人力资源

一个知识联盟管理系统应该有自己的一批对联盟成功有信心的工作人员。为此，各方都要向联盟派出一些具备适当技能的经理、工程师以及其他工作人员，并且保持他们在联盟管理系统中工作的相对稳定，尤其是关键人员，更不应该频繁轮换。为此，必须有人力资源管理的支持和配合。人力资源部门要对知识联盟管理系统从战略上加以优先考虑。具体可采取的措施有以下几项：

（1）尽早介入。在联盟管理系统形成的早期阶段，就要有人力资源部门的介入，通过各工作岗位的分析，设立明确的有关价值增值的学习活动及其控制方式，其目标就是要支持和增强公司的核心能力。

（2）明确学习的责任，通过培训刺激学习过程。对合作关系中的外派管理者和母公司内的接受人员，都要明确特定的学习责任，并将其列入工作计划；为创造有利于知识接受的氛围，还要对有关人员进行必要的知识和技能培训。

（3）奖励学习活动，鼓励有助于组织学习的管理行为。如重要信息的传播和分享、改变对管理者短期绩效的评价标准、重视对外派人员的提升等，这些都有助于鼓舞员工的学习热情。

（三）建立信息支持部门保证畅通的信息网络

优秀的知识联盟管理系统要具备完备的信息网络，以使联盟能够对时时变幻的市场作出迅速反应，充分利用市场机会从而完成联盟任务。而普遍存在的问题是联盟的信息流不畅。在今天的联盟中，许多信息是非数字化的并且在传递过程中必须通过许多人，这就使信息难以被传递、易于被曲解，并且有丢失的可能。

因此，就需要在知识联盟管理系统中建立一个信息支持部门，用来详细地计算各个管理层分别需要什么信息，确定这一信息的来源，并且使监控它的流动成为与之相关的人的一项责任。这样，每一集群企业都能充分利用共有信息，既能及时根据知识联盟所确定的目标，对人员结构与力量进行调整，又能将企业所掌握的信息高效率地传递到知识联盟管理系统，使知识联盟进行有效的决策。

（四）建立集群知识联盟企业相互信任关系，培育与发展关系资本

1. 建立集群知识联盟企业相互信任关系。建立相互信任关系、培育与发展关系资本，主要是为了防止联盟企业的机会主义行为。对机会主义这种行为的管理，如果在企业内部是通过监督进行管理约束，在市场上则是通过减少可争夺利益来加以限制。但是在动态的知识联盟中，每个企业都是独立的主体，各自有不同的利益取向，相互又缺乏有效的监督机制，而系统又存在大量的可争夺资源，因此，每个企业从初始阶段就开始了激烈的博弈活动。企业为了保持自己的竞争

优势，故意隐藏自己的信息资源，甚至提供虚假信息，但同时又得花费大量的成本来防止别的企业的机会主义行为，这必然会加大动态联盟的协调成本。

由此可见，联盟企业间的彼此信任关系对知识联盟来说至关重要。在有关的调查中，当经理们被问及什么对企业知识联盟的成功最为重要的时候，他们中大多数回答说：信任最为重要。由于集群企业知识联盟所面临的环境具有双重的不确定性，不确定性越大，越是需要彼此的信任。只有信任，联盟企业才能确保彼此都能接受的行为，并对环境作出相应的反应。另外，战略联盟的脆弱性会使联盟潜在损失的发生概率加大，这就需要相互的信任。只有信任，才能减弱或消除可觉察到的有可能产生的损失，消除机会主义的动机和行为，并对联盟中的企业资源作进一步的专业化分工，促进联盟企业更好地整合优势，共享收益。通过这些措施，建立知识联盟中的信任机制。

2. 培育与发展关系资本。在集群企业知识联盟的动态发展过程中，关系资本是一个非常重要的因素。关系资本指对知识联盟有益的积极性的社会心理因素，包含信任和承诺两个重要内容。通常，有效的关系资本是企业间长期关系培育的产物。良好的关系资本对集群企业知识联盟有着重要意义，它可以有效地提高集群知识联盟的绩效。

（1）关系资本可以创造集群企业知识联盟伙伴间良好的合作关系。良好关系资本的实质是联盟伙伴各方对于所建立的联盟的信任和承诺，这意味着联盟各方对于合作关系有高度的心理认同，愿意为之作出贡献，愿意关心和培育这种关系。这种形式的信任与承诺超出了契约协议的范围，它将感情因素融合进来以保证合作的成功。

（2）关系资本可以减少联盟中知识交易和生产费用，如降低签约、履约和监督的费用，促进生产协作。还可降低联盟企业防止机会主义行为的成本，从而降低动态联盟的协调成本。

（3）关系资本方便集群知识联盟各方间的知识转移。联盟合作方之间的关系资本越大，学习的程度越高，联盟各方间信任也就越大，从而可以降低联盟中的集群企业彼此对机会主义行为的担心。基于信任的关系资本使合作方之间对机会主义行为的保护要求变小，从而使联盟方之间变得更加开放和透明，增加了信息和专业技能的交换和流动。

（五）建立有效的知识联盟学习机制

对产业集群而言，虽然丰富的知识广泛存在于产业集群的个体和企业中，但是丰富的分散知识不可能产生价值，只有通过各个集群企业的知识合作才能把分散的知识转化为有价值的资源。对知识的获取和组织是集群知识联盟管理工作的重点。联盟管理人员需要将存在于人脑的专家技能（隐性知识）和未经组织的文档、数据等（显性知识）转化为可复用、可检索形式的显性知识，需要用到知识挖掘、检索分类等一系列处于探索中的技术。所以必须建立有效的学习机制，注重不断提高知识联盟管理系统自身学习和获取知识的能力，这样才能保证联盟知识增长的延续性，提高竞争力和应变能力。

从知识转移的角度来看，知识联盟中学习的障碍因素主要包括以下几个方面：知识本身蕴含的学习障碍；企业自身蕴含的学习障碍；联盟伙伴之间的复杂关系所蕴含的学习障碍；不利于知识转移的氛围。有效的学习机制可以克服联盟中的学习障碍，成功提高集群知识联盟的绩效。李焕荣、林健（2001）认为，一个有效的学习机制中的关键因素主要包括相互学习的氛围、系统思想、知识的获取、转移和创造、共享心智模式的表现和检验、学习关系和合作学习的结构，如图 11 - 5 所示。

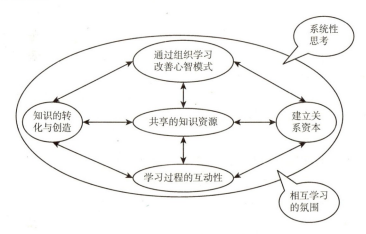

图 11 - 5　学习机制的运行模式

在集群企业知识联盟的学习机制中，知识的转移与创造是学习机制运行模式的核心。这里要强调的是，联盟的明确的协议规则对战略联盟的学习机制具有决定性意义。协议使联盟成员建立稳定预期，便于长期持续地学习。在集群企业知识联盟中，集群企业均有通过联盟实现自己战略目标的想法，但通过协商，可最终将各自的目标调为联盟的目标。联盟的目标是集群企业知识联盟整体的最优目标。因此，目标一旦确定，应努力促使联盟企业朝这个方向努力，而制止偏离这个目标的行为，减少机会主义行为。学习机制中当然还包括一些具体的联盟协议的要求，如联盟的成立和结束办法、对成员企业行动上的约束等，这些都对保障联盟的存续和发展有着重要的意义。

（六） 创造合作的集群知识联盟文化氛围

每个企业都会具有自己独特的企业文化。一个联盟，如果单纯地从能否实现既定目标的角度上来看可能没有问题，甚至前景光明，但如果联盟各方之间存在着文化上的不一致，就会被失败的阴影笼罩。因为企业文化是企业行为与作风的指导思想，联盟企业间组织文化的差异，会转化为经营管理上的差异，加大管理的难度。这样就需要在联盟中建立以合作为指导思想的一致的联盟文化。

要建立统一的集群企业知识联盟文化，有效的方法应是在联盟内不同背景文化的成员企业之间进行良好的沟通，这需要知识联盟的管理人员敏锐地意识到联盟企业间存在的文化差异。联盟各方对于彼此差异越敏感，合作越容易成功。联盟管理人员对文化差异的意识以及自觉地对文化差异进行管理，是联盟成功的重要原因。联盟企业应该有强烈的责任感，具备一种对文化差异理解的态度，灵活地协调文化差异的能力以及向对方学习的热情，使各种文化在联盟中相互渗透和相互交融，最终通过相互学习，取长补短，形成以合作为基础的集群知识联盟文化氛围。

1. 确立联盟中各集群企业的共同愿景。在集群知识联盟中，需要设计一个富有感召力、具有战略指导意义的合作双方的共同愿景，并以此作为联盟伙伴关系的协调原则。共同愿景为联盟提供了指导方向，是由集群知识联盟管理人员从战略的高度提出，并且在联盟的运作中要不断提倡和宣传它，供联盟各方作为自身在联盟中行为的指导信条，让它得到更广泛的接受和认同。这一过程将促进双方逐步统一不同的思维和行为模式，有利于形成能够涵盖各方共同利益和策略并为各方接受的联盟文化。

2. 促进联盟中各种形式的文化交融。联盟管理人员要鼓励各联盟企业成员之间进行定期的广泛交流和信息沟通，在出现问题时候消除误会并及时补救。可以通过跨文化的管理培训，鼓励非正式组织的建立和接触，提高行为和策略的透明度等措施，使联盟各企业逐步成为良性的互动关系，促进文化融合，确保联盟成员有一个统一的、并为各方所信任的文化基础。

3. 努力创造新的集群知识联盟文化。联盟管理人员应消除原有的各个企业文化对集群知识联盟的不利影响，要求参加联盟的各集群企业更新价值观念，努力学习集群其他企业的优点，相互依存、共同开发、共同生产经营，树立长期发展新理念。在信任的基础上，重新确定一致的联盟目标，求同存异，以联盟的根本利益为出发点，协调各方利益。新的联盟文化可以激励每一个企业在创造性的新思维指导下，出色地完成联盟任务，增强创新意识，积极开拓新市场，实现联盟绩效的不断提高。

4. 要强调非正式组织在文化融合中的作用。有时候，正式组织在文化与信息的传播效率与速度方面远远不如非正式组织，非正式组织在文化融合方面的接受程度会直接影响着正式组织。因此，应该让正式组织和非正式组织一起进行文化融合，或者可以先在非正式组织中取得对融入文化的认同，再通过非正式组织在总体组织系统中的效能，把文化融合推进到正式组织中去。

5. 积极参加社会活动，不断优化集群知识联盟文化。地域文化是产业集群文化生成发展的基础条件，产业集群文化源于地域文化，又高于地域文化。而集群知识联盟文化则是来源于地域文化。联盟管理人员只有根植于当地，广泛参与社会活动，融入区域社会经济生活，才能汲取区域文化精华，积累社会资本，并在企业与社会环境的有效互动中获得持续发展。

（七）加强政府的引导和支持

对产业集群知识联盟来说，适度的政府支持是发展的必要环境条件。政府的介入与干预可以控制产业集群的外部负效应，实现资源的有效配置。政府提供公共产品可以提升区域经济发展所需要的基本环境，在规范人们行为的基础上，政府通过构建一个有效的市场运行和调节的规范体系，建立社会信用，消除市场进出壁垒。

1. 建立与完善相应的法律法规。政府作为重要的制度供给者，职能之一就是制定规则，并保证规则的应用；制定完善且配套的法律政策，保证市场经济的运行。在发展集群企业知识联盟的过程中，政府通过法律、经济和组织管理手段在制度、环境和政策层面提供相对优越的外部环境。特别要通过政策的出台来引导与鼓励创新活动、创立研究开发体系、激励大学和企业之间的合作创新、保护创新成果等，从而保证了集群企业知识联盟持续活力。

2. 促进与完善产学研合作机制。政府可以通过一定的方式使参与知识联盟的集群企业同当地大学、科研机构等相关的实验室建立定向联系。而大学和科研机构则应鼓励他们的员工及学生到相关的企业去考察以熟悉企业的情况并了解那里的机会，也可以允许他们到当地的集群企业内去兼职或担当技术顾问。此外，大学、科研机构还可以与当地的集群企业组建联合实验室或开展合作研究计划。产学研合作内容包括：直接同希望创办新企业的投资者合作；为当地企业提供咨询，解决技术难题、培训技术人才；技术转让；鼓励科技人员以技术入股或直接创办科技小企业；委托开发等。合作中应采用多种组织制度，如星期日工程师、厂内研究所、企业研发中心，或与大专院校、科研院所结成知识联盟，形成虚拟研发组织等。

3. 重视人力资源开发。在产业集群企业知识联盟的发展中，政府必须高度重视建立培养人才的良好环境，鼓励员工积极参加职业教育培训，提高自身素质；在注重对集群现有人才培养的同时，还要加强对外部人才的引进；还可以给予高科技企业特殊的劳动力供给政策，保证高科技产业生产者的较高素质；只要有利于集群知识联盟的发展，可以各种方式引进人才，并在人才的安置上给予各种优惠。

4. 培育促进集群企业知识联盟的以信任为基础的地域文化环境。政府要发展产业集群企业知识联盟，重要的是培育一种有利于联盟行为主体之间进行交流与协作的良好的地域产业文化。这种产业文化维持产业集群知识联盟的运行，并使其拥有独特的竞争优势。政府应通过舆论的力量，大力宣传与引导集群文化的形成。并与社会中介机构联合，对集群内企业进行公正、客观的信誉评级，对内外公布评级等次，大力推介信誉良好的企业，而信誉差的则给予警示。通过培育以信任为基础的地域文化，使产业集群内企业认定预期的未来协作收益将远远大于违背竞争规则所得到的好处，从而促进了集群内各企业之间的公平竞争。

5. 培育各种融资渠道，为集群知识联盟创造良好融资环境。政府应积极探索多元化融资渠道，包括争取直接上市融资，外国政府的硬、软混合贷款，国债资金，企业债券以及民间资本等。要建立高效率、低风险、多层次的现代金融服务体系，为集群企业知识联盟创造良好的投融资环境。

第五节　构建产业集群企业知识联盟的学习型组织和企业学习机制

一、构建产业集群企业知识联盟的学习型组织

构建产业集群企业知识联盟形态的学习型组织主要有以下几个要点：

（1）企业知识联盟的合作者必须互相信任。

（2）鼓励员工为企业知识联盟而工作。

（3）确立企业知识联盟的共同愿景。确立企业知识联盟的共同愿景有以下几种方法：①评估伙伴潜能。企业知识联盟双方在愿景提出之前要先评估对方对于知识联盟的价值；②发展伙伴前提。有共同的利益，相互信任，确保不会发生机会主义行为；③企业知识联盟可行性评估小组。在经过初步讨论之后，合作者共组工作小组需要对伙伴关系的可行性进行评估；④创造共同愿景。在评估企业知识联盟的可行性，认为双方的伙伴关系是必要的和可行的，它必须在原来的合作伙伴的基础的前提下，发展简洁的共同愿景，充满吸引力的共同意愿为合作伙伴关系的目标。企业知识联盟的共同愿景下，需要做一个详细的清单：该技术或知识是企业知识联盟的企业知识联盟的贡献？什么样的技术所有权仍属于一个单一的企业？问题应该使用什么样的机制来解决？有了这些安排，管理者可以与其他公司的工作人员密切合作，不用担心企业的知识和技术泄露出去。

（4）提高跨文化的理解能力。这意味着在企业知识联盟中每个人不仅应该不断检视自己在文化背景下形成的心智模式，而且要用跨文化的视角去审视他们的行为。管理者与雇员都应该互相理解，消除两者之间的个人主义与集体主义。

二、在产业集群企业知识联盟中建立完善的企业学习机制

一般来说，企业知识联盟的学习机制可从组织和个人两个层面来进行分析。从某种意义上来说，组织学习是企业黑心技术能力积累和激活的重要体现。个人学习是企业技术能力积累和激活的微观基础。李焕荣、林健在 2001 年提出学习机制建立的重点，包括系统思想、相互学习的氛围、共享心智模式（shared mental model）的表现和检验、知识的获取、转移和创造、学习关系和合作学习的结构。图 11 - 6 是一个相对较好的学习机制的运行模式。

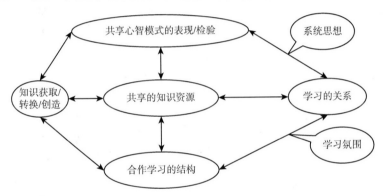

图 11 - 6　有效的学习机制的运行模式

第十二章 结论与展望

第一节 主要结论

本书在查阅大量国内外关于产业集群及知识联盟研究的相关文献基础上，运用多种研究方法，通过综合思考，对基于产业集群的企业知识联盟进行了系统研究，具体结论如下。

一、知识积累方面

第一，产业集群在对知识的学习、积累、转移、共享与创新上，拥有比单个企业更强的优势，与致力于合作研发、提高创新能力的知识联盟有着本质上的共性和较为密切的联系。因此，在产业集群中实现知识联盟是完全可能的。

第二，企业要重视知识积累、提高企业竞争力，从而保证企业在市场竞争中的竞争优势。而产业集群企业在知识积累方面具有天然的优势。因此，本书以提高产业集群企业知识联盟的竞争优势为导向，建立了产业集群企业知识联盟知识积累的基本框架。

二、知识转移方面

第一，介绍产业集群企业知识联盟中知识转移的内涵、知识转移的过程、知识转移的效率以及知识转移的模式四个方面的内容。产业集群企业知识联盟中的知识转移，是指集群企业通过知识联盟学习合作者的知识特长，包括对方的关键专业知识技能、先进的管理制度等，并将其内在化，不断提升自身的知识结构和知识水平。知识转移有四个过程，分别是联盟隐性知识的社会化过程、联盟隐性知识的外部化过程、联盟显性知识的社会化过程和联盟显性知识的外部化过程。知识联盟中的知识转移效率可以区分为获得知识的主体数效率和所获知识的丰富度效率两类。最后，知识转移的模式可以分成水平互补—任务导向模式、垂直互补—任务导向模式、水平互补—关系导向模式和垂直互补—关系导向模式。

第二，本研究通过结构方程模型方法验证了除了产业集群发展阶段对知识转移效果没有显著影响外，知识的内隐性、知识的模糊性、知识的嵌入性、转移方的意愿和能力、激励机制、接收方的意愿和能力、知识挖掘能力、联盟形式、信任程度、沟通程度、知识差异、组织差异、文化差异、管理模式差异、知识转移环境、知识转移通道、联盟经历19个因素对知识转移效果有显著影响。同时，激励机制对知识转移意愿、吸收意愿和知识挖掘能力具有显著的影响，并通过这三者对知识转移效果有间接作用。信任程度对沟通程度也有显著影响，并通过沟通程度的中介作用对知识转移效果有显著作用。

第三，运用ISM方法分析得出要提高产业集群知识联盟中知识转移效果及效率，最直接的因素是企业是否愿意去接收外部传递的知识，即知识吸收意愿的大小。最基本的影响因素是知识本身的特性以及组织文化的差异性。为了提升产业集群企业知识联盟的知识转移效果，本书在分析影响因素的基础上，构建了一个基于组织文化、联盟特性以及组织制度的三维结构。

三、知识共享方面

第一，在分析产业集群知识联盟企业之间进行知识共享的动因基础上，分析了知识共享的驱动机理，认为联盟内企业经过知识转移和共享后每一个参与成员的知识量也相应地得到了增加。

第二，产业集群企业知识联盟的知识共享过程较单个企业复杂得多，主要分为知识战略联盟层、知识过滤层、共享知识库和知识应用层四个层次。

第三，通过对产业集群企业知识联盟的知识共享行为进行博弈分析，认为只有双方共享知识的期望效用值都大于自学知识的期望效用值，并且期望效用值都是大于0时，知识共享才能够有效进行。

第四，整个知识共享过程都是在联盟内部成员互相信任的基础上进行的，本文构建了基于信任机制的产业集群企业知识联盟的知识共享机制，该机制以信任机制为核心，辅以学习机制、技术机制、沟通机制以及激励机制等四个主要部分。

四、知识创新方面

第一，本书通过分析联盟创新的原理及特性，提出了企业知识联盟创新的流程，认为联盟内各成员企业可以通过知识识别、知识获取、知识组织、知识创造、知识共享和知识利用等知识管理活动，完成知识创新并将新知识存储到本企业知识库和联盟知识库中，以便于后期更为便利、快速地检索，更好地保存知识的价值。

第二，本书构建了基于知识转移过程的产业集群企业知识联盟的知识创新体系，认为知识联盟进行知识创新的动力源于市场动力机制、知识交流机制以及知识创新激励机制三个方面；并以 SECI 的知识转化模型为基础，进一步提出了产业集群企业知识联盟的知识创新平台，主要由知识库和知识创新活动两大要素构成。

五、知识风险方面

第一，提出联盟风险的整合性架构，联盟管理中的风险分为两种：一是关系风险；二是绩效风险。关系风险是指伙伴的机会主义行为，它是企业或个人追求自利的结果。绩效风险是在伙伴企业充分合作的前提下由于其他外部因素的影响而妨碍合作目标的实现，因此绩效风险被认为是没有关系风险情况下的风险。

第二，为了有效地识别风险，本书采用环境分析法将面向产业集群的知识联盟风险分为外部风险和内部风险两大类。内部风险主要包括阶段性风险和全程性风险。本书根据知识联盟所处的生命周期来进行讨论阶段性风险识别，包括初始阶段风险识别、组建阶段风险识别、运行阶段风险识别和解体阶段风险识别。外部风险是知识联盟生命周期中不受知识联盟控制的风险因素，主要来自外部环境因素，如政府政策的变化、战争和经济波动；市场因素，如激烈的竞争等。

第三，从集群企业知识联盟的合作基础、联盟方式、合作伙伴选择、文化整合、协调和约束机制等方面提出了有益于产业集群企业知识联盟的风险防范措施。

六、联盟管理和完善方面

第一，成功的企业知识联盟治理结构选择的条件是：企业间知识联盟治理结构的确定是由知识联盟各方通过多次互动、筛选而成的，且会随着知识联盟目标与知识联盟内容的变化而发生相应的变化。

第二，企业进行知识联盟是共享知识并要从合作伙伴学习技术以及能力。同时企业也想保护自己的核心专有资产，防止合作伙伴的机会主义影响。在知识联盟的企业间，以个人层次上的互信和交流基础上的关系资本为相互学习和技术传递创造了条件。提出要建立起企业知识联盟的关系资本，首当其冲的是建立起能够促进关系资本产生的机制。

第三，建立有效的企业知识联盟的管理体系。企业知识联盟是动态的，以共享知识为目的的企业知识联盟，由于包含更多的不可以用数字衡量的因素，动态的特征相当明显。企业知识联盟由于其自身的特点决定了它不断地改变和发展。企业知识联盟的多变性也即不稳定性，并不是它的缺点，而是一个优点。针对这一特点，应当建立动态的管理机制。管理应当贯穿于企业知识联盟的各个阶段。

第四，构建企业知识联盟的学习型组织和建立完善的企业学习机制。构建企业知识联盟形态的学习型组织，强调企业知识联盟的合作者必须互相信任，鼓励员工为企业知识联盟而工作，建立企业知识联盟的共同愿景，提高跨文化的理解能力，在企业知识联盟中建立完善的企业学习机制。培养和形成有效的学习机制。

第二节 研究不足和展望

本书从全新的视角为产业集群理论与知识管理理论带来新的内容，对进一步促进产业集群的发展和知识管理的实践能够提供更为全面的理论依据。但由于是初次对基于产业集群的企业知识联盟进行研究，本书还有很多不足之处，以下问题有待进一步探讨：

第一，产业集群企业知识联盟绩效评价的研究。如何用更有效的评价方法来评价产业集群企业知识联盟中知识转移、知识共享与知识创新的效果有待进一步研究。

第二，在实证研究方面，如何选择、挖掘典型的产业集群企业知识联盟的案例，总结成败得失的经验，对产业集群企业知识联盟的理论与实践研究具有现实意义。

第三，产业集群企业知识联盟能否获得成功，伙伴的选择是关键因素之一。本书只是阐述了企业在选择知识联盟合作伙伴过程中应该注意的一些问题，但没有进行选择方法研究，也没有对合作伙伴进行评价。因此，采用一定的定量评价方法，对可能选择的合作伙伴进行评价，对提高知识联盟的管理效率具有重要作用。

第四，在知识联盟合作过程中不可避免地会产生一些风险或冲突，本书并没有涉及如何防范或规避这些风险，所以对知识联盟合作风险的规避策略或构建合作风险预警系统等将是今后知识联盟管理研究要重点探讨的一个问题。

参 考 文 献

[1] 白小龙. 高科技产业集群内企业间知识转移影响因素研究:[硕士学位论文]. 杭州:浙江大学,2009.

[2] 曹兴,宋娟. 技术联盟知识转移影响因素的实证分析. 科研管理,2011(2).

[3] 陈菲琼. 企业知识联盟——理论与实证研究[M]. 商务印书馆出版社,2003.

[4] 陈菲琼. 企业知识联盟的理论与实证研究[D]. 浙江大学博士学位论文,2002.

[5] 陈菲琼. 我国企业与跨国公司知识联盟的知识转移层次研究. 科研管理,2001(2).

[6] 陈江. 现代企业的学习与创新:理论与实证研究. 北京:经济科学出版社,2011.

[7] 陈介玄. 协力网络与生活结构——台湾中小型企业的社会经济分析[M]. 台湾:台湾联经事业出版公司,1994.

[8] 陈良民. 基于企业创新网络的知识流动研究:[博士学位论文]. 沈阳:辽宁大学,2009.

[9] 陈雪梅,赵珂. 中小企业群形成的方式分析[J]. 暨南大学学报(哲学与社会科学版),2001(2).

[10] 陈雪松. 产业集群的形成及其可持续发展[D]. 暨南大学硕士学位论文,2003.

[11] 陈艳艳. 知识吸收能力与企业技术能力——基于中国企业的研发投入产出路径研究. 北京:经济科学出版社,2010.

[12] 陈艳艳. 知识吸收能力与企业技术能力——基于中国企业的研发投入产出路径研究. 北京:经济科学出版社.

[13] 陈一鸣. 规避虚拟企业中的关系风险[J]. 湖南商学院学报(双月刊),2004(1).

[14] 陈志明. 业务转型企业知识转移影响因素实证研究:[硕士学位论

文]. 泉州：华侨大学，2011.

[15] 陈紫阳. 基于社会资本的产业集群知识溢出效应研究 [D]. 郑州大学硕士学位论文，2007.

[16] 仇保兴. 小企业集群研究 [M]. 上海：复旦大学出版社，1999.

[17] 邓丽莎. 企业员工个人知识创新研究 [D]. 天津师范大学硕士学位论文，2008.

[18] 范凯波. 动态联盟形成中企业的合作动机. 工业企业管理，1999.

[19] 符正平. 论企业集群的产生条件和形成机制 [J]. 中国工业经济，2002 (10).

[20] 符正平. 论企业知识联盟 [J]. 中山大学学报（社会科学版），1999 (1).

[21] 高祥宇，卫民堂，李伟. 信任促进两人层次知识转移的机制的研究. 科学学研究，2005，23 (3).

[22] 高忠仕. 知识转移、知识搜索及组织学习绩效关系研究：[博士学位论文]. 杭州：浙江大学，2008.

[23] 葛昌跃，顾新建. 面向企业集群的知识共享 [J]. 科学学与科学技术管理，2003 (11).

[24] 关涛. 跨国公司内部知识转移过程与影响因素的实证研究. 上海：复旦大学出版社，2006.

[25] 关涛. 跨国公司内部知识转移过程与影响因素的实证研究. 上海：复旦大学出版社，2006.

[26] 郭众，张世英，郭彬，冷永刚. 战略联盟伙伴选择的契约机制研究 [J]. 系统工程学报，2004 (3).

[27] 韩宝龙，李琳，刘昱含. 地理邻近性对高新区创新绩效影响效应的实证研究. 科技进步与对策，2010 (9).

[28] 韩明华. 基于情境分析的集群企业知识转移机理与模型研究：[博士学位论文]. 杭州：浙江大学，2011.

[29] 胡卫国，卫教善，孟东. 企业战略联盟及联盟伙伴选择 [J]. 北京机械工业学院学报，2005 (4).

[30] 贾殿村. 企业战略联盟中竞争情报的风险防范研究 [J]. 情报科学，2004 (11).

[31] 金桔红. 论知识创新的动力机制 [D]. 中南大学硕士学位论文，2002.

[32] 李东红. 企业联盟研发：风险与防范 [J]. 企业管理，2002 (10).

[33] 李红. 知识密集型服务业集群研究述评 [J]. 科学管理研究，2005

（23）.

[34] 李焕荣，林健. 基于知识联盟的企业核心能力培养 [J]. 科研管理，2001（3）.

[35] 李焕荣，林健. 基于知识联盟的企业核心能力培养 [J]. 科研管理，2001（3）.

[36] 李建明. 我国中小高技术企业知识联盟中的知识转移影响因素研究. 上海：上海财经大学出版社，2008.

[37] 李晶钰，沈灏. 不同竞合情境下企业知识获取和绩效关系的研究科研管理，2009（5）.

[38] 李琳，韩宝龙. 地理与认知邻近对高技术产业集群创新影响. 地理研究，2011（9）.

[39] 李顺才，邹珊刚. 知识流动机理的三维分析模式. 研究与发展管理，2003，15（2）.

[40] 李新春. 企业家协调与企业集群——对珠江三角洲专业镇企业集群化成长的分析 [J]. 南开管理评论，2002（3）.

[41] 李新春. 产品联盟与技术联盟——我国中外合资、合作企业的技术学习行为分析. 中山大学学报（社会科学版），1998（1）.

[42] 李艳华. 知识获取与技术能力提升. 北京：经济科学出版社，2011.

[43] 李元旭，唐林芳. 发展核心能力的有效途径——知识联盟管理 [J]. 财经问题研究，1999（12）.

[44] 李贞，杨洪. 吸收能力、关系学习及知识整合对企业创新绩效的影响研究——来自科技型中小企业的实证研究. 科研管理，2012（1）.

[45] 林莉，刘元芳. 大学——企业知识联盟的兴起及其构建 [J]. 科学管理研究，2003（6）.

[46] 林莉，周鹏飞. 知识联盟中知识学习、冲突管理与关系资本 [J]. 科学学与科学技术管理，2004（4）.

[47] 林莉. 知识联盟中知识转移的障碍因素及应对策略分析 [J]. 科技导报，2004（4）.

[48] 刘友金，黄鲁成. 技术创新与产业的跨越式发展——A-U 模型的改进及其应用 [J]. 中国软科学，2001（2）.

[49] 吕军. 企业知识创新研究 [D]. 武汉理工大学博士学位论文，2003.

[50] 骆静，聂鸣. 发展中国家集群比较分析及启示 [J]. 世界经济研究，2002（3）.

[51] 马费成，王晓光. 知识转移的社会网络模型研究. 江西社会科学，2006（7）.

[52] 马克思. 资本论（第一卷）[M]. 人民出版社, 1975.

[53] 毛宽, 曾刚. 全球价值链下内生型集群知识溢出网络构建——基于关键性企业的视角 [J]. 工业技术经济, 2008, 27 (5).

[54] 幕继丰等. 基于企业网络的经济和区域发展理论 [J]. 外国经济与管理, 2001 (4).

[55] 尼古莱·福斯, 克里斯第安·克努森. 企业万能 [M]. 东北财经大学出版社, 1998.

[56] 牛娉. 供应链企业间的知识共享机制研究 [D]. 大连理工大学博士学位论文, 2006.

[57] 祁红梅. 知识吸收与创造. 北京: 中国经济出版社, 2007.

[58] 沈玉芳. 张超. 加入 WTO 后我国地区产业调控机制和模式的转型研究 [J], 世界地理研究, 2002 (1).

[59] 世界银行 98/98 年发展报告. 知识与发展 [M]. 北京: 中国财政经济出版社, 1999.

[60] 疏礼兵. 团队内部知识转移的过程机制与影响因素研究: [博士学位论文]. 杭州: 浙江大学, 2006.

[61] 苏卉. 知识来源方特性对知识转移效率影响效应的结构分析. 情报科学, 2009 (3).

[62] 孙玥. 产业链上企业间知识转移影响因素实证研究: [硕士学位论文]. 西安: 西安工业大学, 2010.

[63] 谭静. 知识联盟中的学习障碍研究 [J]. 价值工程, 2002 (2).

[64] 汤长安. 高技术集群企业技术能力成长的演进. 北京: 经济科学出版社, 2010.

[65] 唐炎华, 石金涛. 我国知识型员工知识转移的动机实证研究 [J]. 管理工程学报, 2007, 21 (1).

[66] 田野, 杜荣. 知识转移、知识共享和文化相似度的关系—关于 IT 外包项目的研究. 科学学研究, 2011 (8).

[67] 万幼清, 邓明然. 产业集群内部知识共享的制约因素及促进策略 [J]. 企业经济, 2006 (10).

[68] 汪应洛. 系统工程理论、方法与应用 [M]. 高等教育出版社, 2002.

[69] 王冰, 顾远飞. 簇群的知识共享机制和信任机制 [J]. 外国经济与管理, 2002 (5).

[70] 王长峰. 知识属性、网络特征与企业创新绩效——基于吸收能力的视角. 北京: 经济科学出版社, 2010.

[71] 王飞绒, 陈劲. 技术联盟与企业创新绩效——基于组织间学习的视

角．北京：科学出版社，2010.

[72] 王国红．知识溢出与产业集群中的企业学习研究．北京：科学出版社，2010.

[73] 王华．企业战略联盟的风险及其防范 [J]，市场周刊．商务，2004 (12).

[74] 王缉慈．创新的空间——企业集群与区域发展 [M]．北京：北京大学出版社，2001.

[75] 王缉慈．关于高新技术产业开发区对区域发展影响的分析构架 [J]．中国工业经济，1998 (3).

[76] 王金凤．谈供应链管理中的风险及其防范 [M]．企业天地，2004 (10).

[77] 王立生．社会资本、吸收能力对知识获取和创新绩效的影响研究：[博士学位论文]．杭州：浙江大学，2007.

[78] 王如玉．从网络结构观点看制造业中的依赖关系——以运动鞋业及放电加工机的个案为例 [D]．中原大学企业管理研究所硕士学位论文，1992.

[79] 王蕊．企业知识创新平台构建与应用研究 [D]．吉林大学硕士学位论文，2007.

[80] 王涛．产业集群内企业间知识转移研究：[博士学位论文]．山东：山东大学，2012.

[81] 王晓娟．知识网络与企业竞争优势：浙江产业集群的经验研究．上海：上海社会科学院出版社，2009.

[82] 王孝斌，李福刚．地理邻近在区域创新中的作用机理及其启示．经济地理，2007 (7).

[83] 王衍行．企业内部技术知识转移的实证研究与对策建议：[博士学位论文]．哈尔滨：哈尔滨工业大学，2009.

[84] 王毅，吴贵生．产学研合作中粘滞知识的成因与转移机制研究．科研管理，2001 (11).

[85] 维娜·艾莉．知识的进化 [M]．珠海出版社，1998.

[86] 蔚海燕，梁战平．企业并购中的知识转移影响因素模型构建 [J]．图书情报工作，2010，54 (4).

[87] 魏江．产业集群——创新系统与技术学习 [M]．北京：科学出版社，2003.

[88] 魏守华，石碧华．论企业集群的竞争优势 [J]．中国工业经济，2002 (1).

[89] 吴明隆．结构方程模型——AMOS 操作与应用．重庆：重庆大学出版

社，2010.

[90] 吴先华. 内生型产业集群知识创新. 北京：科学出版社，2011.

[91] 吴晓冰. 集群企业创新网络特征、知识获取及创新绩效关系研究：[博士学位论文]. 杭州：浙江大学，2009.

[92] 吴晓波，高忠仕，胡伊苹. 组织学习与知识转移效用的实证研究. 科学学研究，2009（1）.

[93] 吴晓波，耿帅. 区域集群自稔性风险成因分析 [J]. 经济地理，2003（6）.

[94] 吴晓波，苗文斌，郑健壮. 集群竞争优势探析：基于组织学习的观点 [J]. 技术经济，2004（1）.

[95] 吴勇慧. 组织内个体层面知识转移的影响因素研究 [硕士学位论文]. 浙江：浙江大学，2004.

[96] 奚雷，彭灿. 战略联盟中组织间知识转移的影响因素与对策建议 [J]. 科技管理研究，2006（3）.

[97] 徐康宁. 开放经济中的产业集群与竞争力 [J]. 中国工业经济，2001（11）.

[98] 徐可. 企业知识价值链模型研究及运行机制 [J]. 商场现代化，2007（10）.

[99] 徐青. ERP 实施知识转移影响因素实证研究：[博士学位论文]. 杭州：浙江大学，2006.

[100] [英] 伊迪妣·彭罗斯（著），赵晓（译）. 企业成长理论 [M]，上海人民出版社，2007.

[101] 严浩坤，王庆喜. 基于风险感知角度的战略联盟构建分析 [J]. 科学学与科学技术管理，2004（1）.

[102] 阎海峰. 企业知识联盟——一种基于学习的组织形式 [J]. 华东理工大学学报（社科版），2001（2）.

[103] 野中郁次郎，竹内弘高. 创造知识的企业. 北京：知识产权出版社，2006.

[104] 袁安照. 企业联盟 [M]. 上海人民出版社，2002.

[105] 曾忠禄. 产业集群与区域经济发展 [J]. 南开经济研究，1997（1）.

[106] 曾忠绿. 公司战略联盟组织与运作. 中国发展出版社，1999.

[107] 张凤，何传启. 知识创新的原理和路径 [J]. 中国科学院院刊，2005（5）.

[108] 张亮. 知识型战略联盟中知识转移的影响因素分析及其对策研究 [J]. 市场周刊·研究版，2005（8）.

[109] 张亮. 知识型战略联盟中知识转移的影响因素分析及其对策研究 [J]. 市场周刊, 2005 (8).

[110] 张睿, 于渤. 技术联盟知识转移影响因素实证研究. 科学学研究, 2008 (5).

[111] 张润东. 基于知识管理的中小企业集群创新研究 [D]. 天津大学博士学位论文, 2006.

[112] 张苏荣, 王文平. 基于知识更新的企业合作演化博弈分析 [J]. 科技与经济, 2011, 25 (1).

[113] 张学华, 邬爱其. 产业集群演进阶段的定量判定方法研究 [J]. 工业技术经济, 2006.

[114] 张志勇, 刘益, 陶蕾. 企业网络与知识转移: 跨国公司与产业集聚群的比较研究 [J]. 科学管理研究, 2007 (4).

[115] 郑素丽, 章威, 吴晓波. 基于知识的动态能力: 理论与实证. 科学学研究, 2010 (3).

[116] 钟耕深, 赵前. 团队组织中知识共享的风险、障碍与对策 [J]. 山东社会科学, 2005 (7).

[117] 周朴雄. 基于知识联盟的企业技术创新研究 [D]. 武汉大学博士学位论文, 2005.

[118] 朱庆, 张旭梅. 供应链企业间的知识共享机制研究 [J]. 科技管理研究, 2005 (10).

[119] 邹艳, 杨乃定, 韦铁, 王晓新. 组织学习对企业合作创新知识转移的影响研究. 科学学与科学技术管理, 2009 (2).

[120] 左美云, 赵大丽, 刘雅丽. 知识转移机制的规范分析: 过程、方式和治理. 信息系统学报, 2010 (2).

[121] 左美云. 知识转移与企业信息化 [M]. 科学出版社, 2006.

[122] Albino, V., Garavelli, A. C., Schiuma, G. Knowledge transfer and inter-firm relationships in industrial districts: the role of leader firm [J]. Technovation, 1999, (19): 53 –63.

[123] Alston, LP. Wa, Guanxi, and Inhwa: Managerial Principles in Japan, China, and Korea [J]. Business Horizons, 1989, 3: 26 –31.

[124] Amidon D M. Innovation Strategy for the Knowledge Economy: the Ken Awakening [M]. London: Butterworth -Heinemann. 1997.

[125] Anand, B. (2000). "The Structure of Licensing Contracts", Journal of Industrial Economies, forthcoming.

[126] Anderson, J., Hakansson, H. and Johanson. Dynamic Business Rela-

tionships within a Business Network Context [J]. Journal of Marketing, 1994 (58).

[127] Andreas Seufert, Georg Von Krogh, Andrea Bach. Towards Knowledge Networking [J]. Journal of Knowledge Management, 1999, 3 (3): 180 – 200.

[128] Arrow. Economic Implications of Learning by Doing [J]. Review of Economic Studies, 1962, 29: 155 – 173.

[129] Badaracco, J. L. The Knowledge Link: How Firms Compete Through Strategic Alliances [M]. MA: Harvard Business School Press. 1991.

[130] Baker G, Gibbons R, Murphy K. Relational Contracts and the Theory of the Firm [J]. Quarterly Journal of Economics, 2002, 117: 39 – 84.

[131] Beaudry, C. and Swann, P. Growth in Industrial Clusters: A Bird's Eye View of the United Kingdom. Stanford Institute for Economic Policy Research Discussion Paper, 2001, 00 – 38.

[132] Bergman E. M. , Maier G. and Todtling F. (eds). Regions Reconsidered: Economic Networks, Innovation, and Local Development in Industrialized Countries [M]. New York: Mansell, 1991.

[133] Berman. S, Heilweg. S. Perceived Supervisor Communication Competence and Supervisor Satisfaction as A Function of Quality Circle Participation. The Journal of Business Communication, 1989, 26 (1): 103 – 122.

[134] Bhagat R S, Kedia B L, Harveston P D, et al. Cultural Variations in the Cross-border Transfer of Organizational Knowledge: An Integrative Framework. Academy of Management Review, 2002, 27 (3): 204 – 225.

[135] Blackler, F. Knowledge, Knowledge Work and Organization: An Overview and Interpretation. Organization Studies, 1995, 16 (6): 1021 – 1046.

[136] Bresman, H. , Birkenshaw, J. and Nobel, R Knowledge Transfer in International Acquisitions. Journal of International Business Studies, 1999, 30 (3): 439 – 462.

[137] Bresman, H. , Birkenshaw, J. and Nobel, R Knowledge Transfer in International Acquisitions. Journal of International Business Studies, 1999, 30 (3): 439 – 462.

[138] Browne, M. W. & Cudeck, R. Alternative Ways of Assessing Model Fit. In Bollen, K. A. & Long, J. S. (Eds.), Testing Structural Equation Models, 1993: 136 – 162.

[139] B. Kought & U. Zander. Knowledge of the Firm and the Evolutionary Theory of the Multinational Corporation [J]. Journal of International Business Studies. 1993 (4): 629 – 645.

［140］ Ching, H. & Wayne, C.. From Contract Manufacturing to Own Brand Management：The Role of Learning and Cultural Heritage Identity. Management and Organization Review, 2008, 4（1）：109 – 133.

［141］ Cohen, W. M. and D. A. Levinthal. Absorptive Capacity：A New Perspective on Learning and Innovation. Administrative Science Quarterly, 1990（35）：128 – 152.

［142］ Collins, H. The Structure of knowledge. Social Research, 1993（60）：95 – 116.

［143］ Cummings, J. L., Teng, Bing-Sheng. Transferring R&D Knowledge：the Key Factors Affecting Knowledge Transfer Success ［J］. Journal of Engineering and Technology Management, 2003, 20（2）：39 – 68.

［144］ C. S. Galbraith. Transferring Core Manufacturing Technologies in High Technology Firms ［J］. California Management Review, 1990, 32（4）：56 – 70.

［145］ Das, T. K., Teng, B., Risk Types and Inter-firm Alliance Structures ［J］. Journal of Management Studies, 1996, 33：827 – 843.

［146］ Davenport T. H., Prusak L. Working Knowledge：How Organizations Manage What They Know. Boston, MA：Harvard Business School Press, 1998：17 – 18.

［147］ Davenport, T. H., Prusak, L. Working Knowledge：How Organizations Manage What They Know ［M］. Harvard Business School Press, Boston, MA, 1998. 52.

［148］ Dhanaraj, C., Lyles, M. A., Steensma, H. K., and Tihanyi, L. Managing Tacit and Explicit Knowledge Transfer in IJVs：the Role of Relational Embeddedness and the Impact on Performance ［J］. Journal of International Business Studies, 2004, 35（5）：428 – 442.

［149］ Dianne, F. Trust and Knowledge Management：the Key to Success, Centre for Knowledge-based Enterprises ［Z］. Working Paper, 01 – 08, 2001.

［150］ Dixon N. Common Knowledge：How Companies Thrive by Sharing What They Know. Boston：Harvard Business School Press, 2000.

［151］ Dixon. N. 共有知识：企业知识共享的方法与案例 ［M］. 王书贵, 沈群红译. 北京：人民邮电出版社. 2002.

［152］ Duan, Y. Q., Nie, W. Y., Coakes, E. Identifying Key Factors Affecting Transnational Knowledge Transfer ［J］. Information & Management, 2010, 47（7 – 8）：356 – 363.

［153］ Dyer J. H. & Singh H. The Relational View：Cooperative Strategy and Source of Interorganizational Competitive Advantage. Academy of Management Review,

1998, 23 (4): 660 –679.

[154] Ensign P C. Innovation in the Multinational Firm with Globally Dispersed R&D: Technological Knowledge Utilization and Accumulation [J]. The Journal of High Technology Management Research, 1997, 10 (2): 217.

[155] Epple, D., Argote, L., Devadas, R. Organizational Learning Curves: A Method for Investigatinginfra-plant Transfer of Knowledge Acquired through Learning by Doing. Organization Science, 1991 (2): 58 –70.

[156] Forsman, M., Solitander, N. Knowledge Transfer in Clusters and Networks [J]. Journal of International Business, 2003, available at: www. jibs. net.

[157] George C · Homans. Social Behavior of Exchange [J]. The American Journal of sociology. 1957 –1958, V63, P597.

[158] Gersick, C., Hackman, J. R. Habitual Routines in Task-performing Groups. Organizational Behavior and Human Decision Processes, 1990 (47): 65 –97.

[159] Gilbert, M, Cordey-Hayes, M. Understanding the Process of Knowledge Transfer to Achieve Successful Technological Innovation [J]. Technovation, 1996, 16 (6): 301 –312.

[160] Granovetter, M. Economic Action and Social Structure: the Problem of Embeddedness [J]. American Journal of Sociology, 1985, 91 (3): 481 –510.

[161] Grant R M. Prospering in Dynamically-competitive Environments: Organizational Capability as Knowledge Integration. Organization Science, 1996, 7 (4): 375 –387.

[162] Grant R M. Toward a Knowledge-based Theory of the Firm. Strategic Management Jouranl, 1996, 17 (2): 109 –122.

[163] Gupta, A. K., Govindarajan V. Knowledge Management Social Dimension: Lessons from Nucor Steel. Sloan Management Review, 2000, 42 (1): 71 –80.

[164] Hakanson, L. and Nobel, R. Technology Characteristics and Reverse Technology Transfer. The Annual Meeting of the Academy of International Business, Vienna, Austria, 1998.

[165] Hamel, G. Competition for Competence and Inter-partner Learning within International Strategic Alliances. Strategic Management Journal, 1991 (12): 83 –103.

[166] Hansen M. The Search-transfer Problem: The Role of Weak Ties in Sharing Knowledge Across Organization Subunits. Administrative Science Quarterly, 1999, 44 (1): 82 –111.

[167] Henderson, J. V., Shalizi, Z., and Venables, A. J. Geography and Development [J]. Journal of Economic Geography, 2001, (1): 81 –106.

[168] Inkpen, A., Learning Knowledge Acquisition, and Strategic Alliance, European Management Journal, Vol. 16, No. 2, 1998, 223 – 229.

[169] Inkpen. A. C, Creating Knowledge through Collaboration. California Management Review, 1996, 39 (1): 123 – 140.

[170] Jeffrey L. Cummings. Knowledge Transfer Across R&D Units: An Empirical Investigation of the Factors Affecting Successful Knowledge Transfer across intra-and inter-organizational Units. George Washington University, 2001.

[171] Jeffrey L. Cummings, Bing-Sheng Teng. Transferring R&D Knowledge: the Key Factors Affecting Knowledge Transfer Success. Journal of Engineering and Technology Management, 2003, 20: 39 – 68.

[172] Kankanhalli A, Tan B C Y, Wei K-K. Contributing Knowledge to Electronic Knowledge Repositories: An Empirical Investigation. MIS Quarterly, 2005, 29 (1): 113 ~ 143.

[173] Kaser A. W., Raymond E.. Understanding Knowledge Activists' Successes and Failures [J]. Long Range Planning, 2002, 35: 9 – 28.

[174] Kogut, B., Zander, U. Knowledge of the Firm, Combinative Capabilities, and the Replication of Technology [J]. Organization Science, 1992, (3): 383 – 397.

[175] Krugman, R. Increasing Returns and Economic Geography [J]. JPE, 1991, 99 (3): 483 – 499.

[176] Lane, P. J. and Lubatkin, M. Relative Absorptive Capacity and Interorganizational Learning. Strategic Management Journal, 1998, 19 (5): 461 – 477.

[177] Lawson C, Lorenz E H. Collective Learning, Tacit Knowledge and Innovative Capacity [J]. Reg. Studies. 1999, (33): 305 – 317.

[178] Leonard D, Sensiper S. The Role of Tacit Knowledge in Group Innovation. Californina Management Review: Special Issue on Knowledge and the Firm, 1998, 40 (3): 112 – 132.

[179] Leonard-BartonD. Well Springs of Knledge: Building and Sustaining the Sources of Innovation. Boston MA: Harvard University Press. 1995.

[180] Liebowitz, J. Knowledge Management and Its Link to Artificial Intelligence, Expert Systems with Applications [J]. 2001 (20): 1 – 6.

[181] Markusen A. Sticky Places in Slippery Space: A Typology of Industrial Districts [J]. Economic Geography, 1996 (72).

[182] Marshall, A Principles of Economics, 8th edn London: Macmillan, 1920.

[183] Marshall, A Principles of Economics, 8thed London: Macmillan, 1920.

[184] MAX Boist. Knowledge Assets [M]. Oxford University Press. 1999.

[185] Meyer, A. D., Goes, J. B. Organizational Assimilation of Innovations: A Multilevel Contextual Analysis. Academy of Management Journal, 1988 (31): 897 - 923.

[186] Mosakowski, E. Strategy Making under Causal Ambiguity: Conceptual Issues And Empirical Evidence. Organization Science, 1997, 8 (4): 414 - 442.

[187] Mytelka, L. K., Farinelli, F. Local Clusters, Innovation Systems and Sustained Competitiveness. Paper presented at the meeting on Local Productive Clusters and Innovation Systems in brazil: New Industrial and Technological Policies for the Development, Rio de Janiero, 2000, (9): 4 - 6.

[188] Nonaka I, Takeuchi H. The Knowledge Creating Company [M]. New York, Oxford University Press. 1995: 21 - 56.

[189] Nonaka I. A Dynamic Theory of Organizational Knowledge Creation. Organization Science, 1994, 5 (1): 14 - 35.

[190] Nonaka I. The Knowledge Creating Company. Harvard Business Review, 1991, 11: 96 - 104.

[191] Nonaka I. Toyama R. A Firm as a Dialectic Being: Toward the Dynamic Theory of The Firm [J]. Industrial and Corporate Change, 2002 (11): 995 - 1109.

[192] Nonaka, I., & Takeuchi, H. The Knowledge-creating Company: How Japanese Companies Create the Dynamics of Innovation. New York: Oxford University Press, 1995.

[193] Nonaka, I., Takeuchi, H. & Umemoto, K. A Theory of Organizational Knowledge Creation. International Journal of Technology Management, 1996, 11 (7/8), 833 - 845.

[194] OECD. 以知识为基础的经济 [M]. 机械工业出版社, 1997.

[195] Parkhe A. Strategic Alliance Structuring: A Game Theoretic and Transaction Cost Examination of Interfirm Cooperation [J]. Academy of Management. 1993, 1 (36): 794 - 829.

[196] Penrose, E, T. The Theory of the Growth of the Firm [M]. Oxforc Oxford Universit Press, 1959.

[197] Peter Drucker. Post——Capitalist [M]. New York: Harpen Business. 1993: 64 .

[198] Peter Knorringa, Jorg Meyer Stamer. New Dimensions in Enterprise Cooperation and Development: From Clusters to Industrial Districts, 1998 (10).

[199] Philip McCann. Tomokazu Arita. Ian R. Gordon Industrial Clusters,

Transactions Costs and the Institutional Determinants of MNE Location Behaviour. International Business Review 11 (2002).

[200] Porter M E. The Competitive Advantage of Nations [M]. New York: The Free Press. 1990.

[201] Porter, M. The competitive advantage of nations [M]. London: Macmillan, 1990.

[202] Porter, M. E. Clusters and the New Economics of Competition. Harvard Business Review, 1998 (11): 77 – 90.

[203] Prahalad, C. K. and Gary Halmel. The Core Competence of the Corporation [J]. Harvad Business Review. 1990, Vol. 68. No. 3, 5 – 6.

[204] Reed R, DeFillippi R J. Casual Ambiguity, Barriers to Imitation, and Sustainable Competitive Advantage. Academy of Management Review, 1990, 15: 88 – 102.

[205] Reed, R. and Defillippi, R. J. Causal Ambiguity, Barriers to Imitation, and Sustainable Competitive Advantage. Academy of Management Review, 1990, 15 (1): 88 – 102.

[206] Roger, J. C. , Yushan, Z. Tacit Knowledge Transfer and Firm Innovation Capability [J]. The Journal of Business & Industrial Marketing, 2003, 18 (1): 6 – 21.

[207] Rosenberg. Perspectives on Technology [M]. London: Cambridge University Press, 1982.

[208] Schmitz, H. Global Competition and Local Cooperation: Success and Failure in the Sinos Valley, Brazil [J]. World Development. 1999 (27): 1627 – 1650.

[209] Simonin, B. L. Ambiguity and the Process of Knowledge Transfer in Strategic Alliances [J]. Strategic Management Journal, 1999, 20 (7): 595 – 623.

[210] Simonin. B. L. An Empirical Investigation of the Process of Knowledge Transfer in International Strategic Alliances [J]. Journal of International Business Studies. 2004, 35 (5): 407 – 427.

[211] Spender J C, Grant R M. Knowledge and the Firm: Overview. Strategic Management Journal, 1996, 17 (special issue): 5 ~ 9.

[212] Szulanski G. The Process of Knowledge Transfer: A Diachronic Analysis of Stickiness. Organizational Behavior and Human Decision Processes, 2000, 82 (1): 9 – 27.

[213] Szulanski, G. , Cappetta, R. , Jensen, R. When Trustworthiness Matters: Knowledge Transfer and the Moderating Effect of Casual Ambiguity [J], Organization Science, 2004, 10 – 11.

[214] Szulanski, G. Exploring Internal Stickiness: Impediments to the Transfer

of Best Practice within the Firm. Strategic Management Journal, 1996. 17 Special Issue: 27 – 43.

[215] Tan & Margaret. Establishing Mutual Understanding in Empirical Study [J]. Journal of Management Information Systems, 1994, 10 (4).

[216] Ted Foos, Gary Schum, Sandra Rothenberg. Tacit Knowledge Transfer and the Knowledge Disconnect. Journal of Knowledge Management, 2006, 10 (1): 23 – 26.

[217] Teece D. Competition, Co-operation and Innovation. Journal of Economic Behavior and Organization, 1992, 18: 1 – 25.

[218] Teece, D. J. (1986). "Profiting from Technological Innovation: Implications for Integration, Collaboration, Licensing An and Public Poliey", Research Policy, 15, pp. 285 – 305.

[219] Teece, D. Strategies for Managing Knowledge Assets: the Role of Firm Structure and Industrial Context. Long Range Planning, 2000 (33): 35 – 54.

[220] Venzin, M., von Krogh, G., Ross, J. Future Research into Knowledge Management. In G. von Krogh, J. Roos, D. Kleine (Eds)., Knowing in firms. London: Sage Publication Inc. 1988.

[221] Von Hippel, E. Sticky Information and the Locus of Problem Solving: Implication for Innovation. Management Science, 1994, 40 (4): 429 – 439.

[222] Von Krogh, Georg, Care in Knowledge Creation, California Management Review [J]. 1998, 40 (3): 133 – 153.

[223] Wathne K, Roos J, von Krogh G. Towards a Theory of Knowledge Transfer in a Cooperative Context [A]. In von Krogh, Roos J (eds). Managing knowledge: Perspective on cooperative and competition. London: SAGE Publication, 1996. 55 – 81.

[224] Wiig K M, Hoog R, Spes R. Supporting Knowledge Management: A Selection of Methods and Techniques [J]. Expert Systems with Applications, 1997, 13 (1): 15 – 27.

[225] Wilcox-King, A. and Zeithaml, C. Competencies and Firm Performance: Examining the Causal Ambiguity Paradox. Strategic Management Journal, 2001, 22 (1): 75 – 99.

[226] Williamson, O. E. Markets and Hierarchies: Analysis and Antitrust Implications [M]. New York: Free Press, 1975.

[227] Zahra, S., George, G. Absorptive Capacity: A Review Reconceptualization, and Extension. Academy of Management Review, 2002, 27 (2): 185 – 203.

[228] Zuboff S. In the Age of the Smart Machine: The Future of Work and Power. New York: Basic Books, 1988.